赋能式培训

从业务场景到培训课堂

谢冬——著

机械工业出版社
CHINA MACHINE PRESS

本书围绕一位培训师的成长之路，讲述了如何让培训为业务赋能。本书是一本培训项目教学设计指南，创造性地提出了 ICOP（摩卡教学设计活动），包括输入—转化—输出—实施四个教学环节，并对应提供了导入型、共创型、输出型、落地型四类活动实践，还给出了具体的 50 种招数。为使培训效果最大化，本书立足从业务场景到培训课堂，并向课堂前后做延展，用项目思维做课堂培训。本书对培训过程的底层逻辑做了简洁明了的呈现，以确保教学过程的科学性和可操作性。

图书在版编目（CIP）数据

赋能式培训：从业务场景到培训课堂 / 谢冬著. —北京：机械工业出版社，2023.11
（2024.4 重印）
ISBN 978-7-111-74320-0

I. ①赋⋯　II. ①谢⋯　III. ①企业管理 – 职工培训　IV. ① F272.921

中国国家版本馆 CIP 数据核字（2023）第 225892 号

机械工业出版社（北京市百万庄大街 22 号　邮政编码 100037）
策划编辑：孟宪勐　　　　　　　　　责任编辑：孟宪勐　岳晓月
责任校对：李可意　丁梦卓　闫　焱　责任印制：郜　敏
三河市国英印务有限公司印刷
2024 年 4 月第 1 版第 2 次印刷
170mm×230mm・18.75 印张・1 插页・249 千字
标准书号：ISBN 978-7-111-74320-0
定价：79.00 元

电话服务　　　　　　　　网络服务
客服电话：010-88361066　机 工 官 网：www.cmpbook.com
　　　　　010-88379833　机 工 官 博：weibo.com/cmp1952
　　　　　010-68326294　金 书 网：www.golden-book.com
封底无防伪标均为盗版　机工教育服务网：www.cmpedu.com

| 赞 誉 |

我与谢冬老师认识于2014年的第二届"我是好讲师"的百强决赛，此后我们几乎每年都会见面，每次谢老师都会分享她在培训领域的收获与进步。在这本书中，谢老师对"培训赋能"做了全面的阐述，其中融入了她十多年来在此领域的案例与心得，对我非常有启发，我非常认同她说的"不赋能，不培训"。

——李会华　北京德和衡（广州）律师事务所合伙人、律师

与谢冬老师因"我是好讲师"大赛结缘，从2014年开始我们就成了极好的战友和闺密。这9年来，作为同路人，我亲眼见证谢冬老师深耕于TTT（培训培训师如何培训）领域，"赋能盟主"到底是如何让一个个课堂变得生动且赋能的，答案尽在这本书中，值得你我好好研读。

——陈靓　"我是好讲师"系列大赛"金科奖"辅导老师

认识谢冬老师已整整9年。9年的时间，我目睹她从刚踏上讲坛的讲师，一直到现在拥有自己独特风格的、学员喜欢的成熟讲师，蜕变的是知识的沉淀和思想的升维，不变的是她对学习一直保有的初心与热爱。很开心在培训的路上大家互相陪伴、支持、赋能，也衷心祝愿谢冬老师

的新书帮助更多的人看到学习的无限可能，以及生命成长的无限可能。

——刘荣　新生代管理职业讲师

从与谢老师一起参加"我是好讲师"大赛，见证她一直专注于赋能式培训的实践。她是一位充满活力的培训师，乐此不疲地研究、反思、迭代相关方法论和工具等。这本书列举了大量具体翔实的案例，手把手地带你升级对培训的认知，把培训课堂变成赋能现场。相信这本书对于想提升培训效果的培训管理者和培训师会有启发。

——赵美洪　"我是好讲师"2014年全国三十强、美妆业培训师

掐指一算，与谢冬老师认识已有9年的时间，看到谢冬老师的新书《赋能式培训》，我仿佛看到10年未见的朋友，终于在最恰当的时机重逢，从头聊起了一个理想主义培训师最初的梦想。

——徐晨　武汉八目咨询CEO

道法术器，各有其用。谢老师专注于"器"的研究，并在国内跑在了前面。学习谢老师这本书中的ICOP（摩卡教学设计活动），能给我们这些培训老师节省自己钻研的时间。希望中国培训行业多一些谢老师这样的"深挖井"的老师，我们国内的培训行业，将因此而蓬勃进步。

——周良　管理技能提升教练

从生涯教育的角度，最幸福的生涯状态具备三个重要元素：兴趣、能力、价值。我很荣幸见证了谢冬老师的生涯美好酝酿形成的全过程。这本书内容从实践中来，技术到实战中去，能够给企业带来有力支撑和绩效赋能。在此我也诚挚祝福更多培训师能从这本书中受益，进而得到生涯幸福。

——丹宁　全球生涯教练、宝藏生涯研修院创始人、《结构化决策力》作者

| 推荐序一 |

赋能式课堂

"'70后'有什么特征?'80后'有什么特征?'90后'有什么特征?'00后'有什么特征?"老师说道,"请小组讨论8分钟,在大白纸上写下关键词和一个典型的年代事件,并选出一名学员代表小组进行2分钟的分享。"

课室的学员被分成四个小组,一个小组代表"70后",一个小组代表"80后",一个小组代表"90后",一个小组代表"00后"。在听到老师的指令后,每个小组都在组长的带领下展开了热烈的讨论。

"70后"小组写的是"竞争"和结婚三件套:手表、自行车、电视机;"80后"小组写的是"变化"和中国加入WTO,第三组……第四组……

在每个小组代表分享完之后,老师又依次花了2分钟做画龙点睛的总结,讲解整个知识点用时在24分钟左右。

这是我在一次培训课堂上看到的教学现场,学员们非常投入,课室里欢声不断,整个课堂气氛非常活跃。

为什么一个简单的小组讨论就可以让课堂活跃起来?因为我们的大脑相比输入,更重视输出。对于大脑中的海马体而言,虽然重复输入和重复输出都能够让它判定这个信息很必要,但输出给它的刺激强度更大。

同样的知识,仅仅靠输入的话,可能需要四五遍才能被存进长期记忆，但如果是一遍输入再加一遍输出，可能就会达到差不多的效果。我们与其在培训中反复陈述内容，不如多让学员"在纸上提炼重点"。这个看似简单的任务，大脑需要经过检索、归纳、总结、分类、提炼等好几轮的信息加工，神经元之间的联结数不胜数。这就是赋能式课堂的魅力，把课堂主动权交给学员并为学员赋能。

此外，成年人喜欢自己做决定，"自主决策"是成年人的特点之一。对赋能来说，它包含两大价值。其一，自主决策需要收集信息，然后进行分析，提出替代方案，权衡每种方案可能带来的结果，最后对各种选择进行筛选，找出看起来最合适的方案。所有这些心智活动都可以极大地促进学习和转化，还能提高未来的工作成效。其二，学习者在决策中的自主程度越高，对决策结果就越重视，也更愿意为自己的选择负责，没有人会反对自己做出的选择。

为课堂赋能的方法当然不只是小组讨论，还可以是制造挑战。

比如有一次课堂上，老师要求学员在一张表格里写下：你今年或者未来3个月内希望达成的最具有挑战性的任务目标，尝试写出完成这一挑战性任务所需的关键能力，并按满分10分的标准给你现在对于关键能力的掌握程度打分。

我当时写下的挑战性任务是，如何让销售人员的人效从每年300万元提高到每年800万元。所需能力是推动力和沟通力，分数都是5分。自我评价看起来不好也不坏。

接下来老师又发出指令：请在表格的下面继续写出至少两项你认为最擅长的工作，完成这些工作你的优势能力是什么。

我写下来的内容是产品开发和品牌推广，优势能力是创新能力、市场敏感度、逻辑分析和对商业的好奇心。

最后老师问道：这些能力有哪些是可以迁移到挑战性任务中的？

当时我有种醍醐灌顶的感觉，原来擅长的事情对于完成挑战性任务是如此有帮助，那一刻，对于完成挑战性任务，我脑海里已经初步描绘出蓝图并充满了信心。

所以，当老师在课堂上制造出挑战，并且这个挑战没有那么容易完成时，学员在完成这个挑战性任务的过程中会有沉浸式体验，老师再进行知识点总结和理论升华，就能让学员有很好的感悟和反思。当学员开始挑战任务的时候，赋能就会发生；当学员开始反思的时候，智慧就会出现。

我认识谢冬老师的时候，她已经是一家服饰企业的销售培训师，非常干练。她每年进行上百场的店铺巡回培训，既有人员招聘、团队管理、员工心态这样的通用能力培训，又有销售技能、产品卖点、陈列搭配、店铺促销这样的销售专业能力培训。后来她晋升为集团商学院的导师，到全国各地为加盟商进行赋能，极大地提升了销售团队的业绩。之后因为"我是好讲师"大赛我俩又进一步结缘，她连续六年被邀请为2015—2020届的好讲师提供辅导，并获得"金牌导师"的荣誉称号。谢冬老师在从企业内训师转型为职业培训师的过程中，先后认证了28个国内外版权课程，真可谓既有丰富的实战经验，又有扎实的理论功底。

谢冬老师的这本书把培训课堂的赋能需求分为四类：

- 第一类需求是开启输入，学员要信任老师，要知悉主题，要融入现场。
- 第二类需求是赋能转化，将新知与过往的经验进行连接。
- 第三类需求是输出成果，现在的企业培训都需要提供可视化成果。
- 第四类需求是实施计划，培训的结束是回岗后的应用，按照计划实施。

每类需求提供十二三招教学活动，一共50招，它们融合了引导技术、教练技术、团队共创、行动学习、领导力、脑科学等多种教学赋能方法。

本书所有的赋能方法都是谢冬老师亲测有效的，经过了每年上百场培训课堂的检验，真正做到了"不赋能，不培训"。

十年磨一剑，终成此书。相信大家定会开卷有益，开启赋能式培训新课堂。

金才兵

铭师坊创始人

| 推荐序二 |

"引爆"课堂：做有趣、有料、有效的培训

由于工作关系，我每月都会收到大量来自公司助教团队的培训现场照片。谢冬老师作为公司的核心讲师之一，她授课的现场照片总是让我印象深刻。无论她为哪个行业、哪个企业授课，照片现场的课堂气氛都元气满满、异常活跃：一是体现在培训现场的可视化成果上，琳琅满目的挂图、海报，还有学员的各种文字输出，都非常丰富生动；二是体现在学员的状态上，每个人都脸上有光，甚至有客户反映，某某同事平时对培训根本不感兴趣，但在谢冬老师的课堂上感觉被"点燃"了，活力十足。如果只是一两次培训出现这种情况，可以当个案来看待，但如果是多次出现这种现象，那就值得好好研究一下谢冬老师及她授课背后的东西了。

直到两年前的一天早晨，谢冬老师神采飞扬地出现在公司会议室，她从包里掏出了一摞卡片，有120多张，仔细一看，每张卡片上记录了一个教学活动，里面描述了该教学活动能解决的问题、活动的设计流程及操作步骤。原来谢冬老师"引爆"课堂的秘密武器在这儿。经过公司研发部精选打磨后，卡片很快装订成册推广上市，获得良好的市场反馈！在接下来的一年里，谢冬老师又为每个活动撰写了应用场景及实践案例，并指出了活动背后的底层逻辑和理论支持，让每个教学活动都生

动具体，使用者更容易理解和上手。

尽管培训市场上针对教学设计的课题研究并不少，在阅读了大量的相关书籍和学习了同类课程之后，我依然认为谢冬老师在教学设计这个领域的研究和教学实践值得被关注和学习。谢冬老师以"赋能盟主"的称号进行讲师品牌定位，这也是对自身的一种鞭策，体现了她对业务不断精进的态度。

谢冬老师在教学设计领域的实践成果，体现出以下三大特性。

教学过程的科学性。如果把学习当作一段旅程，如何在教学中引导学员，带领他们游历各路风景，并发生认知甚至行为的改变，同时在企业培训中，还要产生绩效影响，就需要对学员的学习过程进行深度研究，分析他们是如何处理和吸收信息并进行有效转化的。学员首先需要通过五感感知外部信息，并通过自主神经系统过滤掉无用信息，让有用信息进入短期记忆系统，并且以惊人的速度对信息进行处理、分类、删除或存储，当大脑认为短期记忆中的信息有储存的必要时，那么这些信息会进入长期记忆系统，在需要的时候进行有效检索。本书以输入—转化—输出—实施四个教学环节，把学习过程的底层逻辑做了简洁明了的呈现，确保教学过程的科学性和可操作性。

活动设计的丰富性。教学活动设计不能看作一次简单的游戏或小组讨论，设计背后隐藏着大量的脑科学、教育心理学的理论。我有幸参与过谢冬老师的一次培训，对在她引导学员思考类似于挑战和机遇的话题上，体会非常深刻。一般讲师的做法是直接抛出"目前存在的挑战是什么""目前的机遇是什么"等常规问题，让学员分组讨论即可。但是谢冬老师在问题设计上运用"逆向思维"，提出"如何能够快速把这件事情搞垮""如何能够快速跨越这个障碍"，这种反其道而行之的设计，把大家探讨的欲望一下子激发出来了，也打破了学员的固有思维，发现了无限可能。

在谢冬老师的家里，有一个我认为像哆啦A梦的衣兜一样的百宝箱,在需要的教学时刻,她总会掏出让你惊喜的小物件,例如一个绿色的小马玩偶、一大串金链子,这些道具出现在谢冬老师的培训现场,既增加了课堂的活跃度,又让人印象深刻,同时还能够激发学员的参与意识和灵感。难能可贵的是,你永远不知道下一秒谢冬老师又会设计出怎样的一种教学形式,让你觉得似曾相识,但是又有迭代和创新,让你永远对她的课堂保持期待和新鲜感。

培训效果的显著性。本书立足于从业务场景到培训课堂,并向课堂前后做延展,以项目思维做课堂培训,让培训效果最大化。熟悉美国罗伊·波洛克博士的著作《将培训转化为商业结果:学习发展项目的6D法则》的读者,能够在本书中看到很多相通的理念。谢冬老师的很多教学活动设计,功效已经不只体现在课堂上,还渗透到培训前如何界定业务收益、聚焦业务痛点、确定培训目标中,并且巧妙地用一个"两张便笺"的活动,让学员愿意为高目标而付出努力和承诺;通过"迷你磨课坊"这样的教学活动,推动培训后的学习转化,重新定义培训成效,延长培训终点线。这些思维的建立,类似于把每次的课堂培训当作一次迷你版的6D小项目去设计,因此,在谢冬老师的培训课后,经常会看到学员在企业落地转化的资讯,甚至形成"话题级"的现象。也正是这种以终为始、以培训促进商业结果的教学设计理念,才使得教学活动保持长盛不衰的生命力。

如果你想让自己的课堂有趣、有料、有效,这本书提供的教学活动和案例,会给你一个很好的抓手,你可以随机从任意一页读起,它都能为你展现一个活生生的培训课堂。打开门,走进去,身临其中。

兰子君
中培育英教育科技有限公司运营总监

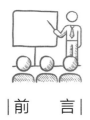

| 前　言 |

为什么写这本书

2006年8月16日,我成了一名服饰行业的培训师,为了推进集团的千店计划,我在入职的第7天就出差湖南,行李箱里装着投影仪和电脑,还有产品培训的道具和资料,开始每年上百场的店铺巡回培训。

负责分公司的营销业务,带领业务团队将业绩做到全国第一后,我成为集团商学院的导师,为全国各地加盟商进行赋能。每年超过300场次的培训、与一线业务伙伴共同奋斗的经历,成为我赋能业务的土壤。

2014年,作为广州选手,我参加了中国人力资源和社会保障部《中国培训》杂志主办的"我是好讲师"大赛,成为全国百强选手。后来,我又从选手变成导师,连续为2015—2020年的好讲师提供辅导,获得"金牌导师"的荣誉称号后成功转型。

在成为职业培训师的过程中,我认证了28个国内外的版权课,先后为不同领域、不同行业的企业提供了2100多场线下培训。

新冠疫情期间,我的线上直播课的数量大幅上升,3年累计超过1000课时。其间我白天现场授课,晚上线上辅导学员。

我见证了成千上万培训师的成长,也在省级、全国级的比赛中,辅导了来自多个行业和岗位的专兼职培训师。

课讲千遍，其义自见。多年来我有结项写总结的习惯，逐渐积累了十几万字的文稿。客户和团队希望我能把经验和方法论结集成书，帮助大家解决培训无法赋能的问题。

接到这个任务后，我拟了一个名单，采访了400位好友，大多是企业培训师与人力资源管理者，还有少数职业培训师。他们鼓励我写书的原因有两点：

- 案例选于2020年之后的企业培训项目——很新。
- 操作步骤会拆解关键动作，有大量的细节——有用。

还有不少培训师，他们长期阅读我的公众号，并萌发出新的领悟，面对教学挑战后跃跃欲试，在实践中尝到了为业务赋能的甜头。

既然能让这么多人受益，不如将这些分享给更多培训师，帮助大家快速成长。

对照你的现状

在过往的数千个内训项目中，关于培训的问题千企千面，常见的有三点：

- 领导不让在培训中带活动，觉得就是浪费时间。
- 培训师邀请学员参与体验，却不知道怎么设计。
- 在公司参加过培训设计，自己用起来效果不好。

我对第一点还挺有感触的。前不久给珠海某企业做培训，对现场的氛围和交付的成果，领导都表示非常满意，但提建议时说道："老师做自我介绍的时间长了一点。"收到反馈，我的回复是："好的，下次一定调整。"

为了给学员一个工具，在课程导入前用了2分钟做自我介绍，后来的时间着重于三方面：一是为学员做教学示范，启发学员体验后思考；二是引导学员延伸到业务场景中如何去应用；三是闭环时扫码可以获得工具应用手册。整个活动15分钟，启发思考、引导应用、闭环用了13分钟，学员从参与中获得体验，现场的氛围很好。而坐在课室后排的领导，没有体验只有观察，站在他的角度，"怎么自我介绍这么久啊"是不是也很好理解？培训除了关注学员，还得关注领导。毕竟领导更希望培训能"多点干货，少点水分"。想要获得他们的同意，要提前沟通，达成共识。

所以，现场如何获得领导支持，交给你来想办法。设计学员体验与让现场赋能有效果，本书为你提供解决方案。

进入培训师修炼之旅前，先来对照看看你的现状。

首先，作为新手。企业已有对应的人才培育机制和培训体系，但难以解决转型升级、突破业务瓶颈等实际问题。通常，新手培训师对于初期的探索比较凌乱，只能被动回应问题，领导说要开发什么课题，就赶紧去找相关的资讯：课题从百度文库搜索，课件找前辈同事索取，素材四处搜罗。见招拆招，没啥章法。

其次，野蛮生长。不管是坐在讲台上照着PPT讲，还是站在屏幕前流畅讲授，都说明你拥有了支撑1～2小时的内容和框架。这个阶段你可能会花更多时间去完善内容，减少PPT文字堆砌，增加图片和多媒体"干货"。但由于你不懂如何调动学员的积极性，只会用制度的出勤打卡来约束学员。因此你享受培训的可能性不高，你是内容的宣读者、规章制度的讲解员。遇到组织方发出培训邀请时，你能回避就回避。你不喜欢这个阶段。

最后，寻找榜样。你参加咨询机构的外训/内训课程，学习企业的视频网课，对照标杆的思路和方法进行尝试，你还获得了专业的指引和辅导。从"被动接受"变成"主动学习"后，你让培训课堂发生了变化：提问有人回答，任务有人参与，探讨之后有人上台分享，视频和案例带来了交互，课后学员的正向反馈增多。组织方提出一些要求：

- 刚才你举的案例很好，但能使用咱们行业或者咱们公司内部的案例吗？这样学员理解和应用起来更高效。
- 感觉前半段的几个概念都是在生讲，有些学员反馈有个部分没有听明白，希望你举几个应用的例子，以让他们产生快速的联结，你看可以吗？
- 下一期的学员都是新人，没什么经验，估计你要降低一半的难度，怎么能让课程更有趣、更生动一些呢？

组织方要求使用企业真实案例，举出业务应用场景，针对学员来调整教学设计，指向的是赋能学员的效率。如何满足以上要求呢？让现场氛围热烈、学员感受好、课程口碑佳还只是初级追求，通过培训解决业务问题才是最终的目标。

越是现场培训，越需要全员参与，毕竟"培训不是消耗，而是共同创造"。而企业对于培训的期望更"急功近利"，那些看不到效果或者短期内难见效的培训，必然会被过滤掉或搁置。

企业的培训职能不会因为新冠疫情而消失，消失的只是不能解决问题的培训课程。知识讲座型的培训将转成线上，往后的培训必然是以训练为主、紧扣业务场景、能解决问题、为企业赋能创造价值的培训。真正解决问题、快速产生价值的培训，才会被企业优先考虑。

满足你的需求

一场赋能式培训，得满足各式各样的需求，常见的有四大类。

第一类需求：我需要有个活动

大多数企业培训师最初的需求是设计开场，使参与者快速进入课题，提高现场的参与度，"让学员动起来"是关键。

可是培训部门的"游戏素材库"陈旧不堪，好多游戏如同博物馆的展品，上面满是历史的尘埃。网络上找来的游戏大全，能直接套用的并不多。像那些"课前组队画队旗喊口号""暴风骤雨般鼓掌""比画大西瓜小西瓜""萝卜蹲""传声筒""用纸叠高塔""吸管插土豆"等，学员很不喜欢，既浪费时间，又得不到启发。

由于企业让员工脱岗学习的时间越来越短，过去以天为单位的培训，现在要分拆成2～3小时的课时，这使得培训课程逐渐系列化、模块化、精品化，大大提高了培训师的难度：不让玩游戏，要紧扣课题、服务内容、关联学员，而且还有时间限制。让学员眼前一亮的开场活动，到底该怎么设计？

为满足以上需求，从本书的第3～6章查找，你应该能找到想要的答案。无论你负责的是管理类、通用类、营销类、技术类、生产类课题，还是知识讲解、技能训练、态度认知层级的培训，都能从中找到适用的方法，而这些方法已在实践中得到验证。

第二类需求：现场如何发动学员

当开场不再困扰时，接下来要解决的是如何调动学员的积极性。重内容传授、轻现场调动的原因有三个：首先，培训师缺少课程设计的指导；其次，觉得自己的课题很严肃，而搞"花架子"纯属浪费时间；最后，企业惯用"出勤率考勤分"约束学员。当出现上述情况时，培训师给自己的定位，更像是内容宣读者或制度讲解员。有许多新手培训师告诉我，每次遇到组织方发出培训邀请，他们都是能回避则回避，享受培训的概率真心不高。在他们眼里，培训就是上级强派的任务，上课占用工作时间，下课占用生活空间，对自己没有半分好处。如何获得培训带来的红利？必须满足第二类需求。当培训师跳出过往培训的窠臼时，开始邀请现场各领域的骨干和专家，聚焦业务问题，一起探讨交流，分析碰撞，参与就能获得体验，体验就能带来领悟，通过群策群力得到收获。即使你不熟悉引导技术、教练技巧、行动学习，也能应用书中的流程和工具，在有限时间内做到有效训练，让培训赋能的效果最大化。

第三类需求：培训效果只能靠许愿

对于培训效果，企业会要求培训师提供验证。有些企业采取的方式非常传统，比如提供训后试卷。2022年11月，一家培训中心要求训后提交50道题，学员参加的是3小时的线上培训，却要花1小时去做题。明明是技能训练，却按知识讲座来"验证"，可是不做试卷，没法让领导看到"效果"啊。想让培训的成果更具有价值，就不能只是和学员说"希望大家回去多多应用"了。

培训效果的需求，可以从以下四个方面进行改善。

照葫芦画瓢

比如，公文写作培训。培训师事先为学员提供一套模板，再拿一个实际案例进行拆解示范；过程中启发学员动脑、动手、动口；在课后要求参训者模仿填写，提交一份合乎标准、马上能用的公文。

这个层级的成果，培训师需要设计还原受训者的工作内容和环境条件，情景模拟类培训在这个层面起到的作用很大。

能举一反三

比如，服务投诉处理。培训师用一位老年人投诉的个案，启发受训者提炼归纳出普遍性的厅堂（如银行厅堂）投诉处理措施和处理步骤。在培训目标中要求的最重要的特征和一般原则是，邀请现场人员聚焦于适合的适用范围。这个层面的转移效果可通过培训师在培训时示范关键行为、强调基本原则的多种适用场合来提高。

做融会贯通

比如，规章制度。培训师邀请受训者进入模拟的挑战场景，当受训者在实际工作中遇到的问题或状况完全不同于培训过程的特征时，也能回忆起培训中的学习成果，利用现场的经验碎片和持续训练的领悟收获，建立起所学知识与现实应用之间的联系，并恰当地加以应用。

愿自我管理

比如，结构化工作汇报。培训师在准备内容前期，就按照收集到的工作汇报应用场景，让受训者能主动暴露实际遇到的问题。在培训过程中，以问题为线索，鼓励学员积极运用所学知识和技能解决实际工作中的困难，而且能自我激励去思考培训内容在实际工作中可能的应用。对于成果的标准设定，本就是谁懂谁就有引领的责任。毕竟培训不是目的，学以致用、为业务提供帮助才是。

第四类需求：课后真正去落地实施

培训的结束是回岗后的应用，按照计划实施。比如，产品销售训练，有一家企业会在新产品销售培训之后，由内训师领头，引导业务岗位展开为期 5 周的在线研讨，每个参训团队都要做本周的应用汇报，并相互进行点评和反馈，积累学分最高的小组成为下一周的学习标杆，以此类推。大型学习活动之后，在实施应用中改进绩效的学员，能够获得嘉奖。

本书如何应用

本书将围绕培训师 Mocha 的成长之路，重视培训转化的价值，思考如何为业务赋能。我们从以下两个维度展开。

第一个维度：从实践中来，到实践中去

培训师 Mocha 想阅读有关企业培训成年人的相关书籍，她发现，书中的理论依据要么来自国外，要么过于专业生涩，在阅读这类书籍时，经常用脑过度，感觉到阵阵灼烧。

市面上聚焦于企业培训场景的活动设计的书籍逐年增多，相信不少企业的培训师都有自己的"游戏素材库"，关于教学活动设计的工具书和

应用手册也在培训师的书架上排列成行。

有没有一本书，不仅分享教学活动设计，而且"从实践中来，到实践中去"，聚焦于经验交流与应用指导？如何设计学员的完整体验？用过，才能知道过程中的细节。

第二个维度：从培训设计到业务赋能

企业培训师需要面对的是"培训到底有没有用"的问题。如果想让培训业务赋能，就要解决以下四个问题：

- 如何让学员带着业务问题进课堂？
- 如何将学员经验与内容进行衔接？
- 如何确保学员全程积极参与？
- 如何在培训后为绩效真正赋能？

本书与你一起来梳理以上问题的解决思路。书中90%的应用场景聚焦于培训课堂，记录了企业培训师进化过程中所付出的努力，同时也是我本人的成长历程。请你根据自己的需要阅读。

要想优化学习流程，先通读本书目录。想要好上手的方法和工具，第3~6章是重点，欢迎阅读后实践。

你在阅读本书时可能会疑惑，Mocha到底来自哪个集团的培训中心？私人企业、国有企业、外资企业？从业多久？年纪多大？

塑造Mocha这个角色，部分背景来自我本人，大部分背景由不同行业、领域、岗位培训师的真实经历构成，还有一小部分是职业培训师的成长感受。Mocha代表的是企业培训师在某阶段、某场景、某课堂中，面对挑战成为高手的经历。请对照Mocha的成长过程，对应不同的需求寻找解决方法。

这是一本教学设计指南，满足你完成赋能式培训的ICOP（摩卡教学设计活动）四大需求：

- 第一类需求是开启输入（input），学员要信任老师，要知悉主题，要融入现场。
- 第二类需求是赋能转化（conversion），让业务经验与新知识和新技能快速结合，学员的经历和经验也将成为现场赋能转化的重要部分，缺什么就针对需求提供新的知识和技能。
- 第三类需求是输出成果（output），培训成果取决于教学任务的设计，现在的企业培训都需要提供直接的成果，看得见、摸得着、用得上。
- 第四类需求是实施计划（project），培训后与岗位应用要有效衔接，培训的结束是回岗后的应用，按照计划实施。

四类需求分别对应**"导入型""共创型""输出型""落地型"四类活动**。每类有十二三招摩卡教学活动，共50招，它们融合了引导技术、教练技术、团队共创、行动学习、领导力、脑科学等，能让你不用和我一样，花费数年、斥巨资认证，只要按照需求勾选菜单，尝试其中的两三招，就没有浪费阅读本书的时间。

每种摩卡教学活动，都是以问题为线索，为你还原一个真实的应用场景，并拆解使用步骤，告诉你注意事项，在每种摩卡教学活动的收尾部分，我还将作为践行者为你拆解背后的支持理论和底层逻辑，知其然并知其所以然。每章的"本章回顾与应用启示"，都会启发你连接应用场景，让培训为绩效赋能。

目 录

赞誉
推荐序一　赋能式课堂
推荐序二　"引爆"课堂：做有趣、有料、有效的培训
前言

第 1 章　不赋能，不培训　　1
培训师的梦魇　　1
培训的痛点　　2
重新做选择　　4
下一步行动　　8
本章回顾与应用启示　　10

第 2 章　为业务赋能　　11
一节课三个点　　11
赋能式三优化　　14
四大类应用需求　　18
ICOP 摩卡　　21
自测小工具　　24
本章回顾与应用启示　　31

第 3 章　**带着问题进课堂**	32
培训如何开场	32
导入型教学活动	34
本章回顾与应用启示	94
第 4 章　**课堂里的体验**	95
有转化才有效果	95
有体验才有赋能	97
讲授如何设计	99
共创型教学活动	100
本章回顾与应用启示	154
第 5 章　**做任务出成果**	155
从模仿到创新	155
创新设计任务	156
输出型教学活动	157
本章回顾与应用启示	209
第 6 章　**课后落地实践**	210
与岗位的衔接	210
落地型教学活动	213
本章回顾与应用启示	264

写在最后 　265
　　三种感受 　265
　　底层逻辑 　267
　　行动方案 　269

推荐阅读 　275

CHAPTER 1
第 1 章
不赋能，不培训

☞ 培训师的梦魇

Mocha 又做了同样的梦。入职培训岗位 3 个月，Mocha 几乎每晚做梦都与培训有关，场景总是公司那间 40 平方米的培训室，站在投影幕布前，她提出一个问题，一眼望过去，台下全是表情冷漠的陌生面孔，两三个人听到问题抬起头，又很快望向窗外，似乎那里发生了什么事情，时间一分一秒过去，没人对培训感兴趣。Mocha 换问题、加积分、送奖品，但并没能吸引回大家涣散的注意力，这种焦灼感在她从梦中醒来后仍不能舒缓。

为什么 Mocha 会做这样的梦呢？亚利桑那大学医学院临床心理学家鲁宾·奈曼（Rubin Naiman）认为，正在做梦的大脑就像消化系统一样，它在晚上会消化、筛选、处理白天的信息，这其中就包括白天的负面情绪和感受。Mocha 的梦，是在释放培训带来的焦虑。不知如何让课室生动有趣，是培训人初阶的梦魇。

Mocha 参加了集团的演讲比赛，大家穿着同色系的套装站在台上，

Mocha 因为口才出众、眼神坚定、呈现自如，被培训中心负责人一眼相中，受邀成为总部的一名培训师。演讲是她在大学就有的优势，成为企业的培训师后，她却发现对于演讲至关重要的口才仅是培训师的能力之一，并非唯一。

培训中心负责人说，培训师要"有心、有嘴、有腿、有型、有脑"。"有心"是要有换位思考之心、助人成长之心，要善于观察，能以学员的感受为先；"有嘴"是要表达流畅、简练、有力，讲授出彩，好口才在这里属于加分项；"有腿"是说培训师不仅要全程站立走动六七个小时，更要在各个业务场景中奔走，和学员在一起；"有型"是指培训师除了外形优越、台风仪态佳，更重要的是要"人课合一"，培训师要与自己培训的课题匹配契合。在"五有"之中，Mocha 最感吃力的是"有脑"。培训师要"有脑"有三层含义：第一层，具备足够的理论知识，积累足够的实践经验；第二层，重点训练自己开发设计培训新技术的能力；第三层，精通成年人的学习特性，利用大脑的压力机制和奖赏机制，帮助参训者获得勇气、灵感、远见、创造力和同情心等，让他们产生学习的心流效应。

☞ 培训的痛点

Mocha 在三个月内遇到了不少难题，她对此进行了整理。请你准备一支笔，勾选出你也想解决的痛点：

- **各忙各的**。学员和培训师相互瞧不上。课题是公司指定的，人员是主管安排的，培训师不知道来的是谁，学员不清楚自己来干什么。我讲我的课，你做你的事。
- **单向灌输**。培训师放不开，上来就讲理论，以为自己是在给干货，学员要么听不懂，懂了又记不住，没法进入课题，注意力涣散，偷偷玩手机。

- **难以兼顾**。培训师认知两极化，内容为王与生动有趣成了对立面，两头为难。活动耗时长，领导不满意，无聊等于无效，刺激不了学员参与。
- **不懂精简**。每场培训都超时，内容繁杂，后续为了追赶进度，语速加快，飞速翻页，拖堂了还是讲不完，逻辑不连贯。
- **素材无趣**。案例太陈旧，课程中用的素材和案例为国外案例、名人故事、其他行业的数据，没有考虑互联网时代的日新月异。
- **赋能低效**。互动招数少，提问环节三两回应，探讨环节面面相觑，角色扮演当成看戏，播放视频看完就算。活动零散，甚至和培训的主线相违背。
- **没法落地**。下课即闭环，内容模块无回顾，课程收尾提提问，把代表性的总结发朋友圈，合影、颁奖站中间位置，感谢鼓掌鞠个躬，"大家回去多应用"。

对照以上的培训痛点，你勾选的是几项？

（1）如果你选了 5 到 7 项，那么你和 Mocha 的经历高度接近。那我告诉你一个事实，本书对你有用的内容在第 1 章和第 2 章，工具书重在应用不必通读，看不完一本书很正常，不需要苛求自己。上手实践一两个活动，尝到为业务赋能的甜头后，再拿出本书往后翻，解锁更多应用场景。

（2）选择了 3 到 4 项，说明你早就具备了"以终为始"的思路，在"学以致用"方面有成就。推荐你从第 3 章"带着问题进课堂"开始，使用其中的教学活动，保持好奇心去破除知行之间的壁垒，往赋能型培训的方向继续深入。

（3）不选择或选择了 1 到 2 项，太棒了，说明让培训为业务赋能，你有自己的打法。

☞ 重新做选择

培训以业务赋能为导向,目前有很多企业实施了十分完善的培训转化,即在组织战略的指引下,围绕业务目标,聚焦相关问题,为了推动组织绩效改善而设计和实施培训项目。

项目制有两个重点:一是清楚组织战略,明确业务目标;二是理解岗位流程。

哪怕应用场景的重心是在培训课堂,遵从的也始终是"从工作中来,到工作中去;从业务中来,到业务中去;从实践中来,到实践中去"。在开展行动之前,我们先来调整思路,尝试做出新的选择。

选择一:新员工还是老员工

如果你是企业培训师,1个月以后,企业有一个课程验收的环节,在这段时间你会选择以下哪个人群作为你的学员呢?

A. 新员工　　B. 老员工

大多数人出于本能或习惯,多半会选择相对更容易、更轻松培训的那个人群。选择A,符合人性。时间紧任务重,面对的又是新挑战,趋利避害、避重就轻很正常。但正因为大多数人会选A,竞争的基数反而大,后面的困难也会更大;选择B,虽然有难度,可是价值高,并且人数少、竞争小,反而更能脱颖而出。

每天选择相对困难一点的,以后就会越来越容易;每天选择相对容易一点的,以后就会越来越困难。这是无数人、无数次人生经验的总结,培训的起始阶段也是如此。

只要面对选择,我们应该尽量选择相对困难的那件事去做。许多企业在验收课程时,超过60%的培训师的赋能对象是新员工或基层员工,这显然与培养复合人才的战略相违背,因为需要提高岗位匹配度、贡献更多绩效的并不是新人。

赋能老员工，这个看似朴素的诉求，让现场各业务条线的评审非常期待。Mocha能觉察到，让员工靠自己积累经验成长是远远不够的，组织方还要有计划地、持续地提供学习指导。

建议培训师选择老员工，甚至可以是管理岗。这里不是说新员工不重要，只不过新人上岗有规律，企业大型的新员工训练营往往一年只有两三次，在训练营中培训师处于持续输出的状态。选择老员工，是一条看起来更艰难的路，却能帮培训师自身获得高质量成长——快速通过老员工来聚焦业务问题，从他们那里收集和提炼真实的案例，最重要的是，能够获得已得到验证的方法论和工具。

这些不仅意味着工作量的增加，还要对原来习惯了的工作模式进行调整。改变带来的不确定性，是培训师安全感和掌控感的敌人。

选择老员工作为学习对象的少数培训师，他们需要非常熟悉业务现场发生的桩桩件件。实操经验丰富的老员工，也会在培训现场带来当下正在发生问题的反馈，并与培训师一起研讨更为有效的落地方案和计划。业务精英在培训中的参与，一是让培训师获得非轮岗带来的现场资讯；二是参与者对于成果的拥有感和学习带来的成长感，更有利于培训内容的课后落地。

选择二：通识类还是业务类

培训内容是通识类还是业务类，这个问题应该没有争议了吧？它因培训师所在企业而异，有的是根据课题进行分级评定，级别高的一定是业务类培训；为企业内的培训师支付课酬，能为业务赋能的课酬，其小时价会比通识类的高一倍；又或者是学员课前的调研，课中的参与，课后的评估，方方面面指向了一点：为业务赋能，为企业解决具体的问题，让更多的人成为提升绩效的专家！业务类培训早已成为重要的主流培训。

选择三：无效是否继续

若企业特定课题内容的培训没有效果，培训师是否应继续该课题？如果参训员工反映培训效果不好，我们先来分析一下原因，常见有三种情况。

（1）错的人在错的时间做培训。典型的有以下几种：

- 难得有培训，该参加的、不该参加的都派过来了，小会议室挤得满满当当，后面全是不参训的旁听人员。
- 训练型课程，领导说同步直播，让来不了现场的同事们也看看，总归能学一点。
- 在绩效目标冲刺期，见缝插针地在晚上或周六、周日安排培训，相信热爱学习的员工一定能坚持下来的。

（2）培训本身解决不了问题。

培训能解决的是员工的技能和动机层面的问题，尽量不要涉及流程、资源和政策。一个人可以通过培训拥有必要的知识和能力，业务日渐熟练，但是在工作中仍有可能失败，失败的原因来自低效的工作流程和适得其反的管理制度。

（3）培训后没在工作中强化。

培训师应在什么时候颁发证书或给予参训者学分？

1）学员签到的时候。

2）课程结束的时候。

3）学员改进工作的时候。

选择3）的，恭喜你！待会儿分析一下为什么要这么选。

针对以上三种情况，该怎么解决呢？

针对（1），给对的人上对的课。

非本课题的训练对象，不必进入课室。知识型讲座尽量转线上，线下培训以训练技能为主。将培训课程分拆成系列，按照应用场景模块化，每个模块解决一个问题，这样就能做到短平快。1～3小时的培训抓两样——实用内容＋带反馈的练习，对于学员，培训师要给反馈带指导地进行练习。

针对（2），解决培训能解决的问题。

从培训能解决的维度着手，如果想让培训是成功的，我们一定要事先观察学员是如何做事的，他们遇到的问题和现场的训练关联度越高，训练越能满足学员"我该怎么使用"的需求，所以我们应该在培训中尽量去模拟他们怎么做的体验和练习。有意义的准备工作有阅读、练习、情景模拟、绩效反馈等，这有助于让花在培训项目本身的时间得到最大化利用。

针对（3），效果是跟进出来的。

要从关注课程本身，到重视效果跟进。在培训课堂接近尾声时，培训师需要跟进，抱着应用的目的去建立新的认知和人际模式。比如：

- 让每个学员就如何应用培训中学到的东西制定个人的具体目标或行动计划，并为他们找到学习搭档或者学习小组。
- 同时将这个计划发给他们的经理。
- 培训结束后，定期提醒学员运用他们所学的东西。
- 在转化阶段，通过提问、传送参考资料（tips）或补充信息的方式来激发学员思考和记忆。
- 对参加过备受关注的培训项目的学员进行调查或访谈，评估管理层对于应用的支持程度。
- 和管理层分享调查结果。
- 给学员的直系领导提供简单实用、有针对性的行动指南，供他们采取行动强化学习成果的转化。

以上这些选项应用的频率越高，细节越深入，效果越好，培训后的效果是跟进出来的，而赋能绩效需要强有力地去推动进度。

☞ 下一步行动

疯狂就是重复做同样的事情，却期望得到不同的结果。

——阿尔伯特·爱因斯坦

改变是必需的，那么接下来如何让培训产生效果呢？你可以选择从以下维度入手：主动备课、试点试讲、更换讲师或课题、总结原因、领导配合。

（1）**主动备课**。在培训开始前，培训师要提前一周备课，通过问卷和访谈，首先确定教什么，然后决定怎么教最好。从培训对象处确认接下来培训的目标是什么，培训的内容是什么，要让员工掌握到什么样的程度。如果这样备课，你的培训效果一定会非常好。

（2）**试点试讲**。企业培训师如果真的想提升自己的培训质量，可以按不同的学员性格、按不同的岗位能力进行试点性试讲。对于不同的性格、不同的特点应该用什么样的形式和方法，体验越深，领悟越多，培训课程越有效。当能够形成一套有效的系统性方案时，"以学员为中心"的教学设计，无论对什么人都会起作用。

（3）**更换讲师或课题**。培训进行中，一旦觉察效果达不到，无论是环境必然还是人员偶然的各种因素，培训师都是脱不了干系的。如果时间允许，此时不妨主动向领导申请，换一个培训师来继续培训，这样既能避免培训事故的发生，同时也能向绩优者现场学习。在事态稍微失控的时候做调整，这样的勇气和决断能力，才是真正以组织绩效为考量的大局观，完全掩去讲不好没面子的个人顾虑，请记住这个选项。

（4）总结原因。邀请要好的培训师前辈、业务骨干、主管领导，在培训课堂上充当顾问，让他们在课后做复盘，收集关于培训效果的各类问题，一定要总结出培训中的痛点和提升点。做得好的继续发扬光大，效果差的下次直接避雷，可提升的直接改善优化。

多次重复这样的活动，势必能助力主动复盘的培训师形成一套行之有效的打法。培训也能更好地输出成果，直接为业务赋能！

（5）领导配合。真正厉害的培训师都懂得"拉领导下水"，如果学员的主管领导不重视、不配合，培训结束后，其主管领导依然按照原有的方式方法要求员工，那么培训效果怎么会得以体现呢？所以，培训前一定要和业务主管达成一个共识，让管理层也关注培训。

培训中主动通报，让业务主管们对培训的进度和员工的表现同步感知，培训后及时提供用于指导学员的简洁实用、有针对性的指南。只有管理层积极支持新技能和新知识的使用，帮助员工寻找机会来应用新技能，设立相关目标，提供反馈，才能帮助员工解决困难。

时至今日，哪怕是深度合作、重复采购的战略伙伴，大多对于培训的认知也是"内容为王"！即使企业培训师在内容的基础上添加了教学活动设计，迭代成 2.0 版本的精品课题，一些企业仍然对教学策略有着根深蒂固的印象：花里胡哨，浪费时间，可能适合别的行业，我们行业还是比较严肃的，不需要过多的形式。

如果此刻的你，仍然觉得"看视频、做游戏、搞研讨"这些互动流于形式，在培训方面还没有体会到教学活动设计带来的震撼，没有把它们应用到业务培训中，那么本书的出现算是刚刚好！

把"改变"当作定性的问题，而不是定量的问题，这是大多数人认识的误区。培训师的改变，并不需要在课堂上100%去颠覆、去改造的决心，不留余地去推翻一切，因为那样很容易被挫败沮丧和自我否定压垮，努力后又打回原形，伤害下一次行动的勇气。我过去参与的培训师学习项目，优秀者的成长往往是从迈出第一步、从一个小小的改善开始的。

☞ 本章回顾与应用启示

本章与你一起探讨了培训中的 7 种痛点、3 种选择和 5 个维度。

（1）培训中出现的很多痛点，与本书提供的解决方案是相匹配的。

（2）想优化培训，最好从"培训对象""课题类型""培训效果"3 个方面进行重新选择。

（3）快速提高培训效果的维度有：主动备课、试点试讲、更换讲师或课题、总结原因、领导配合。

请根据以上 3 个关键点，在空白处小结一下你阅读本章的收获吧！

CHAPTER 2 第 2 章

为业务赋能

培训很贵,但不培训更贵。

——松下幸之助

☞ 一节课三个点

集团今年重要的培训项目之一是"师课双成"。加强培训师的培养和打造,有助于"实施集团绩效项目,培育选拔优秀人才"。精品课程的打造,通过经验萃取、案例编写、教学设计,边落实边提升培训师技能。通过"师课双成"项目,集团会得到"培训师"与"课程"两方面的成果。

培训中心负责人金总说:"'师课双成'项目,培训中心已经有非常翔实的文件说明,我们从三个关键点,即标准、构成和实效入手。"

培训师为业务赋能,开发出精品课程,在应用中提升经验萃取、案例编写、教学设计等各项能力,"从实践中来,到实践中去",不断地正循环,就能达到"师课双成"的目的。

精品课程的标准

Mocha 问:"集团说'要开发精品课程,只开发精品课程',那么精品课程的标准是什么呢?"

举个例子,生产二车间上周五有位员工踩到不明液体滑倒,随后发现身上的劳保服破损,臀部和腿部皮肤被灼伤。随即公司成立专项小组对此事展开调查,并针对此类安全事故进行专项培训。

企业中的专项培训,建议考量三个原则:**实效性、专业性、针对性**。实效性:此类事故五年来首次出现在车间,几乎没有可借鉴的做法,需要快速开发。专业性:车间相关化工物品管控制度和操作流程有瑕疵,必须找出导致事故的薄弱环节。针对性:对其中两个岗位的相关人员进行相关行为和技能训练。

针对以上这个案例,要求开发出来的课程,既要能够预防事故再次出现,又能将现场伤害降到最低,知识和技能专业好用,工具和方法简单能复制。达到实效性、专业性、针对性,就是精品课程的标准。

精品课程的构成

达成培训目标的精品课程,有三类构成要素:50%的内容,25%的形式,25%的呈现。我们根据分类,呈现精品课程所包含的知识点(见表2-1)。

表2-1 精品课程三类构成

三类构成	涉及培训术语	占比及解读
内容	概念、原理、特点、流程、方法、措施、价值、要求	50%,符合集团号召的"内容为王",为业务赋能
形式	讲授法、小组讨论法、游戏教学法、演练法、现场教学法、案例教学法、练习法、提问法、行动学习法、情景模拟法	25%,为培训目标服务,结合培训内容、重难点处理,对教学方法、教学环节、时间分配等进行设计
呈现	PPT、电子课件、仿真系统、网络平台、实物和模型、视频、图片、表格、挂图、板书、卡片	25%,建立关系后再传递信息。培训师:强调、督促、提醒、要求。学员:思考、记录、观看、探讨、操作

对照表2-1,以前你有所缺失的类别或细项,正是接下来你要查漏补缺的关键。

精品课程的实效

精品课程为什么追求实效？我们从三个时间点来阐述。

2013年，用友大学原校长田俊国老师在他的《上接战略 下接绩效：培训就该这样搞》一书中提到，"一堂课一般有超过40%的时间在和学员活动"，别让培训课堂上的"教"和"学"脱节，那些让学员下去自己琢磨、练习，无法产出成果的培训，注定是徒劳的、自欺欺人的。要从"教学结合"到"学以致用"努力追求实效。

2021年，时任华为大学高级专家的庞涛老师，出了一本《华为训战》[一]，其中提到"仗怎么打，兵就怎么练"，用实战这个支点去最大限度地撬动训练的业务效益，真正对准业务，不断从实战中快速提炼和萃取打法，再在组织里快速复制推广和应用，然后再复盘、再萃取，助力组织越战越强，基础越来越夯实。用实战所得来推广组织实效。

到了2023年，新冠疫情三年给企业培训带来的变化使整个业态都在颠覆。为了配合防控政策，减少人员聚集，课堂组织的培训或延迟或取消，线上直播应激式上升。我作为直播师的训练导师，陪伴企业的培训师们迅速转为线上培训师，开展了1000小时的线上直播。

有的企业使用简单的会议视频工具；有的企业大批量录制课程，上传到学习平台，或者集中开发一批视频课程或者视频素材。几乎每家企业都有自己的线上直播课程需求，定制化付出的时间，相比以前有成倍增长。2022年，联通商学院为了提升全国专兼职培训师的授课能力，邀请我打造了7期"打造卓越培训师"项目。这是快速调整培训形式来增强实效的举措。

所以，精品课程并不是对信息的筛选传递，而是提高价值、完善构成、达成实效的方式。能为业务解决难题，学员现场获得赋能转化，剑指绩效的才是精品！

⊖ 该书已由机械工业出版社出版。

☞ 赋能式三优化

IBM 学习的框架体系把企业学习分为四个层次：从信息中学习、从互动中学习、从协作中学习、从体验中学习。请你自我检测你处于哪个层次：

- 从信息中学习：人们通过阅读和听讲获得信息，通过视频来模仿简单操作。
- 从互动中学习：主要针对人际类技能，如谈判、投诉、服务、营销等课题，需要通过模拟场景、角色扮演来进行互动式练习，从而获得反馈和指导。
- 从协作中学习：主要针对智慧类技能，如领导力、管理能力、团队建设等综合性课题，需要设计更为复杂的情境和任务。
- 从体验中学习：大多数做评估决策、共创共享的训练，仍然需要从互动中、协作中、体验中学习。

现有的培训想升级，从获得信息到互动、协作，从获得体验到为业务赋能，可以从以下三个维度进行优化。

优化教学活动

2022 年 11 月的某个上午，我在培训群里发起话题：

- 教学活动设计的定义是什么？

  _____

- 教学活动设计与游戏的区别是什么？

  _____

- 教学活动设计与教学策略的区别是什么？

  _____

好问题总是能启发大家思考。建议你在网络上搜索"教学活动设计"这个关键词，去浩如烟海的词条里遨游一番，找到心仪的概念和文字描述，归归类，提炼一下，看能不能解答上面三个问题。答案尽可能简短。简洁是人类最高级别的智慧。

截止到晚上，我收到63位培训师的回复。我整理了8979个字的汇总文档，精彩纷呈。

这些优秀的人是怎么回答上面三个问题的呢？

- **教学活动设计的定义**：制定培训目标时，为了能够让学员更好地吸收教学内容，设计了系列教学活动，让学员获得体验，得到工具与方法。

  王定远博士："制定培训目标，如果是让学员在课堂上模拟体验各种业务场景中会出现的状况，通过反复练习来掌握如何解决问题和如何提升绩效，直到学员充满信心地在工作中应用，这样的教学活动才是对培训目标负责任的。"

- **教学活动设计与游戏的区别**：包含与被包含的关系，游戏是教学活动的形式之一。

  袁琳经理："教学活动设计和游戏有很多共同点，但是教学活动设计应该具有非常强的要传达某种观点和知识的目的性，游戏主要以愉悦体验为主，和某些要传达的观点没有强连接。"

- **教学活动设计与教学策略的区别**：两者是被包含与包含的关系，教学活动设计是获得方法和工具的形式，而教学策略是整体思路、方针和原则。

  蔡晓煌老师："教学策略就像各种烹饪流派，如西餐、中餐、日料；教学活动设计就像每一道菜的备菜、制作、呈现、食用。"

如果你刚才搜索了定义，又看到三位培训人的精彩分享，关于优化教学设计，此刻对你的启发是什么呢？带着目的去看书，效率更高。

优化培训目标

你所在企业的培训目标是什么？许多企业在和我们洽谈时，喜欢强调学员上过多少课，被哪些名师指导过，获得了什么资质证书等，而我会直接询问：本次培训的目标是什么？培训后要去完成什么任务？培训后需要达成多少授课时长？提供解决问题的方法和工具吗？对于绩效的推进体现在哪些地方？能给我看看过往的课件包和成果案例吗？对于我的这些问题，很多人是答不出来的。并不是组织方做错了什么，而是企业对培训的认知不一样。

培训的目标不是培训，培训只是一种手段，为的是让学员去应用工具，去解决问题，去提升绩效。回到企业的课堂中来，我们的关注点并不是：大家学过这个课了吗？课堂氛围好不好？口碑怎么样？重点关注的应该是：培训后使用过几次？用了哪些部分？用的时候遇到了什么具体的问题？复训时有多练几次吗？技能提升点在哪里？

举个例子，同样是银行业培训师培训项目，一家银行的培训目标很宏大：追求全面培养、系统推进；基础类、升阶类、冲刺类三个阶段的课程，学员都得轮训一遍，整个项目安排看起来丰富又美好。另一家银行，培训目标是针对最大的业务痛点——卡账催收，先开展学习地图工作坊，然后对标 12 位业务标杆，方式是以打电话为主要手段，账户管控、上门催缴为辅助手段，打造一个系列三门课程的实训课程，在 3 个月内培养出一批能把卡账要回来的"催收大神"，学员们上午参训练习，下午就分组进行实操；还有内部的学习平台，大家交流的都是自己实操中的得与失，好的经验内部推广，失败的经验提炼成注意事项，预先规避，随时交流，快速复盘。培训师给别人支招渡桥的过程中，自己也能形成方法论。

以上两家银行培训的最终效果如何？第一家银行，过程热热闹闹，后续就没有下文了；第二家银行，下半年业绩提升了 30%，获得总部最高级别的通报表扬。

从此刻开始，我们尝试着将"大、泛、远、懵"的培训目标，优化为"精、准、近、用"的培训目标吧。聚焦于关键业务场景，锁定一群面临同样问题的学员，关注学员有没有学会，学会有没有去应用，用了是否产生实效。要确保学员学了就去用，用不好就再训练，练到做好为止。

优化底层逻辑

培训界过去使用的教学设计主张是从教育界借鉴来的，几十年来经过了培训人的行业化或融合化、落地化、简单化。

在应用上，罗伯特·M.加涅的"九大教学事件"能被记住就不容易了，哪怕是年资深的培训人，也得让脑子静一静后才能复述得出来吧？难以回想起。

霍华德·加德纳的"八大智能理论"，通常引导师和促动师更加熟悉，它和培训属于"表哥、堂姐"的关系，隔了一层，了解它算是锦上添花。

许多培训师常在梅瑞尔的"五星教学法"和库伯的"库伯学习圈"之间摇摆。库伯学习圈更重视体验，适合技能类训练，实践出真知。

以上专业词汇——九大教学事件、八大智能理论、五星教学法、库伯学习圈，如果你感兴趣，可以通过网络搜索并筛选，制成便笺夹在书里，或用手机复制到电子笔记上，此处不再赘述。

为了节约时间，我们团队在实践中比对后认为，五星教学法更适合推荐给大家，因为它适配性极高。

高校和企业一样，都存在"只重视信息呈现、忽略有效教学特征"的弊端。在改变和进化中，企业的培训课堂越来越远离学院派，与业务两情相悦。五星教学法是11种教学主张改进后的指导方法。回归业务的培训，五星教学法更适合当下的教学活动设计思路。

☞ 四大类应用需求

你可能读过非常多与培训相关的书，有没有发现大的理论、大的策略很难在课堂中推动应用？我们尝试用具体的案例和一个个小建议，用一种春风化雨的方式，给你的培训带来改变。但是，想要做出改变，总要克服一些阻力。

一节培训课，满足一个业务需求。为了学以致用，我们把课堂上不同阶段的常见挑战进行分类，助你逐一解决，逐个达成。

开启输入

把破冰、暖场、开班、组队等传统做法，迭代为"聚焦问题"的开启输入：

（1）训前、线上、课堂，多次聚焦业务问题。
（2）从组织、岗位、学员的问题，聚焦到现场问题。
（3）从宽泛的问题，筛选出培训能解决的问题。

帮助学员在开场环节聚焦和自己有关的问题、回岗要解决的问题，从易到难，循序渐进，将问题进行优先级排序。

赋能转化

在业务场景中，"仗要怎么打，兵要怎么练"，应该让听见炮声的前线人员来指挥炮火。

培训师抵达不了所有的业务场景，那就让最熟悉业务的学员来选择，引导他们回到场景去回忆并对其进行描述后，大家一起进行提炼整理。

"弟子不必不如师，师不必贤于弟子。"培训师此刻的挑战是改变身份认知，把自己从"提壶倒水"的人，变成邀请大家煮"石头汤"的人：汤锅是学员找来的，柴火是学员捡的，水是学员挑的，食材是学员选的，美味的汤是学员煮的。培训师负责策划煮汤活动，把石头放进锅里，汤喝完后，拿出石头丢掉或带走。

让学员吃饱的"食材"来自三个部分：第一部分"激活旧知"，每次煮汤来的人不一样，分享也各有特色；第二部分"论证新知"，培训师提前准备好干货材料，缺什么就放什么进去；第三部分"专家分享"，邀请现场高手贡献他们的成果经验和独家秘方。

大家吃着碗里看着锅里，是学员也是培训师，都在往锅里放食材。能放什么、不能放什么是"匹配一致"，投放的顺序和数量是"提供指导"；点火、准备碗筷、摆放桌椅是"应用多媒体"；全员参与，人人共创，把控进度，尽量让学员自己来完成。怎么分配公平，如何化解冲突，氛围是否融洽，是培训师赋能的设计重点。

输出成果

学员激活旧知，培训师论证新知，接下来就要动手实践了。教育专家考虑的是，知识如何理解记忆、并迁移；培训技术研究者，重视如何互动才有好的体验；企业的培训师，面对的是领导和学员问"应用新知"后有什么成果输出。

到底什么是培训需要输出的成果，我们先来做两个小测试。

测试题一

在培训的五大类成果中，（　　）的评估标准是工作态度、行为方式和对培训的满意度。

A. 技能成果

B. 认知成果

C. 情感成果

D. 绩效成果

答案是 C，情感成果。你选对了吗？我们再进入下一个测试。

测试题二

一场培训下来，达到什么培训成果是培训组织方最喜闻乐见的？

A. 培训师的培训目标是学员学到哪些基本概念、原理、方法，通常口试或者笔试就可以了，如规章制度、法律法规、党建党章等，这是认知成果。

B. 培训师的培训目标是让学员模仿或练习技能操作，技术技能在行为方面达到某个水平或程度，采用现场模拟观察、抽样示范、拍摄视频等进行评判，如设备穿戴、点钞、系统操作、机械运行等，这是技能成果。

C. 培训师的培训目标是提升和测量学员在工作态度、动机以及行为等方面的特征，运用问卷调查、口头表态、训后总结来采集，如企业文化、参训感受、意愿程度等，这是情感成果。

D. 培训师的培训目标是学员通过参加这次培训，对个人、岗位、组织的绩效产生直接的可量化的成果，通常与费用、计划和后期的实施达成情况挂钩。培训终点线后延，以学员做到、做好为基准，比如员工流动率或事故发生率下降带来的降本、产品产量和质量的提高或顾客服务水平的增效，这都是绩效成果。

答案是 D，绩效成果。以上两个小测试，如果站在业务主管的角度去思考，会选其他答案吗？你可以直接去问培训的组织者，他们会选择哪一个。我猜大家会听到预期的选项。

学员对培训内容的掌握程度，取决于这场培训为什么而开展？企业培训有个很朴实的观点——"一课一问题"，即一节培训课解决一个问题。而认知成果、技能成果、情感成果，无法说明这场培训要解决的那个问题解决了没有，解决到什么程度了。专家通过大量的研究证明，反应、认知、行为方式与绩效成果之间的关联度非常小。

唯有绩效成果，才能用来评价学员通过该培训对个人或组织绩效所产生的影响的程度，同时也可以为企业人力资源开发的培训费用的计划等决策提供依据。

实施计划

培训现场通常都是 1.0 版本的绩效成果，就好像在苗床上育苗，看着郁郁葱葱，但实际上还要经过定苗间苗、栽种、施肥、防虫害、开花授粉等计划的实施，才能结出绩效的果实来。我们来举几个例子。

- 银行的催收培训，解决的是卡账催收成功率低的问题。普通催收员的成功率为 10%～17%，而标杆的成功率为 48%。让普通催收员的成功率达到 20%～35%，即提升一倍，是本次培训的绩效成果。
- 医院的儿科急诊，提前一小时为要做手术的患儿注射消炎药物，能将感染率降低到 12%，但因为设备故障、突发情况、工作繁忙导致超时注射、忘记注射、时长不够的现象时常出现，感染率高出预期一倍。将感染率降到平均值以下，是本次培训急诊科护士的绩效目标。
- 集团专兼职培训师 50 人参加外训认证，他们被要求回公司后，在各车间进行试讲、轮训、辅导、带教，提升操作工人对新机械安全操作的熟练程度，三周后进行技能大比武，车间的绩效得分就是培训师的绩效成果。

☞ ICOP 摩卡

本书的精华，就是帮培训师满足四类需求的 ICOP 摩卡（见图 2-1）。

图 2-1 ICOP 摩卡

为什么叫摩卡？这是一个隐喻，学习如同斋啡，很苦。而加上教学设计，就如同在咖啡里加入巧克力酱和牛奶从而使斋啡变成了摩卡咖啡，口感香浓馥郁，还能让人精神饱满。所以，我号召培训师们，"一周一摩卡，课堂加点甜"。

ICOP 是四个英文单词的首个字母，为的是方便记忆：

（1）开启输入（input）：带着问题来，从被动学习进入主动学习。

（2）赋能转化（conversion）：学员自己试，让学员在参与中学以致用。

（3）输出成果（output）：都是为绩效，以终为始，共创现场成果。

（4）实施计划（project）：落地中完善，从课堂到岗位的融会贯通。

我们的研发团队，20 年来一直关注着企业内训师培训项目，收集的培训案例不计其数。我把项目中近几年常用的教学活动整理成帖放到了公众号上，公众号的专栏就叫"一周一摩卡"，每周做一次整理，一年多时间攒出 101 个教学活动。

负责运营的同事说，101 个太多了，能不能做个精选？去掉过时、同质化、难复制的，再根据培训师经常遇到的问题，把解决步骤还原出来，一是让团队新加入的老师能轻松应用，二是让更多有教学设计需求的学员受益，最终的 ICOP 培训是从摩卡中精选出 50 招。

为了让大家爱上摩卡,现在带你走进"有点甜"的真实课堂。

(1)**开启输入**。负责人走进课室时,发现学员都在热火朝天地做活动,怎么不见培训师坐在讲台前讲干货,这不是在浪费时间吗?

真实场景:培训师早在学员进入课室之前,就已经布置好学习任务,学员根据应用场景加入课题小组,并且早就在群里找好了搭档。到了现场,大家按照前期的安排落座之后,就已经在围绕本次培训将课题中需要解决的问题找了出来,内容不是主角,参训的学员才是培训主体。成年人的培训过程是互动的过程,是全体学员共同努力探索实践的过程。培训师要引领学员在培训开始前,以问题为线索,在训练过程中主动建构,并思考接下来的学以致用。只有参与者有了清晰的应用目标,才会产生良好的情感驱动力,更愿意去投入有挑战的学习。

(2)**赋能转化**。组织方发现,内部老师上同一门课,培训风格却相差很大,给学员造成极大的效果差异,有没有办法培训一批具有同样授课水准的培训师?

真实场景:优秀培训师是没有固定培训模式的,研发团队在进一步收集数据信息和思考之后,感觉"灵活性"比"不一致性"更贴近培训师行为评定的尺度,秘诀就是优秀培训师"没有固定的套路方式",只有共性的需求和不一样的策略。

(3)**输出成果**。设计互动培训方法需要具备各种技能,还要投入大量的时间学习,有些培训师担心自己是兼职的,照顾不来!

真实场景:经过2100多场线下课程交付,1000多场线上直播实践,全国成千上万的企业培训师及职业培训师,亲身体验了更快速、更简单、更具性价比的培训方式:教学活动菜单化、交付过程步骤化、真实案例示范化。比如,有时候培训中的绩效成果是这样的,集团总部的5位培训师培训效果要通过36位兼职培训师来体现。在线上直播训练营结束后,通过考核600位营销人员讲解产品获得客户满意的数据,来评估36位兼职培训师线上直播的效果。看文字都觉得非常绕了吧?可这就是疫情期间，企业培训师的切身经历：绩效的提升成了培训的目标；课题和大纲是达成目标的训练路径；培训主体不是内容，而是学员行为的改变；课堂上输出的成果用来检验培训后的效果。

（4）**实施计划**。培训师在课程结束后，常规做法是提交一份限定字数的培训总结，有的还会要求图文版，甚至 H5 动画版，或者提交几段视频分别发布到各大平台，短暂又辉煌！

真实场景：培训后要按照自己提交的行动计划，回到岗位后延长培训终点线，定期提交训后的绩效情况。比如，参加培训要解决的问题是党员申请资料的审核如何一遍通过，训后就要在钉钉群里收集参训人员按照模板提交的资料，将申请成功的资料作为标杆，拆解其中的优点和亮点，辅导未通过的进行二次优化，直到达成培训前定下的目标：通过率 90%。

培训的目的不是增加所有人的负担，而是想让组织绩效的达成更加"take it easy"（从容）。没错，培训是为了提高绩效，为了让成年人在这个过程中更轻松地精进、成长。

所以 ICOP 是为了打破你过往的认知——"吃得苦中苦，方为人上人"。吃苦那是因为没有方法，学习大多时候是让人痛苦的。我们还是研究一下人性，找到成年人学习的规律。

☞ 自测小工具

使用 ICOP 摩卡前，先使用一个工具检测你的课堂。这个工具叫"课程心电图"，原理类似体检的心电图监测，看有无心律失常，心脏问题可以通过心电图确诊。

进行中的培训课程线索密布，培训目标贯穿始终。其中时间线、内容线、方法线各有其责又紧密交织。如何将各线索有机结合，是课程设计的一个重要环节。如果能提前检测出教学设计是否合理，学员就能在你的课堂上尝到甜头。

介绍工具

应用"课程心电图"前,邀请你做两个测试题。

测试题一(单选题)

假设你现在正在讲一个专业知识,你发现学员状态越来越低迷,课堂气氛越来越沉闷,你会怎么做?

A. 分享自己一个介绍产品的真实案例。

B. 讲个好玩的段子,活跃一下气氛。

C. 提出一个有关产品销售的问题,请大家回答。

D. 让大家两两一组交流分享,总结一下这款产品的销售对象、关键卖点。

你先做出选择,稍后公布答案。

请思考,你的选项对课程能起到推进作用吗?

第一个测试题,参照图 2-2 中的学习刺激度,A 和 B 选项对应的是 1 分的讲授,C 选项对应的是 3 分的提问发言,D 选项对应的是 5 分的小组探讨,得分越高,对学员大脑的刺激度越高。你选对了吗?

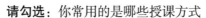

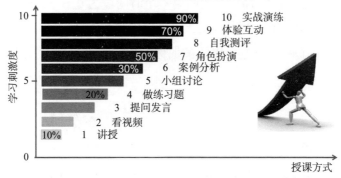

图 2-2 课程心电图:授课方式

测试题二（多选题）

如何让学员的大脑刺激度更大呢？请在便笺上写下序号。过往你常用的授课方式是哪几种？对照图 2-3 的分值，你会发现，教学设计的好坏，与学员的大脑刺激度的高低成正比。

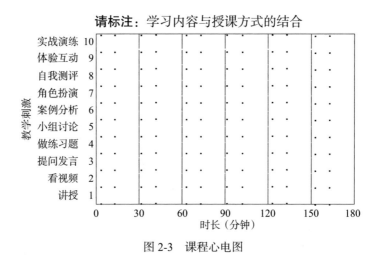

图 2-3　课程心电图

试用工具

课程心电图如图 2-3 所示。纵轴是对学员大脑的刺激度，从下往上将授课方式标注分值；横轴对应培训课的时长，每 30 分钟刺激学员大脑两三次。回顾过往的培训，开场的第一个时间段为 0～30 分钟，如果你选择了问答，就在第一列找到"3 问答"的位置标上一个点。等到每个时间段都标上了两三个点，用线条把你标注的点连起来，你就得到了课程的心电图。

案例示范

课程心电图的线条长什么样才是健康的？其原理等同于体检的心电图曲线，如果是一条直线，就意味着培训师使用的授课方式过于单一，

"死气沉沉",学员会感觉非常没劲;线条如果犹如崇山峻岭般起伏过大,学员容易疲累。

为你举一个应用的例子。这个课程在使用课程心电图之前,课时为3小时,题目是"如何打造专业的装维团队"。课题小组来自陕西移动十城联动的金牌培训师大赛。初赛辅导时,学员对象是装维团队的所有人。第1版的课程构成如下:

目录:

一、打造专业装维团队的意义

二、专业装维团队的12个标准

三、装维常见投诉问题的分析

四、装维的五个流程关键讲解

从以上目录不难看出,3小时课程以讲授为主。这叫"叨客"模式,讲师全程"叨叨叨",偶尔问个问题,这对于学员的大脑来说,刺激度低于3分。这就意味着,10分钟后,学员大脑因缺乏新鲜刺激而关闭,不再接收新信息。剩下的时间,台上讲授、台下听讲,双方都难受,"无聊 = 无效"。

想要进入决赛,就得打造成精品课程。优化的第一步,课题小组回答以下四个问题。

(1)你们片区有多少装维成员?

课题小组回答有400多人。400多人不可能同时参加培训,就得先分类再聚焦。到底第一次培训多少人参加合适?课题小组给出新的数字,他们觉得40人最接近现实。

如果你现在开发的课题,学员对象是"所有人,都可以",或者一口气说出多个岗位,就很容易陷入宽又浅的"通讲"陷阱。问自己:第一次给哪些人培训?他们有什么业务问题?培训多久能出成果?还是先为一部分人做试点培训吧。

（2）这40个人都是谁？

装维团队将全体人员分成了三类：新加入、资历深、管理层。课题小组选择了"资历深"，这群人有3~5年的从业经历。选择这个人群的原因是目前团队纳新人数不多，而管理层遇到的问题挑战太大，资深装维人员遇到的业务问题能通过培训来解决。

学员画像清晰了，他们的业务场景、经常遇到的业务难题才会随之聚焦，这是课程精品化的重要切入点。

（3）培训想解决什么问题？

聚焦学员群体，是为了找到他们的痛点和问题。课题小组给出结论：在"全民营销"底薪下调的趋势下，如何提升装维人员的营销收入。关于提升营销收入，这就是一个非常值得深挖的点！

业务痛点往往对应着课程精品化的价值，学员感同身受，才会在培训中全程投入。

（4）哪些人能解决以上问题？

提出好问题，让大家开启回忆，更深入地去寻找关键动作与重点。

比如，内部是否有标杆？装维人员有几百人，平均工资5000元左右，但上个月有人月收入过万，找到这些超过平均线过多的内部标杆，就能帮培训师在值得挖掘的点上继续深潜。课题小组想办法拿到了绩优者的工资条，他们开始兴奋起来——这就是直接的证据和重要素材啊。直接帮装维人员跳过营销的重要性和价值的说教环节，去思考与他们相关的问题：我怎么才能像他们一样月收入过万？

解决问题的方案，如果是从绩优者身上找，对学员的启发性极强。

找到内部标杆，结合外部高手，你的方法论会更加多元化。

如何萃取标杆的优秀经验？

（1）课题小组邀请五位绩优者，问他们：如何选择场景？怎么营销某类客户？有哪些关键步骤？每个步骤都有什么干货？提炼出来的方法论可复制吗？在培训师的引导下，让绩优者回忆，课题小组成员进行提炼和归纳，这样就找到了本次精品课程的收益点。

（2）锁定社区三类客户。绩优者营销场景通常为政府单位、国有企业、校园、商圈、医院等，而最容易产生绩效的是老百姓所在的社区。其中，社区中那些子女在外地的老人、上网课的孩子、依靠互联网工作的年轻人，是装维客群中的三大主力。

（3）训练四步精准营销。针对以上三大主力客群，考虑到装维过程操作时长占比较大，所以营销的步骤不宜太多太复杂，建立亲和—挖掘需求—提供方案—达成共识，抓住关键环节就行。

（4）改善表格、话术工具。许多装维师傅都是偏技术流，是否善于与人打交道并有说服力，这方面恰好是培训师在现场可以通过训练去检验的。为了让大家更快上手，参照绩优者的话术进行再次创造，这样难度相对小很多，再改善一下之前有但是不好用的表格，多练练怎么匹配客户需求；以及之后的方案讲解，肉眼可见的变化就对比出来了。

培训师要善于整合资源，不要试图什么问题都一个人搞定。

在使用课程心电图重新规划课程之后，这个课题立马从知识讲座升阶为业务赋能的技能训练型课程了。

（1）学员从全体装维人员，聚焦为3~5年的资深装维人员。

（2）场景从悬空的全覆盖，聚焦为社区三类客户装维中的四步精准营销，并提供话术与针对性的销售方案，3小时课时中65%为下沉销售场景后的个人练习、小组练习和全班练习。

（3）培训内容从"目录"优化为"训练步骤"。

（4）课题小组成员从讲师升阶为培训师，将培训目标拆解为数个教学活动。往后退一大步，让学员成为3小时培训课堂中的主角和中心。

经过一天的辅导，课题小组优化后的成果，就是在省总决赛中获得了非常高的名次，他们非常满意。

优化后，课题名称为"四步精准营销提升训练"。

训练步骤：

1. 小组共创：提升绩效的最佳方法收集。
2. 锁定客户：常见的三类客户特点分析。
3. 实操训练：四步精准营销场景训练。
4. 辅导升级：角色扮演和整理话术工具。

他们丢掉"叨客"模式的"意义"和"标准"，将培训目标与学员绩效挂钩，找到绩优者萃取经验，在课堂上还原销售场景。训练中模拟销售过程，让学员在做中学、错中学，参与程度直接与转化效果挂钩。

这一切的改变，正是课程心电图带来的。原课题的课程心电图中的那条曲线趴伏在1~3分，直观感觉是奄奄一息。从知识讲授迭代成技能训练，课程心电图变成如图2-4所示，健康且充满活力。

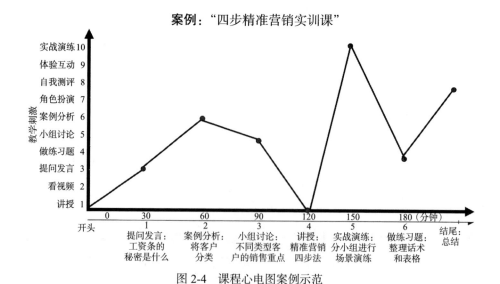

图2-4 课程心电图案例示范

动手练习

为你的课程做个课程心电图（见图 2-5），纵轴是刺激学员大脑，横轴分配内容和时长。先调动左脑做规划，再调动右脑做设计。动手做个练习，让课题为业务赋能，一起成为绩效推进高手。

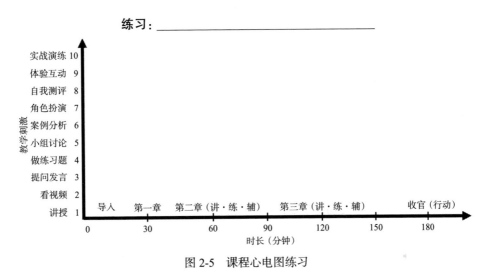

图 2-5　课程心电图练习

☞ 本章回顾与应用启示

本章提供了精品课程的三大构成（内容、形式、呈现）表格，以及精品课程 ICOP 摩卡的四大需求，还有一个诊断课程是否健康的工具"课程心电图"。

（1）为你的课题绘制一张课程心电图。

（2）四大需求的 ICOP 摩卡教学活动，你对哪部分感兴趣？

CHAPTER 3
第3章
带着问题进课堂

☞ 培训如何开场

开不好场

在课程开始时,学员的注意力是最集中的,由于被动听讲、内容枯燥、信息超载等原因,他们的兴趣逐渐下降,越来越疲劳。

此时参训者的表情和肢体动作为:目光呆滞、凝视前方入定、短暂闭眼、歪头、摇头、揉鼻子或鼻梁、挠头、打小哈欠、摘下眼镜擦镜片、转笔按笔、东张西望、揉肩膀、活动颈部、塌腰驼背、环抱双臂、两腿交叉、手插口袋、腿抖动、伸懒腰、频繁喝水、和其他人挤眉弄眼、说悄悄话、前后翻动讲义、拨弄桌上的文具、在便笺上画画、不时摸出手机等。如果频繁出现这些动作,说明学员已达生理极限,他们的注意力已然耗尽。

线上培训,除非一开场就要求开摄像头,只要是摄像头关闭,培训师每10分钟就要进行注意力管理,要求学员不时地回应和反馈。即便如此,注意力仍然会断崖式下降。部分线上课程学了无用,沦为学习废品,利用培训赋能的实效大打折扣。

无论线上还是线下，开不好场的根本原因是缺少培训的氛围。培训师默认学员已经准备好，只做信息的传递，忽略了关系的连接。

业务切入

有不少培训的开启导入，是以激发学员的好奇心为主，好奇心是学习者共有的心理特征，人对自己不了解的事物感到新奇从而产生兴趣。很多培训师会在开场让学员多玩、多问、多动手、多参与。

而为业务赋能的培训，从"获得荣誉""好为人师""炫耀心态"三个维度入手，效率更高。

（1）**获得荣誉**。业务部门的压力就是业绩。因此，开场就让学员对照目标，就当前绩效达成共识。先找出业绩、能力和态度上与他人的差距，让学员直面现实，建立不努力就会输的学习氛围。所选的课题、筛选的内容、还原的场景、设计的教学活动、提供的方法和工具，要能帮助参训者为荣耀而战！

（2）**好为人师**。越是在自己领域有建树的骨干，越不喜欢被人指点，那么培训师可以利用他们"好为人师"的特性。比如，现场如果有三种层级的参训者，先邀请基层学员说出问题，然后请中阶专家回应指导，最后由高阶专家补充点评。

基层学员工作中一定会遇到问题，而中阶专家为了提升自我更愿意表达，等他们说完了，自持身份的高阶专家一定不会放过展示专业高度的机会。充分顺应人性，借力打力，培训师要从讲授者变成资源整合者。当培训为业务赋能时，培训也会被业务赋能。

（3）**炫耀心态**。成年人心理上的底层需求，是得到关注、夸奖和认可。在培训前设计一个开场，鼓励学员发朋友圈，分享即将参训的心情和现场照片，引导客户和亲友的点赞就是督促。

在课程中,增加培训成果呈现的环节,比如开个直播,邀请领导、客户、下属、家属来观摩打赏,或者邀请本期表现突出的业务专家做下一期的分享嘉宾,利用这些方式形成合力,来增强学员对培训的感受。

从以上三个维度入手,我们在备课时,可以站在学员的角度,找到学员想要扬善于公庭的环节,去向客户展示自己的实力,向领导争取更多的关注,为家属和下属树立热爱学习、努力进取的标杆。这样来设计教学活动,能极大地增强培训效果。

开场案例

Mocha 要为上游的一家企业做产品培训,来参加的都是企业的中层管理人员,他们对 Mocha 所在集团的主打产品是有采买权的。如果想要"成为客户心目中无可替代的人",就得让客户知道,我们懂他们的需求!为此 Mocha 在开始培训之前,做了一个先期导入的教学活动"线上迎新",她煞费苦心地在这个先导活动中去点燃和释放学员的好奇心。

参训者进入培训课堂后,通过教学活动"挑战 & 期待"环节,开始深入思考和潜心研究业务中的难题,在现场建立"共同参训"的氛围,而不仅仅是围观和追求趣味。

具体操作细节,在导入型教学活动的清单中可以找到。

☞ 导入型教学活动

ICOP 摩卡活动,一共有四张清单,我们先来看第一张清单,开启输入清单(见图 3-1)。

(1)导入:结合学员现场的开场问题启发他们思考。

(2)开启:聚焦问题后激活学员之前的做法。

(3)输入:学员选择自己想要的方式接受培训。

序号	问题	活动
摩卡 1	问题 1：面对经验老到的学员，如何让他们在课前进入状态	线上迎新
摩卡 2	问题 2：如何让学员接受更高的目标并愿意付出努力	两张便笺
摩卡 3	问题 3：如何让课程导入时的"自我介绍"抓住学员的注意力	三真一假
摩卡 4	问题 4：如何让学员在课堂前后对自我学习"进行评估"	四维评估
摩卡 5	问题 5：如何让开场活动暖场又扣题	鸡尾酒会
摩卡 6	问题 6：如何让前期的学长来协助本次培训	学长有话说
摩卡 7	问题 7：有没有匹配课题的"万能型"开启活动	垮掉 & 跨越
摩卡 8	问题 8：如何帮助学员克服学习障碍	挑战 & 期待
摩卡 9	问题 9：如何做到对"场域变化"有效觉察	调节温度
摩卡 10	问题 10：如何让学员快速形成小组学习氛围	我爱我的队
摩卡 11	问题 11：如何让学习意愿低的学员快速调整	Yes or No
摩卡 12	问题 12：如何用可视化的方式让学员看到转化效果	化负为正
摩卡 13	问题 13：如何让学员在成功之前展望成功	愿景海报

图 3-1　ICOP 摩卡开启输入清单

线上迎新

问题：面对经验老到的学员，如何让他们在课前进入状态？

4 月初，Mocha 向导师发出请求：

"老师好，明天我作为培训中心的培训师，要给分公司的 47 位经验丰富的中层管理人员做一天新绩效管理的培训，平时他们都分布在各个岗位，彼此接触不多。课题大家都清楚，但是每个人都有自己的想法，在这么短的培训时间里，如何能够让学员快速熟悉，从旁观者向参与者转变，多点沟通交流，为这次培训带来更多有价值的成果呢？在培训前有没有一些预热的做法？"

Mocha 与导师分享了自己的一些想法，比如：

（1）发与培训主题相关的链接到群里，供大家提前阅读。

（2）作为群主，发布群公告，详细说明这次培训主题的目的和流程。

（3）设计一份问卷，收集学员的课前期望。

导师说：

"以上做法对于新员工来说的确挺好，但如果是面向中层管理人员，会不会偏正式和理性了？而对于你来说，需要一个更轻松友好的线上活动，让大家主动参与进来，毕竟'培训不是消耗，而是共同创造'嘛。"

❀ 品味摩卡

功夫在诗外。课前的充分准备，能为课中的有效联结起到很好的铺垫作用。为学员之间建立关系，不仅是在课堂上，也可以提前在线上试试看。

操作步骤如下：

（1）建圈子：用微信小程序建一个圈子，如"小打卡"。

（2）做示范：在小打卡里上传内容。

1）一张近期的工作照或生活照（识外貌）。

2）一句自我介绍的语音（听声音）。

3）一段希望你为明天的课堂带来什么的话（看观点）。

（3）邀点赞：把小打卡的链接发群里，@最先完成的学员并表示感谢，邀请大家相互点赞和留言（小打卡的好处是能将学员信息集中收集和展示，避免在微信群中爬楼或被其他话题打断）。

（4）做任务：当群里有三分之一的学员参与进来后，可以发布新的训前任务，鼓励大家参与完成。例如：

1）评选获赞数最多者与为他人点赞数最多者。

2）找到明天的学习搭档。

❀ 注意事项

（1）**免费使用**。在企业培训中，有越来越多的软件和平台都具备线上迎新的功能，比如钉钉群有"打卡"和"班级圈"，可以查询在线时长，同时能够上传视频和图片并及时通知班级人员。

（2）部分免费。UMU 这个软件，可以上传培训前导训的视频、微课、作业等，还能发放自训证书，帮助学员跨越从"知道"到"做到"的鸿沟。

（3）暂不推荐付费版。无论是购买账号还是单次课程，对于企业培训来说都是一笔开支，除非预算充沛，否则不推荐使用付费版软件。推荐"知鸟""企培""优课""培伴"等平台，它们基本能够满足企业培训需求，可添加视频、图片、文档等资料，还可以按目录检索，并记录员工上次看到的位置，功能不错。

摩卡功效

半天培训结束后，Mocha 非常开心地分享："学员们说这次培训让他们对同事有了更深的了解，在彼此交流中获得很多实用的方法，培训的收获远远超出他们对课程的预期。"同时，她也分享了三点注意事项：

（1）小打卡的示范特别重要。

（2）多邀请学员为他人点赞和留言。

（3）鼓励找交集不多的同事做搭档，这往往会给彼此带来新的视野和资源。

秘制配方

为什么要让学员提前成为参与者呢？伦敦大学"大脑情感实验室"的研究人员发现了这么做的好处：他们邀请学生去哈佛大学的一家实验室，把他们分成 A、B 两组，让他们给不同的室内装潢评分。作为酬劳，每位参与者都会得到 10 美元，但同时他们也被告知，需要支付 3 美元的"实验室税金"。

A组实验过程中没有任何干涉，最后结果就是，只有50%的人按照要求，实际支付了这笔税金。

然而，B组的参与者被告知，他们可以找实验室的管理者，针对如何分配交上去的税金提供建议。比如，他们可以提议将这笔钱拿来购买饮料和零食，招待之后的参与者，或者把这笔钱用于学校的课题项目中。令人惊讶的是，仅仅是赋予参与者表达意见的权利，纳税的比例达到了70%。

这项实验也印证了，一旦赋予人们参与感和表达建议的权利，能够快速激活大脑的奖赏区域。

一个培训课程的完整过程包括调研、通知、组织、培训、考核、评估等，需要付出大量人力物力筹集规划。培训师还得选一个平台，将培训所需资源进行整合。

人手不足时，提前做准备能够让学员节省转化时间，实现培训的高效率。参训员工可以通过手机、iPad等移动设备，随时随地进行前期导入。学员点开微信，打开小程序，将线下30分钟的导入环节在线上完成，然后腾出时间用来练习辅导，这样培训成果更有保障。

Mocha的选择是正确的，邀请学员课前参与进来，提前完成调研、熟悉主题、联结组员。在培训课堂上，彼此熟悉的学员，尝到了交流的甜头，更愿意分享。

两张便笺

问题：如何让学员接受更高的目标并愿意付出努力？

Mocha收到总部的通知，要求她组织公司兼职培训师参加月底的技术大比武，活动有五个选题：业务营销、风险防控、人力综合、财务法律、前沿科技。要求参赛者录制一小时的视频，接受总部专家评委的点评。

兼职培训师们纷纷给 Mocha 留言：

"做什么选题比较好呢？很茫然！"

"比赛要求那么多，不好发挥呀！"

"日常工作已经够忙了，还要准备比赛，压力山大啊！"

"我从来没参加过这种比赛，万一没拿名次，对不住组织呀，要不另请高明吧！"

Mocha 看着大家的留言，无奈地摇摇头。总部对这次技术大比武的期望，可不仅是发动大家积极参与这么简单，还得选出五位优秀者，为参加业内比赛进行大练兵。这个月又恰逢多个项目进入不同阶段，大家忙到要起飞的节奏，总部的期望值这么高，得让大家打起精神才行。可是该怎么办呢？

❀ 品味摩卡

怎样才能在为期一周的赛前辅导中，让毫无头绪的兼职培训师认同目标的重要意义，并愿意为高目标一起行走在成为高手的路上呢？如何开启大家的意愿呢？

操作步骤如下：

（1）初体验。培训师给出指令："请大家每人拿一张便笺，贴在你想贴的任一位置。"

现场：有的会顺手贴在姓名牌上，有的贴在墙上，性格活泼的甚至贴在自己额头或者旁边组员的肩膀上（这个环节让大家自由发挥）。

（2）再邀请。培训师继续给出指令："请大家再次拿出一张便笺来，在上面写上你的名字。""第二张便笺，请大家比前面一张便笺贴得更高。"

现场：大家开始越贴越高，有些人站到凳子上以便贴到更高位置（见

图3-2)。现场有一位帅哥,噌噌噌跑出去,直接贴在墙的最上边,还用手机拍了照发到群里作为证据。真是各种脑洞大开,现场非常活跃。

图3-2 "两张便笺"现场照片1

(3)做引导。培训师可以观察现场大家贴出第二张便笺的情况:

1)如果大家只关注比第一张贴得更高,就直接问大家:"这两张便笺,你在贴的时候为什么采取的方式不一样呢?"

现场:通常学员会总结出:有了目标,同样的事情会出现不一样的结果。

2)如果有些小组在贴第二张便笺的时候有意识地贴在一起,培训师可以启发大家:"这一组贴便笺的方式很特别,给你什么样的启发呢?"

现场:这个组的组员可能会说"我们要共同来达成目标,做彼此的支持"或"我们要在一起都有钱花"。

3)如果现场的学员发挥出的创意超出培训师的预期,培训师还可以发出下一个指令:"如果让我们全班一起来进行一个创造的话,大家会怎么做呢?"

现场:如图3-3所示,学员们在快速商议之后,把公司品牌中的"美"字贴了出来。

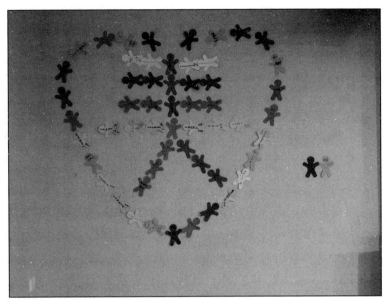

图 3-3 "两张便笺"现场照片 2

注意事项

（1）活动基于《重构学习体验》一书中 EAT 模型的应用，接触过创新培训技术的人对 EAT 一定不陌生。EAT 并不是英文中吃（eat）的意思，而是代表：Experience（体验）、Awareness（认知）和 Theory（理论）。激发一个人采取行动十分困难。事实上，我们无法激励任何人。所有人在做事情时都有自身动机，参训者是从自己的出发点做事情，而不是领导或者培训师给的动机。

（2）在两张便笺的张贴过程中，是在增加参训者的体验，去激发他们的行为后的新体验。开始前说清楚指令即可，不要提前告诉他们这么做的目的是什么。

（3）"体验"的过程要完整，有了两次贴便笺的对比，大家才会产生新的"认知"，而培训师一定要让学员开口说话，倾听并加以总结之后，再带领大家提炼成"理论"：以团队的形式在十佳中拿下五个名额！

（4）活动收官时要让全员就目标达成共识，有了共同的目标，接下来的辅导和训练，就可以通过对标来进行拆解和检验了。

✿ 摩卡功效

参加过"两张便笺"活动后，大家的分享是：

我们在进入培训课堂前，有各种担忧和不安，工作上一大堆的事情都要下课后加班完成，参加技术大比武的要求又这么高，说实话，上课的心情可不怎么样。没想到 Mocha 老师带大家做了个开场活动，每人两张便笺，就把大家的担忧消除了。听到其他组员纷纷表示：要参赛，就得定一个更好的目标，并且要和团队一起来共创，自己的信心和斗志一下子就回来了。

这是 Mocha 第一次使用这个教学活动，之前看导师使用的现场效果不错，才大胆进行了尝试。听到大家的反馈，Mocha 悬着的心总算落地了。看来好的教学活动是要有操作性极强的步骤和底层逻辑做依托的。Mocha 亲测"两张便笺"活动有效，大家放心用起来吧！

后续：为期一周的赛前辅导，在参训者的"自主、探究、共创"之后，技术大比武获得了让总部非常满意的结果。在下一轮新员工职业生涯规划的课程中，Mocha 将普通便笺换成了引导技术中常用的胖胖小人形的便笺，视觉效果更直观了。同时，学员拿到这样的异形便笺后，更有代入感，玩起来也会更投入，更有感悟。

✿ 秘制配方

1975 年，加里·莱瑟姆和加里·尤克尔进行了一项非常有名的研究，证明了目标设定的有效性。该项研究试图解决一个具体的问题：如何通过让工人更多地砍伐树木，来提高他们的生产力。

他们把一群伐木工人（那个年代叫"锯木工"）分成 3 组。在为期 8

周的研究中，第一组锯木工被要求每个人都给自己设定一个"高但可以实现"的目标，以提高他们的生产力。第二组与他们的老板一起设定了"高但可以实现"的目标。第三组没有设定任何目标，只需要在接下来的 8 周内"尽力而为"。结果，那些给自己设定了有可能实现很高目标的应试者正是砍树最多的那一组；和老板一起设定了目标的应试者的表现比前者稍微差一些（这表明自己给自己设定目标通常是最好的）；那些没有设定目标且只是被告知"尽力而为"的小组，在生产力上没有显著提高。

这项研究对如今几乎每个行业的目标设定都产生了很大的影响。

另外，设定目标很重要，但是这个过程相对比较理性。如果能够使用 EAT 模型，让体验先感性再理性，大家认同了目标的重要意义，并且发自内心地为之奋斗，将会进一步促进后期目标的达成率。

三真一假

问题：如何让课程导入时的"自我介绍"抓住学员的注意力？

在培训的茶歇时间，学员来请教主讲老师 Mocha：

"我参加过几次你的培训课程，发现你的开场介绍用的都是'三真一假'，可每次都有变化，这是怎么做到的？"

"我也用过这一招，看你使用的现场效果特别好，但我明明是按照你的步骤来做的，为什么学员的反应就很一般，甚至还带点冷漠呢？记得你说过，好用的方法都是"易学难精"的，我是不是把这个活动过于简化了，漏掉了一些关键动作呢？"

❀ 品味摩卡

Mocha 非常高兴，好问的学员可得好好优待："这个小工具背后大有来头，尤其是放在开场，是有一些小设计的。既然你注意到了，那今天我就把背后的应用关键拆解出来,边应用边对照吧。"

操作步骤如下:

(1)示范+导入。提问:我是这次为业务赋能的引导老师 Mocha,这里有四个选项(见图 3-4)和我的资历背景息息相关,不过有一项是假的,请你找找看,是哪一项呢?

图 3-4 "三真一假"示范

1)请学员举手回答,每组选一位参与,并引导后面的学员选择不同项:"有时候选择过于一致不一定是好事,代表咱们看事物的角度比较单一。"

2)可以问选不同选项的学员"为什么",这样能更好地启发思考。

3)"第四个选项是假的",正确答案是"银发红唇培训到 85 岁"。邀请学员回答,给各组第一轮参与加分,答对的加一分,以鼓励为主。

(2)对比。培训师的第二种自我展示:"这种自我介绍的方式大家很熟悉吧?密密麻麻写着自己的资历和背景,老师在台上一条一条地念,时间长被嫌弃,时间短被忘记,形同路人甲,类似应聘者,一点特色都没有。请问与前面三真一假的做法相比,最大的区别是什么?"

现场:学员们会提炼出"提问带来思考""数据增加可信度""表格比文字更直观""互动让氛围活跃""能够被记住"等说法,记得要给予回答的学员肯定和鼓励。我的导师告诫过,"一定要善待愿意和你互动的学员"。

（3）联系。将开场的三真一假进行多次联结。

1）新+旧。三真一假和路人甲模式的区别在哪里，给你什么启发。

2）示+例。刚才老师做了示范，也给大家带来工具，请为自己设计自我介绍，然后在小组里推选出最佳者上台分享。这不仅能为小组获得积分，还能获得老师一对一的辅导。

3）复+习。对比你设计的三真一假，有哪些地方可以进行优化和加强？

现场：通常会在两个地方聚焦——"流程"与"设计"。

"流程"是：①"结论先行"，这里有四个选项和我的资历背景息息相关，不过这里有一项是假的；②"邀请参与"，请你找找看，是哪一项；③"欣赏鼓励"，谢谢你的参与，这是给你的积分。

"设计"是：①聚焦，选项和主题相扣；②量化，突出数据增加说服力；③反转，立足当下面向未来。

4）联+结。三真一假除了用来做自我介绍，还可以在培训课堂的前期、中期、后期用来做什么呢？

现场：经过小组探讨，提炼分享的成果如表3-1所示。

表3-1 "三真一假"成果分享

步骤	应用策略
培训前	1. 聚焦问题，问学员最想解决哪一个 2. 放入数据，辨识哪个是错误的 3. 四种客户，哪个是高净值客户 4. 多个场景，找出与课题相关的是哪个
培训中	1. 知识点，哪个知识不能解决问题 2. 工具，哪个工具和应用无关 3. 标准，哪个标准不符合高净值客户 4. 策略，哪个策略不能解决该场景问题
培训后	1. 应用，哪个应用本节课没有进行练习 2. 行动，哪个行动方案最适合你 3. 成果，哪个成果是你最想分享给同事的 4. 期待，哪种培训落地后的绩效推进是你想要的

❀ 注意事项

（1）三真一假是个"看似简单，用好不简单"的活动，学员想要应用得好，关键在于练习和辅导。

（2）过程中要侧重底层逻辑，设计上要追求实用和创新。

（3）有限时间内有效训练，开场的练习不一定要追求"多层次""有深度"，主要取决于四个要素：目标、经验、聚焦、挑战。

1）你要达到什么目标？

2）现场参与者的经验值是多少？

3）过程中是否聚焦于目标？

4）对于学员来说，有一定的挑战性吗？

对标关键要素，轻松找到着力点，新技巧最少用三次："练习、练习、再练习"。

❀ 准备动作

（1）活动材料：不需要准备额外材料，有积分即可。如果准备一些小礼物作为额外奖励，效果更佳。

（2）活动安排：不需要其他安排。

（3）分组规模：可以两两开展，也可以以小组形式进行，关注是否全员皆有参与。

（4）活动时长：取决于你使用这个活动的目标是什么，建议3～15分钟。

❀ 摩卡功效

听完Mocha的分享，学员在纸上开始绘制思维导图，绘制完之后，有学员说："老师，我和你汇报一下，明天的内部培训，我打算在案例中让我的学员用三真一假找出他们最想解决的问题。原来我想在开场问学员问题的，现在有了这个工具，我可以用它将学员与培训主题相关联，学员与学员关联，学员需求与培训目标关联，让他们主动思考。"

同一个活动，前后的效果却相差很大。行为差异要从底层逻辑做调整，多在看不到的地方下功夫，一个工具用三次，"从实践中来，再到实践中去"。

秘制配方

"三真一假"这个活动看似简单，实则来头不小，原创者是鲍勃·派克，大名鼎鼎的创新培训技术先驱，他被评为过去40年最受欢迎的培训师，是培训界公认的大师级人物，著作超过30部。其中培训界熟知的《重构学习体验》一书中，就介绍了这么一个用来激发好奇心、促进社交、关联主体的开场活动，它能立马开启现场的交互模式，还有特别奇妙的活动延展性。和游戏不同，它是一个迷你、好操控并且非常扣题的学习活动，四个小格里的内容有真有假，紧扣中间圆中内容即活动的核心。

派克在"以学员为中心"的解决方案里，提醒大家注意一个重要因素，那就是教学活动的设计，不仅要考虑学员，同时也要减轻学习组织方和培训师的负担。不堪重负、难以操作的方法同样不会在本书中出现，我给大家提供的教学活动不仅接地气，而且简单、好操作，占用时间也不长，轻量级的教学设计才是你阅读本书的最大收获。

向你推荐《4C法颠覆培训课堂：65种反转培训策略》一书，该佳作助你"一周一摩卡，课堂加点甜"！

四维评估

问题：如何让学员在课堂前后对自我学习"进行评估"？

半年前定下来的培训项目，却遇到四五个项目同时进行：党建、技术考核、项目会议、防疫工作。43个学员，能全程参与培训的不到50%，手里握着这份"进进出出"的学员名单，Mocha深深叹了一口气，该如何调整呢？Mocha思索之后，觉得可以从以下三点着手，但同时也会产生新问题。

- 结构调整：把两天的课程拆成 4 个模块，每个半天，学员进入课堂后，最好能获得不同模块的训练。结构怎么从递进式调整为并列式呢？
- 学习氛围：中场离开的学员，对全程参与的学员是否有影响？
- 评估效果：培训后评估不好操作，能否在现场考核学员？

如何让学员在频繁出入课堂的同时，完成培训的自我评估，而且全程还能可视化呢？ Mocha 在赋能式培训学习群寻求帮助。培训师群友们响应热烈。其中一位视觉引导师提供了一张评估图，它恰好契合了 Mocha 的四个训练模块，一起来试试看吧。

❀ 品味摩卡

Mocha 接下来要应用的评估图，底层逻辑是矩阵，纵轴分上下，横轴为左右，2×2 可以获得 4 个维度。每个维度独当一面，搭配其他维度可做多维组合。这样一来，不管学员学习哪个维度，都能"单维精彩汇聚成虹"。通过巧妙的过程设计，形成对比和闭环，帮助学员从消耗到共创。

在课堂进门处最醒目的地方贴一张大海报，手绘与课程主题相关的四维评估表，旁边放多份贴纸或者荧光贴（见图 3-5）。

图 3-5 "四维评估"现场照片

（1）围绕主题的维度，代表的是解决策略，维度之间最简单的关系是并列关系。

案例一：课程开发四维度：需求分析、开发破题、组织内容、课程设计。前两个维度服务组织需求，后两个维度服务学员对象。

案例二：课程呈现四维度：结构力、感染力、创新力、互动力。左边两个维度对标左脑，右边两个维度对标右脑；上面两个维度内容为王，下面两个维度教学设计。

（2）如何呈现现场的学习效果？

1）四个维度代表课程的训练模块。

2）三个圈从内向外代表：一般→还好→满意。

3）右边的纸杯中使用不同彩色的荧光贴，如果人比较多，可以多准备几份，方便同时进行投票。

❀ 注意事项

（1）每个模块 3 个小时，在开始前，引导学员进行自我评估，先将四张荧光贴贴在每个维度上，来表示自己不同维度的水平在学习前是"一般"还是"还好""满意"。

（2）每个模块小结后，用一张荧光贴贴在海报上，以评估该模块的学习效果。四大模块都完成评估后，现场就获得了一张自我评估效果图。

（3）视觉效果有两种设计。

1）看全班：建议用两种颜色的贴纸代表培训前和培训后，以形成鲜明的对比，大家会看到贴纸的位置从集中在内圈，越来越向外圈扩展，意味着学习转化率的提高。

2）看个人：使用能写字的长贴纸，写上学员的名字（2 种颜色各 4 张），可以更准确地看到每个人在各个模块的培训前后对比。

（4）小结环节。

1）培训师首先邀请"分阶段参加"的学员分享该模块的自我评估：

位置的变化解决了哪些疑惑，获得了哪些方法？

2）培训师再邀请"全程参与"的学员，分享培训前后的对比和感悟。

3）培训师引领现场人员围在四维评估表旁边，结合学员代表的发言做总结性概述。

❀ 准备动作

活动材料：

1）常规的 A1 大白纸。

2）圆点贴纸、荧光贴、条形便笺，以你能找到或买到的为准，以能写名字的材质为佳。

3）双头彩色马克笔。

活动安排：分阶段走。

第一步：如果是全程参与的学员，报到时贴上训前评估：一般、还好、满意。如果是分阶段参与的学员，在每个模块开始前，邀请他们做该模块的训前评估。

第二步：每个模块小结时，邀请大家拿着贴纸做训后评估。这里有两种操作：一种是让学员出入课室的时候，自主贴在海报上（适合学习主动性较高的群体）；另一种则是培训师需要进行阶段性的引领和邀请大家集中来贴（适合参加培训次数较少的群体）。

第三步：针对海报上的四个维度（结构力、感染力、创新力、互动力）投票后，邀请大家前来围观，学员们发言分享。

❀ 摩卡功效

这次的培训，仅仅多了一张四维评估海报，Mocha 让学员针对四个维度做出评估反馈。

相比以前发一堆试卷"收获"大家的怨怼，"四维评估"用一个活动贯穿了全场，每个模块都让学员看到自己和他人的前后效果，可以相互之间交流、倾听、探讨,每一次的输入都有输出。

❀ 秘制配方

"四维评估"的底层逻辑和呈现形式(见图 3-6),来自 Tikka 老师的培训课堂,这位来自马来西亚的国际视觉引导师,通过每一个活动,都让参与者在"正确地理解"活动意图后,"参与其中",获得充分的练习,不管是活动本身还是引导技巧,都是为现场的学员获得更高效的学习成果而服务的。正如一周一摩卡的每一个教学活动,都是为解决培训课堂中的问题而存在的,从实践中凝结成的应用手册,目的就是为培训课堂加点甜,让学员能"带着方案和工具回到职场"。

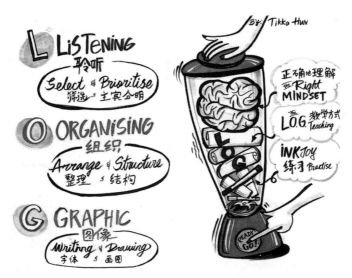

图 3-6 "四维评估"Tikka 老师的手绘图

鸡尾酒会

问题:如何让开场活动暖场又扣题?

Mocha 非常重视培训的开启,在她看来,参加培训的学员在收到参与课程邀请的那一刻,就要达成本次培训的共识,同时发现自己需要的是启发而不是告知。

有一次，Mocha 需要参与一个连续的集中学习项目，在自己的课程开始前 Mocha 特地去参训现场观察了这批学员的表现，发现大家习惯埋头记笔记，面对提问的时候保持沉默，要求小组探讨的时候大眼瞪小眼，代表发言时更是左顾右盼、心不在焉。

Mocha 拿定主意：通过一个高效暖场又扣题的"开启输入"活动，让大家主动参与进来，选择高效暖场又扣题的活动。

❀ 品味摩卡

Mocha 走进课堂，问的第一个问题就是："大家发现桌面上有什么不同吗？"当各组成员注意到物品之后，Mocha 宣布："在本次课题开始之前，我想邀请大家共同举办一场鸡尾酒会，酒会将会分为三个部分：制作酒杯—碰杯交流—酒会小结。"

操作步骤如下：

（1）制作酒杯。

Mocha 为大家准备了模板（见图 3-7），要求用马克笔，在 A4 纸上绘制鸡尾酒杯的形状，然后选择自己喜欢的颜色，组成自己鸡尾酒的内容，要求：

图 3-7 鸡尾酒杯示例

- 酒杯轮廓尽可能大（有些学员画的杯子存在感很低，视觉效果太弱）。
- 选心仪的颜色进行涂色：鸡尾酒三层涂色，色彩斑斓的视觉刺激能激发人的创造力。
- 字大体端：在酒杯的三层色块处，写下"昵称"增加亲近感，写下"课题"聚焦探讨主题，写下"收获"表达对课程的期待。

- 签上昵称：在酒杯旁边签上更亲近的称呼，以体现亲和力。
- 背景音乐：绘制酒杯期间，可以播放一首轻柔的音乐。

（2）碰杯交流。

1）确定全组人员酒杯绘制完成后，先组内碰个杯。

2）播放轻松愉快的音乐（注意事项里有提供音乐清单供参考），当音乐声响起，邀请学员们离开自己的座位，到课室的中央和其他人"碰杯干杯"，相互分享自己的昵称以及"酒杯"的三个内容。

3）Mocha 拿好自己的酒杯，与还没进入状态的学员主动碰杯，鼓励他们在课室里走动起来，与更多的人碰杯交流。Mocha 希望尽可能保持现场人员的流动性。

4）音乐声趋弱直至最终停止之后，让学员与附近的人互相表示感谢，并全员回到自己的座位。

（3）酒会小结。

1）本环节预计耗时 2 分钟，2 分钟后，各小组将本组的酒杯进行归类和整理上墙（推荐"无痕黏土胶"）。

如果之前有导训活动，可以将酒杯与其他成果做组合布置，贴在白墙上，让学习成果一目了然。

2）小组内，按照从左到右的顺序，轮流站在自己的酒杯前进行分享："参加刚才的鸡尾酒会，我一共与（　　）位碰杯，从他们的分享中获得了（　　）感受。"

3）Mocha 邀请每组归纳总结本组全体成员的发言，并派一位代表上台分享参加"酒会"的感受和心得。结合各组代表的分享，导入本次培训的主题。

❀ 注意事项

（1）文具：事先将 A4 纸和彩色马克笔放在每组的桌上。

（2）音乐：挑选一两首富有动感的音乐。

英文歌曲推荐：

- *Good Time*
- *Do It Right*
- *No Greater Love*
- *Reason To Believe*
- *All I Need*。

中文歌曲推荐：

- 《奔跑》
- 《快乐崇拜》
- 《音浪》
- 《速配程度》

（3）练习：

1）建议书面写好活动步骤的指令并多加练习，测试学员是否能快速理解并正确行动。

2）提前绘制好鸡尾酒杯的样板（demo），让学员模仿即可；也可以让学员用手机搜索"鸡尾酒杯"，照着手绘。

摩卡功效

Mocha特别开心地看到，通过现场不到30分钟的鸡尾酒会，全体参训学员都找到了自己在课题中需要达成的目标是什么，和其他人一样需要解决的共性问题是什么，以及如何以小组的形式来寻求最佳解法。

学员们也超级开心，他们欣喜地发现自己居然解锁了一项新技能——视觉化！很多学员说，自己只在幼儿园画过画，没想到重新拿起画笔，能够突破使用色彩的畏难心态，用视觉语言拓展表达边界。

视觉化的目的不是画图，而是洞见内涵。

——本·施耐德，《用户界面设计》作者

✱ 秘制配方

如果遇到培训中内容多、任务重，学员的大脑被太多想法卡住，转不动的情况怎么办？

那就尝试把视觉化技术加入到你的课堂中来！

除了让学员动脑开口之外，动笔思考其实是一种更直接的沟通模式。

有关培训中的培训目标、待解决问题、集体行动，通过一张 A4 纸，把每个人的想法呈现出来，并与更多人碰撞交流。

视觉化每个人都会，却不一定自知！

事实上视觉化真的很简单：一张纸、几支笔、几根线条，基本笔画，就可以组合出新图案，一开始会这些就够啦！

学员一笔一画地把语言变成图形，让情感通过色彩表达出来，他们会非常惊喜地赞叹自己的作品。使用这种看得见、好理解的表达方式，能让学员由衷地感到开心。

其背后的基本原则一点都不复杂：

无论是与自己还是他人交谈，都可以拿出一支笔，把脑袋里想到的、嘴巴里想说的快速落在纸上，这样看不见的就能看见了，难以把握的就能把握了，化无形为可视化，模糊的念头，杂乱的思绪，尚未完结的提问或预设、预判、预感就都有了轮廓。把脑子里纷繁复杂的念头呈现在纸上，让自己、让他人都能看见。

而看见的人（可能是自己，也可能是你与之碰杯交谈的人），感受和拾取到你的思绪，就会思考它的影响，将它与其他想法对比，对它提问，让它延续生发出新的想法。

视觉可以在言语沟通之外，建立起全新的表达渠道，接收的信息结合听觉成了"双倍"，思索、检验、共鸣的空间更大，让所有人的对话仿佛增添了一位翻译。我们一边画、一边看、一边想，从而萌生出新的想法、问题和建议。

学长有话说

问题：如何让前期的学长来协助本次培训？

有一次，在长达三天的时间里，Mocha在线上一对一辅导56位金融行业的兼职培训师，作为中基层管理骨干，企业对他们寄予了厚望。Mocha为每位内训师提供半小时的辅导，过程中她深切地感受到了他们的无奈：各项业务指标纷至沓来，"乱花渐欲迷人眼"，一层一层都叠加在他们身上。他们希望在培训中能获得"如何抓住重点，如何合理分配任务，如何有效达成业务指标"的方法和训练，从而提高工作效率。还有一部分内训师，计划在90分钟的培训里带领学员"提高主观能动性、改变心态、强化思想、挖掘潜能、主动思考、提高执行力"。

Mocha引导他们：

"培训师有两个窠臼：一个是给人讲道理，好为人师；另一个是打鸡血、灌鸡汤，还送睡前故事，好为人母。培训师应该跳出说教的惯性，和学员一起在业务场景里去聚焦问题、分析问题和解决问题，然后在培训中用学员输出的成果来验证训练的方法和工具是否有效！所以，90分钟的培训，要聚焦在帮学员解决一个什么样的问题？"

就如同这次的线上辅导，并不是简单地帮助培训师制作PPT、收集素材、设计互动，而是帮助他们锁定课题要解决的问题，参照成功案例，运用模板和工具，成为"解决问题"能手，成为"推进绩效"高手！

❀ 品味摩卡

培训是推进绩效的技能之一。培训师刚开始都会非常关注课堂中的呈现技巧：①提问启发；②看图说话；③模拟面谈；④多项选择；⑤对比类比；⑥看视频；⑦填空；⑧两两分享；⑨提炼案例（错题集、成果集）；⑩绘制思维导图；⑪提炼关键字。

接着是参与度高的学员互动技巧：①问题会诊；②聚焦关键事件；③相互点评；④辩论；⑤制作手册；⑥现场演示；⑦专家访谈；⑧实操演练；⑨评估测试；⑩开迷你复盘会；⑪前辈指导。

Mocha 这次打算一举三得：一是让大家获得资源，二是向高手借鉴学习，三是打破惯性思维。一起来共创吧！

操作步骤如下：

（1）请学长在学习群或线上平台与学员分享学以致用的心得领悟，具体可以参考以下两点。

1）参加本次课程后，对自己的技能提升和职业生涯产生了哪些正向影响。

2）推荐好用的工具方法，或播放简短的毕业生推荐视频。

（2）线下，让每一位学员与一位有经验的学长老带新一对一辅导，可以是一天、半天或仅仅一两个小时。当学员来到课堂时，互相讨论分享：从这次经历中学到了什么？遇到困难和挑战之后的应对方式有哪些？

❀ 注意事项

（1）邀请的学长要和本次的主题关联度极高。根据他们的意愿安排在课前担任指导，或者课中帮忙辅导，或者课后协助跟进执行落地。

（2）制作宣传海报、发微信群、发朋友圈、发平台，让学有所成的学长觉得"分享即荣耀"。这既是课程成果最好的验证，更是对参与本课程优秀学员最大的认可。

（3）礼遇分享者。分享后给他们准备一些礼品、荣誉证书、奖杯，用一个简单又隆重的小仪式表达感谢，并在内部平台进行宣传，营造"互帮互助、热爱分享"的学习氛围。

（4）学员们在完成任务的过程中保持探讨与交流，并请作为观察者的学长给建议、做指导以及提供评估。

"学长有话说"，即形成持续分享机制，让每一届学员都能和学长们相联结，从而获得培训之外的超值体验，为企业的持续学习打造口碑项目。

摩卡功效

线上辅导结束后，Mocha 成功邀请了三位学长，组织了一场线下的主题分享，并同步直播给无法到达现场的学员。

学长每人 30 分钟的以身说法，让参与者深深地体会到了这个创新做法所带来的复合效应：

- 受邀而来的学长，因为分享而收获满满的感谢与好评。
- 学员看到学长的实践成果，接下来会更愿意投入精力。

最重要的是，以前的培训以宣传为主，不去倾听、不去理解，重视考试、重视处罚，学员觉得没有人情味。这次大家在培训后得到了学长的线下指导、线上辅导，一扫"培训激动，路上感动，回来一动不动"的孤独感，既借鉴了绩优者的经验，又获得了融入组织的归属感。

秘制配方

"6Ds"是一项高效学习项目设计的方法，该方法被全球知名公司通用电气、德勤等所采用。同时，"6Ds"的中文版图书《将培训转化为商业结果：学习发展项目的 6D 法则》也已出版。该方法提供了一套完整、系统的学习发展设计流程，包括 6 个步骤，每个步骤分别以第一个单词的第一个字母"D"开头，所以称为"6Ds"。该步骤分别是：

- D1：界定业务结果 / 界定培训结果（Define Business Outcomes）。
- D2：设计完整体验（Design Complete Experience）。
- D3：引导学以致用（Deliver for Application）。
- D4：推动学习转化（Drive Learning Transfer）。
- D5：实施绩效支持（Deploy Performance Support）。
- D6：评估学习结果 / 总结培训效果（Document Result）。

如果你对照"将学习转化为绩效结果的 6Ds 法则第五项"（见图 3-8），是不是发现培训作为推进绩效的方法之一，是需要使用项目思维来进行资源整合和有效推进的？

【第五法则检查清单】
- 绩效支持是培训设计中不可或缺的一部分，对学员可能遇到的困难或者记忆疏漏进行预测并提供解决方案
- 通过提供工作辅助工具、线上材料、应用程序、帮助平台以及其他形式的支持工具来帮助学员，以确保他们在尝试新技能和新行为时取得成功
- 在培训中需要介绍和讲授培训后需要用到的工作辅助工具和其他绩效支持工具
- 在正式课堂学习结束后，鼓励和推动继续学习以及同事之间的分享
- 在转化和应用的过程中，为学员提供简单有效的交流途径，使其能够随时与他们的经理、主题专家、讲师或其他顾问进行交流
- 对以往的学员进行调查，找出什么样额外的支持对他们有帮助，收集学员自己开发的辅助工具，将这些纳入将来的培训项目

图 3-8　6Ds 法则第五法则检查清单

"学长有话说"，是 ICOP 摩卡教学设计活动第一轮的开启输入，更是上一轮实施计划后的传承和衔接，通过将"邀请学长进行分享"作为切口，进入到学习氛围打造、实施绩效支持的大框架中来；培训师的迭代方向为"PPT 朗读者→经验分享者→问题解决者→绩效推进者"，从而持续行走在成为高手的路上。

垮掉 & 跨越

问题：有没有匹配课题的"万能型"开启活动？

如何设计一个高质量的促销活动，成了鸡肋又紧迫的培训课题。频繁的促销非常消耗销售人员的信心，不做没业绩，频繁做没效果。大家对这类课题又爱又烦，以往培训开场，若想把课堂气氛带起来，必有"喊操、跳集体舞、唱歌、喊口号"四件套。对此，有人嗤之以鼻，有人奉为圭臬。Mocha想为这次培训大会设计突破常规的开场，现场有来自上百家终端店铺的销售人员，人数可不少。Mocha首先要考虑以下几点：

- 怎么营造轻松氛围又紧扣主题？
- 怎么让不愿学习的学员积极参与？
- 怎么让数百人的培训有序有效？
- 怎么鼓励学员主动思考解决问题？

以上这么多的需求，能通过一个活动来达成吗？

❀ 品味摩卡

经过实践后，"垮掉 & 跨越"堪称万能型开场活动，几乎匹配所有类型的课题（技术类、安全类、管理类、销售类），具体是怎么做到的呢？

操作步骤如下：

（1）第一轮"垮"。

1）在大白纸上写下标题：做什么能让×××最快垮掉？

Mocha的应用："做什么能让一次促销活动最快垮掉？并且要一招致命地垮掉，垮得越彻底越好！"

2）各小组展开头脑风暴，将组员的发言按照序号写在标题之下。

现场：销售精英们听到这个任务，有点难以置信，平常培训师都喜欢问"如何做好促销活动"。有学员笑了："老师，你要是聊这个，我可就不困了啊！"现场气氛一下子就活跃起来，大家迫不及待地拿起便笺奋笔疾书：

"区域负责人朝令夕改，一天下达三次完全不一样的指令。"
"客群不符，高净值客户邀请不来，来的都是冲着礼品的。"
"销售新人话术不精，干啥啥不行，得罪客户第一名。"
"系统崩了，电脑蓝屏，客户懒得排队等，扔下一堆商品跑了。"

10 分钟过去了，销售们还在埋头写得不亦乐乎、欲罢不能，经过小组内讨论，去伪存真、求同存异，达成共识后，每个小组贡献了 1～3 个最"垮"点。白板上贴得满满当当，小组里还有成员捏着成沓儿的便笺意犹未尽。

（2）第二轮"跨"。

1）汇总全班的"垮点"之后，请各小组商议后认领其中一个，商讨"有哪些跨越问题的解决方案"。

2）小组代表上台分享从垮掉到跨越的解决方案有哪些。

3）将各小组的探讨成果上墙，共享集体共创出来的方案。

4）集思广益后，进入培训转化阶段，"如何设计一个高质量的促销活动"。

❀ 注意事项

（1）物料准备。

1）便笺（每组 1 包）、A4 纸（一整包，如果有彩色的更佳）、整卷的大白纸。

2）彩色双头马克笔。

（2）时间把控。

第一轮"垮"：

- Me（我的输出），每个人写一两个"垮点"（一张一个），2分钟内完成。
- We（我们做任务），小组内探讨并达成共识，每组提供 1～3 个"垮点"，5～8 分钟完成。
- Us（我们的成果），各小组轮流派代表分享，并将优秀"垮点"贴上白板，10～15 分钟完成。

第二轮"跨"：

- 课题就是"垮点"，比如安全风控、服务质量、团队建设、培训效果……
- 制作海报标题，并开始小组内探讨，大约 10 分钟。
- 做分享，每组派代表上台分享 3 分钟，然后邀请其他组做补充，奖励其中 3 位优胜者。
- 小回顾，每个人用手机在群里写下活动后的收获与行动计划，时间为 3 分钟。

摩卡功效

每次使用"垮掉 & 跨越"，Mocha 都会惊叹于现场学员的参与热情。每个人的思维都具有方向性，平常大家习惯于并受制于正向思维，而从搞"垮"入手，悖逆了人们的习惯性思考的方向。从事物的反面入手思考，刚开始很容易，因为学员只需要回忆，就能非常轻松地找到以往促销经历中的痛点和问题点，除了能更快地激发学员参与的意愿，还能让大家有了一种充分表达的机会，让需要解决的难题充分浮出水面，获得共识。

当"垮点"收集齐了，充分铺垫后的反转就合情合理了。难题都是学员们自己总结提炼的，让小组选择想解决的"垮点"进行跨越，也是一种让大家拥有选择权的尊重：一是让听得见炮声的人来指挥战斗；二是提炼出销售精英们实践得出的有效方法。培训就需要设计出这种让大家共创共享的高效过程。

❀ 秘制配方

在互动教学和学习体验设计的领域，提亚吉博士（Dr. Thiagi）（见图 3-9）作为赴美学习的一名印度物理老师，拿到了教学设计博士的学位。老先生撰写和出版了 40 多部互动教学领域的权威图书，设计开发了 120 个游戏与模拟学习活动，发表了 200 多篇权威文章，著作等身，号称"天王级的大咖"。

图 3-9　提亚吉博士近照

2017 年 8 月，我有幸与广州培训圈的学友们一起参加了提亚吉博士的引导式培训，时隔多年，我印象最深刻的是两件事：

（1）当时负责翻译的 Mark 老师不停地咳嗽，我教他按穴位来止咳，没起到什么效果，老先生就不停地模仿按穴位的样子逗乐，有一种超乎年龄的顽皮。

（2）老先生坐在椅子上，像个魔术师一样，每隔几分钟就会掏出一样道具来，给我们展示如何将其应用到教学活动中，这个场景后来经常让我联想到小朋友分享玩具。

上提亚吉博士的课，引导者和参与者都觉得很舒服，开开心心地玩，扎扎实实地学，而"垮掉 & 跨越"就脱胎于其中一个精彩环节。

见到在这些领域深耕的标志性人物，也让我逐渐生出"银发红唇培训到 85 岁"的念头。有机会，大家可以找来提亚吉博士的书或文章读一读。

挑战 & 期待

问题：如何帮助学员克服学习障碍？

广州入冬的清晨，窗外风雨缠绵，学员们身上裹挟着一丝凉气进入课室，陆陆续续签到入座，翻开讲义等待着人到齐。

进入年度最后一个季度，大家要么忙着在年前的招聘市场抢夺人才，要么在忙着对标数据，冲刺绩效。

能来多少人？培训是否还能如期进行？Mocha 老师的思绪如树梢上的叶片摇摇晃晃，充满着不确定性。

大家在宝贵的周六轮休中，主动报名自发走进培训室，是面临变化坚持前行的积极行为！在签到本上写下名字的，都是学习型人才。培训师 Mocha 想为暖心的他们做"暖"场！

✿ 品味摩卡

"挑战 & 期待"，如何在第四季度的培训推进中，邀请精力已消耗过大的学员们参加共创？

操作步骤如下：

（1）用 A1 大白纸手绘两张大海报，张贴在白板或白墙上，并下达指令："在今天培训开始前，我们想邀请大家来一次探讨交流和分享。"

（2）在便笺上写下近期工作中遇到的"挑战"，与小组成员头脑风暴后，派代表分享大家目前在工作中遇到的问题，可以让他们举例说明，使课前的问题得以聚焦并显性化。

（3）如果暂时想不到更好的解决方案，就写上对应的"我希望"句式的便笺（解决思路、支持方式、期待收获）。在小组内进行归纳和总结，并邀请小组代表大声朗读便笺的内容，然后贴在相对应的位置上。

（4）贴满了便笺的两张海报，是"表达充分、交流碰撞、聚焦问题、探索方案"的群体共创成果，此时培训师可以邀请学员对整个活动做一个总结和分享，然后与培训第二阶段的内容进行连接，进入下一流程。

❀ 设计要素

（1）如同"挑战＆期待"，培训师可以用一组词汇来替代。比如不要＆要、结束＆开始、按停＆重启、终结＆创造、损失＆收益、阻力＆助力、恐惧＆希望、缩小＆扩大、发散＆收敛、否定＆肯定、歧视＆重视、模糊＆清晰、守旧＆创新等。

（2）想要有效激活团队学习，请将惯用的"你"迭代为"Me（我）、We（我们）、Us（我们的）"：

1）点燃Me，邀请每一位学员在便笺上写下3点收获。

2）熔炼We，要求组内探讨时合并同类型，挑选出3~5组关键词，成为小组共识。

3）铸成Us，让全体学员倾听各小组的分享并充分讨论，思考自己接下来该怎么做。

❀ 注意事项

（1）活动开始时，每次给出一个指令！

有的培训师会一口气说出多个指令，导致学员跳过必要步骤，思绪混乱，现场不停地提出问题，致使进度拖后。

（2）邀请学员参与，鼓励他们互动！

根据学员的参与情况和反应，确认大家都理解后，再继续后面的步骤。

（3）做一个示范，边看边模仿！

在PPT上放视频，白板上贴海报，讲授时举例子，让学员边看边听，边思考边参与，避免出现"知识诅咒"（自己很清楚，却无法分享给他人的现象）。

（4）让学员表达，他们开口是关键！

鼓励大家分享自己的想法和感受。当有人表达感受时，培训师的赞许和同理心能让他们获得释放，要接受大家有负面情绪。注意观察哪些人产生了愤怒、迷茫和挫败感，接下来的培训可能影响他们的开启输入，导致训练进度受阻。

（5）让学员在倾听中被接纳，允许和认同是培训师更高级的素养！

如果学员出现焦虑、愤怒、难过或生气时，不必粉饰太平假装没事发生，也不用急着给出建议，更不要否定和说教，允许他们释放情绪。这时问问自己，你有感受到他的感受吗？如果你是他，能否处理得更好？说一句"这种情况真的是挺累人的呢"或"如果是我，不晓得能不能做到你这个程度"，会让对方感到暖心吧？

闭嘴是学问，开口必共情。说教和给建议满足的是自我，而非学员。尝试把关注给到学员，"理解"比"说教"更能赋能！

❀ 摩卡功效

培训茶歇时间，学员们主动找 Mocha 表示感谢：

"原本今天是想偷懒摸鱼的，没想到能有一个这样的环节，我和组员都畅所欲言了。其实大家都很了解公司的处境，对于部门要求达成的绩效目标不是不认同，只是持续的压力让大家都疲累了。特别感谢 Mocha 老师没有一开场就灌鸡汤讲道理，而是提供了让大家表达和交流的机会。"

还有学员说：

"早上的那几位分享者，都是高手啊，平常看起来云淡风轻，没想到他们遇到的挑战居然和我一样。意想不到之外，多了许多亲近感呢。原来高手也和我一样呀,看来我也不是一盘酸菜鱼(又酸又菜又多余)嘛。刚才的解决思路,还得到了大家的认同和肯定,老师你也表扬我了,真的很开心。参与的过程中,大家都被疗愈了。看来压力人人都有,一起解决问题多好啊!"

秘制配方

我们真正以学员为中心,培训开始时,多注意学员的状态,了解他们的情绪和期待,决定了我们在"开场""暖场"还是"温暖地开场"。

一个温暖的开场,不仅能让学员彼此熟悉,建立与课题之间的关联,还能感受彼此的感受,让他们的情绪得到表达和倾听。人们在表达中展示了自我,也在倾听中找到了共鸣。

倾听和表达是分不开的,倾听他人讲话的同时思考自己的想法和将要表达的言辞,不断梳理自己的思路,并在适当的时机表达自己的看法和意见,这样既显示出尊重他人的礼貌和礼节,又能为彼此建立良好的信任关系。

培训师学会闭上嘴巴之后,才能在注意倾听学员的分享中,细致地了解大家的需求和期望,更好地调整后面的培训安排,以达到或超乎预期的培训效果。

调节温度

问题:如何做到对"场域变化"有效觉察?

Mocha 看过一本书《女心理师》,在优酷的同名剧集中,女主角贺顿布置心理咨询室时,钟表形状、桌子上的摆设、灯具、地板颜色都会考虑来访者的感受。

书里的贺顿,千方百计地省钱,却舍得买一款泥土色的非常昂贵的地板砖,因为它能让来访者感受到内心宁静。电视剧里的她,放弃了朋友推荐的红色摆设，因为太过个性化。书中用了很大篇幅描述某个空间的细节与注意事项，就是在营造"场域"，为的是让来访者进入咨询室的场域后，降低咨询师和来访者之间的陌生感、不信任感。所以，场域对于进入者的感受十分重要。

培训当然也讲究"场域"，比如，鱼骨形的桌椅摆放，签到处的签到墙，自拍时的手举KT牌，按下掌印的环保印泥，从电梯口引领到会议室的大脚板，门口摆放的培训师介绍易拉宝，课室前方的课程一览图，桌子上摆放的桌牌、讲义和文具，摆成蒲公英形状的学员胸牌，还有讲台旁边的约定箱和知识加油站。培训过程中，培训师还会引导大家进行花式签到、手绘大白纸边画边讲、团队共创海报、定制学习卡片、引导讨论视觉模板、培训成果视觉记录、教学活动创新道具等活动，这一切都会让参训者眼前发亮。

如图3-10所示，假设你此时正处于类似的培训氛围中，想不融入都很难吧？培训的场域，是指培训师、引导师或会议主导者为了让参与者高效开启培训旅程，过程中不断加深理解、认同、记忆、应用而精心布置的空间。一个好的场域，不仅会在第一阶段就能吸引学员开启输入，还能管理培训过程中的赋能转化，直到输出成果，实施计划。

图3-10 "调节温度"培训场域细节图

✿ 品味摩卡

我们用非常直观的方式,让所有进入空间的人,都能直观地感知场域"温度"。

操作步骤如下:

(1)在地面、墙面或桌面上,准备一个"温度计",一端标注"热",一端标注"冷"(见图 3-11)。

图 3-11 "调节温度"示意图 1

1)地面:用宽的美纹胶纸在地上贴出长线条,使用马克笔在胶纸上画出"温度计"的刻度,两端用 A4 纸写上"冷"和"热",清晰标识即可。

2)墙面:如果培训场地空间有限,可以考虑贴墙上,步骤同上。

3)桌面:在小组的桌子上,用美纹胶纸贴出"温度计",两端用便笺写字标明(见图 3-12)。

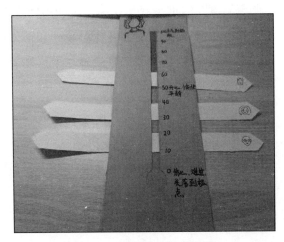

图 3-12 "调节温度"示意图 2

(2)开场时,邀请学员标注出此刻对于培训的"体感温度",现场操作如下：

1）标注初始刻度。如果"温度计"放置于地面，邀请学员站在对应的位置即可；如果放置在墙面和桌面，邀请学员用便笺贴在对应的刻度位置（便笺上要不要备注名字，取决于你想看差异还是想找共性）。

2）调节温度。在上模块与下模块之间，如果你想要看到学员内容的吸收程度，可用不同颜色和形状的贴纸，多次标注学员的"体感温度"，代表对课程的感知。

3）说明重点。如果有学员提问"什么是课程的体感温度"，可以用"主题契合度、目标达成率、信心指数、动机指数"等作为参考。"体感温度"是一种隐喻，为的是帮助参与者进行自身能力的评估，并非真实的物理温度，更多是每个人感受层面的可视化呈现。

（3）提问或引导不同"体感温度"的学员进行交流和探讨：

1）此刻你身处培训中，对主题的"体感温度"是多少？

2）和开始时标注的刻度相比，形成温差的原因是什么？

3）有哪些做法可以有效调控温度呢？

现场操作："调节温度"的重头戏是在第三步的提问或引导。善问者，如攻坚木，先其易者，后其节目。让学员针对自己和他人的感受，求同存异，探讨起来更有话题。感受看起来很抽象，用这种简单的方式可以将感受具象化，看到既得到。

❀ 注意事项

（1）阶段：在培训的导入阶段、课程推进阶段、实施计划的收官阶段，请学员们在"温度计"上标注不同阶段的"体感温度"。

（2）目的：让每个学员在课程中都能感受到舒适和被尊重，在表达中提升自信。

（3）提升：用最直观的方式，帮助培训师觉察场域的变化，有效调整下一阶段的教学方式和呈现手法，推进培训目标的达成与实施。

❀ 摩卡功效

Mocha 发现在技术类的学习项目中,培训师有三大特点——干货多、理论多、陈述多,他们更侧重于信息的传递,忽略了与参与者之间最重要的感知联结,通过这么一个简单的教学设计,就能在培训的第一类需求"开启输入"中,让大家即使不开口,也能直观地看到每个参与者对于该主题的热衷程度。

尤其是进入中间阶段和收官阶段的时候,学习前后的"温差"给了大家彼此被听到、被看到的表达机会,专家型培训师随着话匣子的一次一次打开,课堂也从原来的"沉闷无趣",变成了真正的"共创共享"。甚至有参与者说,"Mocha 老师,你这个温度计要是我用就更简单了,直接让大家在微信群里报一个体感温度,不也可以吗?或者,用金数据生成一个调查问卷,让大家点进入,做三个单选——开启时、转化中、应用后,然后再提出你刚才提到的三个问题——温差的原因、带来的启发、如何去调节,又方便又快捷。"这个建议给了 Mocha 极大的启发,相学见长啊!你有没有更好的做法和建议呢?

❀ 秘制配方

场域会随着进度的推进而有所变化,想要提高对场域的觉察能力,可以从如图 3-13 所示的四个维度入手。

图 3-13 "调节温度"概念图

Q1 场域：精心布置，邀请参与，打造"视、听、嗅、味、触"五感为之调动的空间。

Q2 联结：课题与参与应用场景紧密相关，色彩、主题、案例、道具都邀请参与者共创。

Q3 能量：特指设计者调动成年参与者的好奇心和参与度，学习动机随之增强。

Q4 输入：让学员来决定是否有意愿参与，在设计者聚焦问题设计内容时，需以参与者为中心。

推荐一本介绍引导技术的书《SPOT团队引导》，其中第四章专门描述了空间（space）的构建。这里分享一下有关场域空间的"三四五"：

（1）三个问题。在内训中经常让培训场域冷冰冰的原因：

- 瞧不上（和培训师没有建立信任）。
- 放不开（领导和专家在场）。
- 搞不定（没有获得支持和反馈）。

（2）四种联结。好的空间布置可以协助培训师建立：

- 参与者和目标的联结。
- 参与者和内容的联结。
- 参与者和培训师的联结。
- 参与者之间的多次联结。

（3）五个维度。打造一个能让参与者提高意愿度的外在物理空间，可以从时间、情感、内容、方法、道具着手。让视觉和引导结合，力量会很大，学员学得轻松，培训师带得也轻松。

这里的"空间"也强调内在心理空间，在学员进门的那一刻，不仅有地上的大脚板引导他进门，有指示牌邀请他加入，有"温度计"时刻关注他的参与感受，他还有机会获得更多的倾听和关注，也被允许提出问题。每个人的共性需求是获得认可，这个需求被满足了，培训场域自然就温暖起来了。

我爱我的队

问题：如何让学员快速形成小组学习氛围？

临近年底，公司的精英导师们回归总部，要来做一次学习型的工作坊，这也是难得的外勤和内勤老师们聚在一起，组织者和参与者都无比期待，哪怕和其他会议有冲突，大家也在尽力腾出时间想要来参加。

Mocha 老师问组织方领导："怎么区分哪些是外勤的老师，哪些是咱们内勤的老师呢？"快人快语的班主任一语道破天机："一直在聊天的都是外勤的，听别人聊天的都是内勤的！"还真是简单扼要的总结啊！

有善表达的、有善思考的，因为工作性质不一样，造成大家的特质各有千秋。从现场的氛围来看，还真是泾渭分明，如果安排得当，大家一定能够做到优势互补，相得益彰。

怎么才能让平日里不常见面的精英们，在接下来的深度合作前，快速形成小组学习氛围呢？

❀ 品味摩卡

让很少聚会的参与者快速参与从而形成小组学习氛围，如何做到呢？

操作步骤如下：

（1）在本次工作坊开启输入的第一阶段，Mocha 老师将事先通过投票收集到的 10 个议题贴在引导布上，请现场的参与者进行认领。

现场：

1）参与的精英们将便笺写上名字放在心仪的议题下，每个议题限 3 人。

2）进行第一轮"加减乘除"，如果有新议题做"加法"，如果对议题有优化做"乘法"，合并议题做"除法"，无人挑选的议题则自动做"减法"。

3）每组选择议题之后，小组的组长进行关键词的解读，并欢迎其他组提出问题。

（2）以议题为单位，每个议题小组回到座位上，进行 10 分钟的探讨，并输出观点记录在 A1 大白纸上。

现场：有两个关键动作，需要酌情设计和安排。

1）第一个关键动作：快速熟悉。

如果参与者来自不同的部门，彼此间熟悉度不一致，需要主导者引导进入"快速熟悉"环节，提供一个框架作为大家聚焦的范围，让精英们打开自我，融入团队：

- 我在职场中最满意或最值得骄傲的经历是什么？
- 我在工作中的突出优势有哪些？
- 我想为小组带来什么？
- 我想在这个课程中收获什么？

2）第二个关键动作：聚焦议题。

如果团队之间稳定度极高，彼此非常熟悉，默契度很高，可进入探讨环节，通过不同的视角完善议题。

（3）议题小组在 10～15 分钟内，使用 SWOT 矩阵进行探讨。成功应用 SWOT 分析法的简单规则如图 3-14 所示。

	优势（S）	劣势（W）
内部	1. 2. 3.	1. 2. 3.
	机会（O）	威胁（T）
外部	1. 2. 3.	1. 2. 3.

图 3-14 "我爱我的队" SWOT 分析

1）进行 SWOT 分析时必须对公司的优势与劣势有客观的认识。

2）进行 SWOT 分析时必须区分公司的现状与前景。

3）进行 SWOT 分析时必须考虑全面。

4）进行 SWOT 分析时必须与竞争对手进行比较，比如优于还是劣于竞争对手。

5）保持 SWOT 分析法的简洁，避免复杂化与过度分析。

6）SWOT 分析法的使用因人而异。

"我爱我的队"的任务和参与指导如图 3-15 所示。

任务	参与指导
和你的团队一起，在 A4 纸或大白纸上，按照 SWOT 矩阵，列出你提炼的内容： 1. 请参照右边的指导原则 2. 请按照顺序，在空白部分写下你或你们讨论的关键要点	形成想法的指导原则： 1.（研讨时）指定一名记录员在白纸上记录你们的想法 2. 设定一个完成时间 3. 尽可能多地提出你们的想法 4. 在其他人提出的想法的基础上，有没有可以引申和增加的 5. 不要对提出的想法进行评判 6. 不要担心你的想法和别人的想法相似

图 3-15 "我爱我的队"的任务和参与指导

现场：主导人用 PPT 和指令提醒大家简单的参与规则，确定大家已形成共识后开始输出成果。

（4）议题小组在完成本组议题之后，留下一名"摊主"负责接待和收集信息，其他组员轮流进入其他议题，平均每个议题停留 10 分钟，确保为其他议题做出贡献。离开时相互表示感谢，并进入下一个议题。

（5）各议题小组在相互进行多轮信息交流和探讨之后，成员们回归各自议题，并将收集到的信息进行分类，为每个类别归纳命名，梳理好信息之间的类别和逻辑。

（6）每个议题小组派"摊主"上台进行呈现和分享（更详细的操作，参看本书第 4 章"我要摆摊"）。

（7）分配任务，各组安排专人将研讨结果汇总成 PPT 或文档，并共享在工作群里，作为接下来实施落地的指导工具。

❧ 注意事项

（1）一张 A4 纸或 A1 纸，两次对折之后，得到 2×2 个方格，标注成 SWOT 矩阵。

（2）每位学员把 4 个问题的答案依次填在象限中。参与者彼此不熟悉的，采用步骤（2）的第一个关键动作——快速熟悉；参与者彼此熟悉的，直接进入第二个关键动作——聚焦议题。

（3）时间分配：每一轮探讨约为 10 分钟，代表分享 2 分钟，组内交流每组 5～6 分钟，3 个议题通常在 60 分钟以内就可有效完成，适合 20～30 人的核心小团队。

（4）指令清晰：只要是多人多轮探讨，都需要主导者耐心细致地可视化参与规则，并传达清晰的口令，重在提醒，弱化控制，以营造参与者热情投入的氛围为己任。

❧ 摩卡功效

当集团最优秀的精英聚在一起时，不用担心场域冷掉。你提醒大家解读议题关键词，花一两分钟答疑解惑很有必要，避免大家的理解离题万里。一年到头，精英们前端是客户，眼前是团队，背后是组织，奔走在各个项目中，难得聚在一起。这样的活动为他们提供了交流探讨，为彼此赋能，为团队赋能，为开年蓄能的机会。身处一群有着类似的愿景和追求的人中的快乐，溢于言表！

❧ 秘制配方

SWOT 可以分为两部分：第一部分为 SW，主要用来分析内部因素；第二部分为 OT，主要用来分析外部因素。"我爱我的队"的 SWOT 示意如图 3-16 所示。

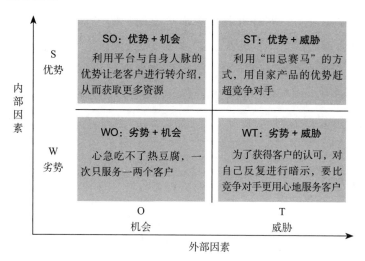

图 3-16 "我爱我的队"SWOT 示意图

SWOT 分析的步骤如下：

（1）罗列个人或企业的优势和劣势、可能存在的机会与威胁。

（2）优势、劣势、机会、威胁相组合，形成 SO、ST、WO、WT 策略。

- SO 策略：依靠内部优势，利用外部机会。
- ST 策略：利用内部优势，规避外部威胁。
- WO 策略：利用外部机会，弥补内部劣势。
- WT 策略：减少内部劣势，规避外部威胁。

（3）对 SO、ST、WO、WT 策略进行甄别和选择，确定个人或企业目前应该采取的具体战略与策略。

操作建议：

（1）分析时通常采用表格形式，更直观，分析之后一定要得出结论。

（2）第一次应用，先从 SWOT 矩阵所示的四个战略入手，然后再做深化。

SWOT 分析法可帮大家找到有利的因素以及不利的因素，发现存在的问题，找出解决办法，并明确以后的发展方向。根据这种分析，将问题按轻重缓急分类，明确哪些是急需解决的，哪些是可稍微拖后一点儿的，哪些属于战略目标的障碍，哪些属于战术问题，并将这些研究对象列举出来，按照矩阵形式排列，然后用系统分析的想法，把各种因素相互匹配并加以分析，从中得出相应结论。结论通常带有一定决策性，有利于你做出更好的规划。

Yes or No

问题：如何让学习意愿低的学员快速调整？

在 2023 年 1 月 18 日摩卡粉线上分享会上，昵称"苏文婷"的人问 Mocha：

"如果学员从一进入课室就把抗拒写在脸上，我该怎么办？难道真的要把他们请出去吗？"

"滔滔"在评论栏留言：

"我以前还真把不情不愿的学员请出去过！不过，现在学员超有个性，如果我还这么做，他们铁定给课程评估打一星！"

"Indeed"接着提问：

"@苏文婷老师，和你有同样困惑呢，下个月又要给某企业的中层人员做培训了，前两期学员全程'不回应、不参与、不离开'，想想都觉得头大，要不是签了合同，真心不想去呀！@Mocha 老师，怎么才能打开这种局面，不让我一个人在台上耗呢？"

Mocha 老师回答：

春分寒雨漫无边，九尽未寻亮丽天。比起乍暖还寒的天气，培训师更不喜欢冷漠的氛围吧。如果我们在培训中没有顺利开场，那种在联结中才能呈现的热情和感染力，会受到损耗而匮乏干瘪，接下来怎么补救呢？

❀ 品味摩卡

无回应之地为绝境，"Yes or No"是邀请学员"做一个选择，给一个回应"！

有经验的培训师会在课程开始前，提前 40 分钟进入课室：测试设备、打开电脑、播放音乐、检查物品等常规动作之后，重要的是和签到后的学员们，进行简单的交流。

Mocha 老师常问的一个问题是："这个课程，你是自己报名来参加的，还是领导安排过来的？"从三言两语间我们不难发现，许多看似参训意愿不高的学员，是因为临时被领导叫过来，来之前对课题一无所知，他们的茫然和困惑不知道向谁倾诉，才导致消极的情绪出现。有所觉察后，培训师可以有针对性地进行安排。

操作步骤如下：

（1）准备。以小组为单位，给每组发一张便笺！

导入："正如各位所了解的，今年咱们企业和其他同行一样，都压缩了培训费用，部分常规培训项目取消，培训次数减少，连我们现场的资源也紧张起来了。"

指令：

1）"请大家用这张便笺，来确认各位的意愿。"

2）"请根据小组人数，将便笺撕成对应的小块，每位一块。"

3）"如果你是自愿来的，请在上面写 Y，非自愿来的写 N，各小组统计 Y 和 N 的数量。"（要确保全员参与，每个小组汇报结论，例如 5Y+1N，由培训师记录在白板上。）

(2)回应。收集到各组的 Y 与 N 的数量后,会有以下几种情况。

1)表达感谢。如果都是 Y,感谢大家的支持:

"谢谢大家在开年如此繁忙的情况下,还愿意选择过来参加培训,接下来我们将一起进入课程的共同创造!"

2)提供选择。如果有一定数量的 N,对他们表示理解,他们离开课堂或提出要求都是允许的:

"有几位选择了 N,是不是本次课题与你关联不大?你接下来有两个选择:①向本次培训组织部门请假,获批后去专心处理工作吧,欢迎你下次再来参加;②课间可以给我一些建议,让我知道该怎么调整接下来的授课内容和方式,以更好地帮助你解决实际问题。后边为大家设立了'停车场',请用便笺写下来贴上去,我会及时回应。"

3)诚挚挽留。人们往往会忠于自己的选择,你邀请大家做选择,目的是希望他们留下:

"咱们请假或建议都需要有个过程,请各位给自己一个机会了解这次的授课老师和培训安排,大家先留下来尝试一个环节,如果你觉得对工作还挺有用,欢迎你留下来,可以吗?"

❀ 注意事项

(1)谋定而后动。课前建立微信群,邀请大家在微信群里留言或提出建议;推荐使用"金数据""问卷星""UMU"等小程序,用 3~5 分钟快问快答,后台提前收集数据与信息,让组织者、参与者、主导者聚焦问题和需求,以更精准地在课程中做出回应。

(2)在课室提前贴上大海报,设立"停车场"或"留言墙"(见图 3-17)。学员进入课室时,用便笺写下对培训的疑惑、需求或建议,培训师组织定期回应：统一回复或一对一沟通，也可以让学员彼此之间进行探讨交流。

图 3-17 "Yes or No"直播海报

（3）活动最关键的是，给予选 N 的学员理解。即使学员一开始选择了拒绝，培训师也要引导其他人表示接纳和理解，让选 N 的学员感受到安全感，以及培训师的允许和尊重。

❀ 摩卡功效

分享会不久后，Mocha 老师收到反馈。

"滔滔"说，他原本担心学员会不会都选 N，出乎意料的是，大家行使选择权后，反而更为积极地参与。

"Indeed"说，开场有 3 个人选了 N，他们后来在"停车场"上提出的问题非常中肯，还具有很强的启发性，结合到案例分析里，学员反响热烈，很契合实情。

❀ 秘制配方

为什么抗拒参与的学员，会在选择后发生改变？启发学员的学习动机，需要培训师多了解成人学习的特点，给予及时回应，让学员发现接下来的事情对自己意味着什么，从而自主选择，达到言行一致！

马尔科姆·S.诺尔斯（见图3-18）是美国著名的成人教育学家，于1967年提出"成人教育学"概念，著有《非正规成人教育》《美国成人教育运动史》《现代成人教育实践》《成人学员》《自导学习》《现代成人教育原则的应用》等，正是他把成人教育学定义为"帮助成人学习的艺术和科学"。

马尔科姆·S.诺尔斯
（Malcolm S. Knowles，1913—1997）是美国成人教育界著名的理论家和实践者，其实践经验及理论研究中的成就在西方成人教育界中具有相当影响力，被视为进步主义成人教育派的代表。

图3-18　美国成人教育学家诺尔斯

培训师要多了解成人学习理论的应用，因为成人学习的特性制约着培训的教学活动，如果你不懂得这些底层逻辑，就可能在培训中遇到极大挑战！我们别只关注自己的课题和内容，真正应该关注的是学员的需求。培训，是我们和学员一起创造价值，而不是一个人努力地传递价值！

（1）为员工创造安全感、尊重感、参与感和拥有感。

由于成人具有独立的人格，渴望在学习中得到别人的尊重和理解，所以培训者一定要应用四个原则：

- 原则一：让学员在培训环境和过程中有安全感，将他们当作学习的主体。
- 原则二：让学员做出自主选择，这是给学员最大的尊重。

- 原则三：提供让学员提出问题、表达意愿的环节，及时回应以建立信任。
- 原则四：学习任务、学习小组、学习材料和课室环境的设计都要让员工感到，这种学习经历对他们来说是适合的、有用的，是有利于他们个人职业发展的，从而对共创的成果产生自豪的拥有感。

（2）多种方法鼓励员工参与学习。

由于成人的年龄、学历、职务差异较大，而且他们都具有独立的个性，喜欢以自己长期以来形成的不同的学习方法安排自己的学习，学习的目的性较强，且以解决自己工作和生活中的问题为核心，所以培训者要区别对待不同的员工，采用多种方法发动员工参与到学习活动中来。

化负为正

问题：如何用可视化的方式让学员看到转化效果？

企业的专职或兼职培训师们，工作与培训经常产生冲突，原本计划好了的培训项目，一旦遇到突发事件，必须将培训按下暂停键，纷纷回归业务。不得已转为线上培训的，既苦恼于对设备的不熟悉，还得紧急将线下训练调整成线上课程，千头万绪涌上来，谨记"先情绪，后行动"（遇到此类情况，优先接纳和化解情绪，心情平静下来再解决事情）。线下培训时间被压缩，那就让部分内容"先同步，再引领"（先将学员的应用场景同步，再引领大家在回忆中发现问题）。作为主导培训师，除了课程内容和教学设计的准备，如何管理学员情绪变化，就成了非常重要的技能。

❀ 品味摩卡

"化负为正"，邀请你"先觉察情绪，再采取行动"。

操作步骤如下：

1. 管理类课程

（1）开场时请学员们选择情绪卡，对应课程前的感受。

现场：

1）使用挂图。在墙上挂一张"情绪感受轮"。这个小工具由心理咨询师格洛丽亚·威尔科克斯（Gloria Willcox）博士发明，帮助心理咨询师和咨询者更加清楚自己的情绪状态。

2）原理分享。培训中的情绪管理从清晰认知开始。这个情绪感受轮（见图3-19）从内到外一共分为3个圈。

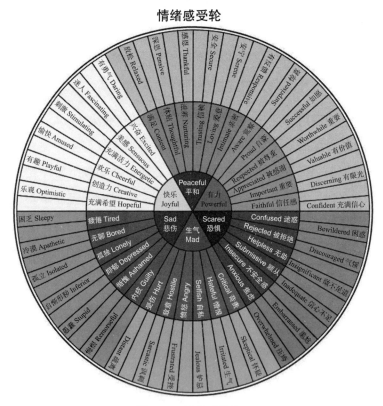

图3-19 情绪感受轮

注：此挂图在淘宝和京东均可购买。

最内圈分 6 个部分，分别是人类最易辨别的基础情绪：快乐、平和、有力、悲伤、生气、恐惧（见图 3-20）。上半部分为 3 种正面感受，下半部分为 3 种负面感受。

图 3-20　情绪感受轮（局部 1）

大部分人都能准确地分辨自己的情绪状态是正面还是负面，也能基本分清 6 种情绪。最内圈的基本情绪可能是"二手货"，因为第二圈和第三圈的感受往往更直接。比如恐惧（Scared），由第二圈的 6 种感受"迷惑、被拒绝、无助、顺从、不安全感、焦虑"所带来，而第三圈的"困惑、气馁、微不足道、信心不足、尴尬、压垮"会帮助人们找到更具体的原因（见图 3-21）。

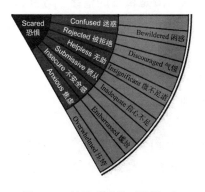

图 3-21　情绪感受轮（局部 2）

3）认知情绪。邀请学员标注出下半部分中内圈的基础情绪"悲伤、生气、恐惧"（见图 3-22），对应第二圈与第三圈的感受，分析并找到具体的原因,写在便笺上,并与学习搭档或在小组内分享。比如便笺上写着"恐惧—焦虑—压垮"的分享如下:"(恐惧)是因为做PPT,一想到这件事就让人感到(焦虑),这么短时间要高质量完成,要被(压垮)了!"

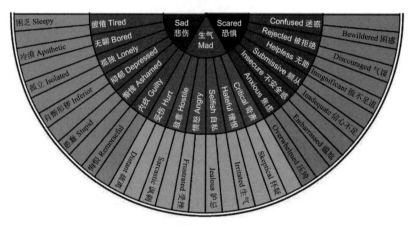

图 3-22　情绪感受轮(局部 3)

步骤(1)的目的:让学员与培训师都找到培训中阻碍执行的情绪、感受与原因,一个人只有清楚自己的情绪,才能很好地管理它。

(2)随着课程的推进,鼓励各小组之间相互帮助,把负面情绪转化为正面情绪。

现场:提供三个话术供大家参考。

1)步骤(1)后的引导:

"对于××问题,我们分享了情绪,分析了感受与原因,请在接下来的训练环节中寻找你想带走的解决方法,可以吗?"

2)重要环节后的提炼:

"请问我们刚才为大家提供的三个解决方案,有哪些能解决你的问题吗?你打算怎么解决?"

3）检查回顾并扣题：

"请问此刻你的情绪和感受是什么？悲伤、生气仍害怕，还是快乐、平和有力量？"

如果学员反馈仍为负面情绪，培训师需要帮助学员分析原因，提供新的解决方案，继续停留在这一环节，帮助学员取得收获才是关键；如果学员反馈的是正面情绪，验证了培训师预先准备的或现场共创的方案有效果，那就顺利进入下一环节，此刻继续培训进度没有问题。

步骤（2）的目的：帮助学员发现真实感受是什么，觉察情绪是如何一步步演变的，有利于寻找高效的解决方案。

（3）课程结束前，取下所有负面情绪卡，增加正面情绪卡（见图3-23），把学员的负面感受转化为正面感受。

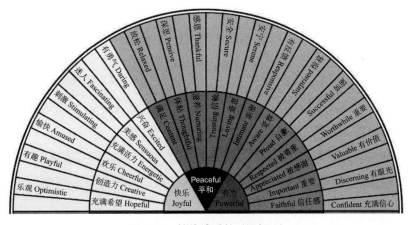

图3-23　情绪感受轮（局部4）

现场：让学员将训练前的负面情绪卡与培训后的正面情绪卡做对比，观察发生了什么变化？

步骤（3）的目的：帮助学员与培训师用一种可视化的方式来评估培训的效果。

注意事项：

（1）关于情绪感受轮，可参照不绝对依赖。

1）挂图上的基础情绪与感受虽然被分类，但实际上人们的很多情绪和感觉会共存，也并非边界如此分明。学员可能会发现，有时有几种感觉都存在，边界好像并不清晰，甚至负面感觉和正面感觉同时存在，其实这很正常。

2）情绪感受轮只是引导学员更清楚地了解自己的情绪，它并不"限定"人应该有什么感觉。有时大家也会发现，自己有着情绪感受轮上没有显示出来的感觉，这也很正常。

3）情绪感受轮上的分类可以根据培训师授课的主题和具体情况增加或减少，最终形成更适合培训师和学员使用的专属工具。

（2）关于操作步骤，参与感受是关键。

1）聚焦于培训课题，找到生理心理的情绪和感受（观看一张挂图，写下一组词汇）。

2）分析引发情绪的原因，回看先前产生同样情绪的情况（分析一种行为，做出一段描述）。

3）对比培训前后的情绪变化，看过程中做了哪些有效动作（设计一个对比，提炼一个行动）。

2. 技术类课程

技术类课程偏理性，Mocha 老师为"行走的大脑"们准备了 B 计划，如果你自认为情绪感受能力偏弱，也不想搞"先情绪，后行动"的开启输入，可以这么设计：

（1）课前请学员写下涉及本次培训课题的三个问题：

1）＿＿＿＿＿＿＿＿＿＿＿＿＿＿＿＿＿＿＿＿＿＿＿＿＿＿＿＿？

2）＿＿＿＿＿＿＿＿＿＿＿＿＿＿＿＿＿＿＿＿＿＿＿＿＿＿＿＿？

3）＿＿＿＿＿＿＿＿＿＿＿＿＿＿＿＿＿＿＿＿＿＿＿＿＿＿＿＿？

（2）在课程开始前，让同组学员之间，尽可能地使用课室里提供的参考资料，去互相回答或解答对方提出的相关问题，把已解决的取下。

（3）留下的问题，将在课程期间得到解答，检查现场的"不知道"转化为"知道"的概率是多少。聚焦于问题，检查有多少学员已经从"不知道"到"知道"。

❀ 摩卡功效

在"化负为正"的现场，有一位学员"惊艳"了全班。领导说他一直都是超级理性、特别慢热的人，小组成员形容他就是一个"行走的大脑"，没想到这次情绪表达环节，他愿意讲述自己的焦虑和快乐，平添了不少人情味儿，让大家的嘴巴张成了"O"形，全班由衷地为他热烈鼓掌。

❀ 秘制配方

帮助学员管理情绪，掌握情绪词汇是一种方法。

《情绪》这本书的作者是全球权威情绪专家莎莉·费德曼·巴瑞特教授，她给出识别情绪的建议是"尽可能多地掌握与情绪概念相关的词汇"。比如，同样是表示糟糕的情绪，就可以有生气、愤怒、惊恐、暴躁、窘迫、焦虑等。

书中有耶鲁大学情绪智能中心做过的一项研究：每星期，学校抽出二三十分钟时间，专门教学生与情绪相关的概念和词汇。结果发现，孩子们仅仅通过学习更多的概念和词汇，就能有效地改善自己的情绪管理能力，社交能力和学习成绩都得到了提高。

在培训中，用可视化的方式，邀请学员来认知情绪，可以帮助他们有效地将负面情绪转化为正面情绪。

愿景海报

问题：如何让学员在成功之前展望成功？

Mocha老师与上海培训机构的两位合伙人开线上会议，谈到ICOP

摩卡可以帮到哪些企业、哪种类型的培训师时，感慨现在"左脑发达"的企业和部门，都在不约而同地想要训练中坚人员的情感联结能力，这些人不仅是技术专家还兼管理职能，除了需要逻辑思维、语言、逻辑分析、推理、计算和判断能力，面临外部频繁的剧烈变化，更需要想象力、创造力和感受能力呀。

Linda 问：ICOP 摩卡中有没有哪一招能快速增强左脑人群的感受力？

Amy 补充：如何让这些注重技术和底层逻辑的人认同呢？

难怪说"世上多少好答案，等你问出好问题"，这一番探讨，让 Mocha 想起特别好玩的一个教学活动来，能深入还可浅出呢。

❀ 品味摩卡

作为开启输入清单的最后一招，"愿景海报"呈现出来的效果可是非常耀眼的。

准备事项：

（1）如果要在课程开始做这个活动，要邀请学员带一些多图的杂志过来（提醒学员以过期的、照片多的为准，避免学员花钱购买而造成浪费）。

（2）对于杂志的用途，活动前保持一定的神秘感，让学员因为好奇而产生期待。

（3）在学员签到的同时，收集他们带来的杂志，并摆放在课室后方的桌子上。

操作步骤如下：

（1）活动开始前，请学员听一段放松的音乐，闭上眼睛，想象自己学到的知识和技能在运用后获得"成功"的美好画面，与人分享，通过哪些努力能达成愿景：

- 学习了××之后，你期待的画面是什么样的？看到了什么，听到了什么，触摸到了什么？

- 这样的画面给你带来的感受是怎样的？
- 如果你实现了这样的愿景，对你的意义是什么？
- 你所描述的"×××"愿景，我很好奇，我们当下需要做些什么？

现场：用音乐营造场域，让平时左脑发达的人们，在放松的情形下发挥想象力；组员之间相互交流，训练表达、倾听和回应。

（2）用剪图+手绘的形式，将"成功"视觉化，把学有所成的愿景做成海报。

现场：培训师说明接下来的安排，提示学员使用杂志中的图片、彩色笔，手绘线条，在大白纸上将愿景呈现出来。

1）积分靠前的小组可以优先挑选杂志，按照人数拿取对应的数量。

2）提示大家可以先写标题，勾勒设计海报的布局，然后收集并剪下素材。

3）约定15分钟内完成愿景海报，过程中播放轻松明快的背景音乐。

（3）让学员在组内分享自己的愿景海报，并请学员代表在全体学员面前展示和分享。

❀ 注意事项

（1）**提前准备**。确保学员进入培训室时，带一本厚杂志（图片较多），然后交给班主任。如果是外地过来的学员需要提前通知。同时培训师可自备一批杂志备用。

（2）**贴心提示**。前期为了营造神秘感，学员是不知道杂志要做什么用的，所以培训师可以在学员听着音乐想象未来以后，提示杂志会被剪开，如果是珍藏版或者舍不得剪的，可以拿回去，避免有可能产生的不愉快。

（3）**增加趣味**。如果培训有积分制，可以让优胜者优先挑选。如果是刚开始，就让大家抓阄定顺序，每个小组派一位代表去拿，避免哄抢产生不公（每组选择的杂志数量，与人数匹配）。

（4）**教具准备**。基本款有大白纸、剪刀、胶水、彩色马克笔即可；创意版，可以在淘宝购买一些图案贴纸、扭扭棒、彩色黏土、小气球、小毛绒等，以能贴在纸上的体积和重量为准。

❀ 摩卡功效

Mocha 老师在公开课和内训课中都使用过"愿景海报"，想让一个人行动，就得让他"看到"，当大家对未来更有信心的时候，才会对当下更加有耐心。

大多人在工作中属于用脑范畴，侧重对事物微观的把握，注重对技术性问题、细节的思考，用脑的极致是绞尽脑汁把事物整理、归纳、加工、描述出来。如果在培训中仍然这么做，所得到的成果或作品往往中规中矩，只不过是应时应景之作，只有技巧，没有感情。而冥想搭配引导话语，让学员去用心想象、展望愿景，在这一过程中感情和态度发挥着很重要的作用，是他们人生经验的积累，更是深层次的创造，把事物发生的背景、外在的联系等洞察清晰，甚至能够创造性地将很多最初看似无关联的信息联系起来，达到最佳效果。学员会惊喜地发现，他们带着感受去创造的成果更有生命力，他们也会对这样的成果产生"拥有感"和"成长感"。

数年前参加过这个活动的一位学员，为自己制定了三个目标，分别是 1 年的、3 年的、5 年的。前不久看他在朋友圈晒出了那张海报，配文是：人真的需要看见未来，这样才能走近并拥有！

❀ 秘制配方

在培训过程中，想解决一个层次的问题，好的做法是向上一个层次或上几个层次找寻解决方案，在同一层级解决问题，往往不能做出最好的判断。我们可以参照罗伯特·迪尔茨逻辑层次模型来分析（见图 3-24）。

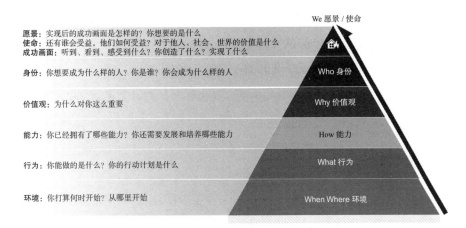

图 3-24　罗伯特·迪尔茨逻辑层次模型

资料来源：@ICOP 摩卡冬老师。

环境、行为、能力为"下三层"（认识模式），也就是实务层，它强调在什么样的环境下开始行动，采取哪些行动，需要具备哪些能够完成行动的能力。

价值观、身份、愿景／使命为"上三层"（行为模式），作用是激发内在动力，通常会关注这件事为什么对你这么重要，做这件事的人为什么是你而不是别人，你想要的未来图景是什么样的。

所以，只有把"上三层"走好，才能真正在"下三层"有所作为，并且真正产生持续不断的改变。

那么，怎样才能更好地激发愿景呢？

首先，培训师要充分点燃学员的情绪，让他们真正投入到对愿景的想象中，从而激发能量。这就要求，培训师要率先进入学员的世界，感受他们的感受，用他们的交流方式来交流。培训师需要"无比坚定地相信学员、相信愿景"，因为有的学员特别不相信愿景，这极大地考验着培训师的耐心，培训师要相信愿景的力量。让学员认为自己很棒，而不是让学员觉得培训师很棒。

在"上三层"的提问中，愿景层级常见的一组问题是：

- 你期待的状态是什么样的？
- 这样的状态对你有什么意义？
- 如果实现了这样的状态，对你的意义是什么？
- 你所描述的"×××"的生活，我很好奇，它对你来说意味着什么？

☞ 本章回顾与应用启示

准备好便笺和彩色马克笔，本章内容主要围绕ICOP摩卡教学设计活动第一类需求"开启输入"，针对开场中遇到的13个问题，提供教学活动设计方案，每个方案都经过了大量实践验证。

应用本章所学前思考3个问题：

（1）下一场培训开场的目的是什么，你想解决什么问题？用赋能转化的"开场导入13招"（见图4-2）作为参考。

（2）在下一次课程中，你可以使用的开场活动是哪一个？

（3）你会做哪些准备呢？

CHAPTER 4
第 4 章

课堂里的体验

☞ 有转化才有效果

Mocha 所在的集团总部的培训中心，之前通过一个学习项目来建设稳定、高素质的兼职培训师队伍，学员是集团各分公司的中高管理层，人数严格控制在 50 人以内，通过主动报名、领导推荐、导师面试数轮筛选，并为项目设定管理制度，来保证培训效果和工作的顺利开展。

根据集团年度绩效目标的达成情况，针对关键岗位，邀请外部机构开展"学习地图工作坊"，设计一系列学习活动，这次中高管理层的技能训练营，参训的都是集团管理层。训练营每个月一期，一期两天，共 10 节培训课，内部讲师负责 3 节，外部机构主导 7 节。参训学员每个月上完课，要给团队做 1 小时的转训。年中有一次外访游学，年终举办结业典礼，整个学习项目为期一年。

外部请来的老师，门派不同、风格迥异，理论派、实践派、演绎派，各展绝学。其中，10 月的课程，是一门经过 40 年验证的版权课，也是外部机构主导的最后一门课程，培训中心提出了以下要求：

- 融会贯通。之前上的9门课程，高管们的转训效果很差，外部讲师太专业，高管们的培训水平有限，希望本次课程，能打破部门协作壁垒。
- 磨课成果。通过本次课程，建立每个小组团队之间的协作，共同磨出好课，提炼出案例库。
- 解决措施。请各小组讨论，聚焦现在跨部门沟通中遇到的痛点，选一个主题，谈论如何更好解决这个痛点。
- 学习热情。重新唤起高管们学习的信心。通过外部培训师的引导，使高管们能有自我认知，明白他们想收获的以及输出的内容是什么。

高管们的转训任务，是要将课堂上学到的工具与工作场景结合起来，从而形成系列精品小课，在内部传播和推广。但前期9个月在这方面收效甚微。

第10节课的外聘培训师是我，在培训开始前两周，我协助培训中心做了数次调研。在视频会议上，结合调研结果，我为10月设计的培训主题如下：

- 系统思考：跨部门项目如何做出最佳决策，并且保证能履行承诺？
- 部门分工：各部门如何达成共识，不断为同一个目标努力？
- 过程推进：如何鼓励参与、激发团队、超越目标？
- 训后实践：如何在一周内就能应用工作坊所学方法、所授工具、所获经验？

作为主导培训师，课前我就在学习群"线上迎新"，提前汇总到跨部门协作中的问题。到了现场，为高管们提供定制的1小时转训和案例模板。课堂上，高管们自组课题小组。第一天晚上提交作业，我收到13个业务教学案例、习题集和素材库；第二天进行组内试讲，并针对每个课题给出反馈并做辅导。两天课程结束，高管们手里有课件、有方法、有问题、有案例、有实践、有体验。课后还提供实施计划，成立 13 个小组进行课程打磨，以团队协作的方式，推进课后转训。

在我下课去机场的路上，财务部的高管已开始给团队转训。人力资源部负责人，揭下我课堂上所有的海报，用在第二天的新员工培训中，下一周的管培生培训、部门会议、周例会，高管们都发来了现场转训的照片和视频，以及训后的心得和总结。一直持续了两年，高管们仍然在群里分享培训现场照片和视频，以及转训后的复盘和总结。这个课程成为全年学习项目里，转化效果最好的一期。

☞ 有体验才有赋能

Mocha 有一位资深的同事张老师，原来是集团总部的会计师，一直以来的梦想就是成为教育从业者。实习期间她接触到总部的某位导师，不仅对公司的业务十分了解，知识量也非常大，上知天文，下知地理，辅导学员往往一针见血、话到病除，如果说其他前辈是一本专业百科书籍，那这位导师简直就是一个小图书馆了。面对像光一样照进梦想的优秀导师，张老师从感动到欣赏，想着成为培训师不就梦想成真了吗？

会计的工作非常稳定，尝试成为兼职培训师后，张老师放弃了过往的工作经验，以新人姿态进入培训岗。上讲台的第一节课，她呈现的状态是四肢不协调，表达磕磕巴巴，全程眼神飘忽。在接受导师指导一个月之后，她越来越享受培训课堂，终于能自如地讲完一堂课了。她立刻申请成为专职培训师，这个决定对她来说风险很大，挑战也很大！

2022 年上半年，报名参加我的培训师赋能训练营之前，张老师刚好有一个培训需求。因为新冠疫情，某个大客户公司人员流动很大，招进来的八成都是业界新人，急需指导他们快速成长。如何让这批新人快速提升业务技能？张老师带着问题走进课堂。她边学技巧边转化应用，添加客户案例，把原有课程中的概念和意义去掉，知识类内容大幅压缩，将业务场景设计成体验模块，每个模块对应安排一两个任务。张老师非常虚心，不断展示自己的学习成果，邀请同学给反馈，争取展示的机会以获得一对一辅导。一周后，张老师带着全新的课程去为客户的团队赋能。讲完第一个模块，她发现开班致辞后，品牌方老总并没有离开课室，而是坐在后排戴着老花镜记笔记呢，茶歇时和她说，他放心了，对培训认可了，对培训师认可了，他决定，后续100多名人员的培训也交给张老师去做。张老师在客户公司待了将近一个月，经过针对性的赋能式培训，这个年轻的团队充满了干劲，11月就提前完成了全年的销售目标。

学了一星期，培训一个月，张老师意识到，没有教不会的学员，只有不会教的培训师，只有培训和业务目标一致，让学员有体验才有赋能。

很多培训师在踏入培训行业的初期，都会遇到思路受阻的情况，特别希望身边有高人或前辈来给自己能够顿悟的启发。往深想一层，为什么大家的思路会经常受阻呢？具体的原因当然有很多，但有一条是共通的，那就是对于培训的思维惯性太强大了。那种拿起来就讲，讲完了就假定学员学会了的惯性思维，让许多人总是放不下老办法和旧经验，哪怕是已经深深被老办法和旧经验拖累了。

比如，这些概念要学，我得讲给他们听，不懂就不会做。实际上，让学员自己去百度、去提炼、去提问、去相互教授的方式，比被动听讲有效果。

"纸上得来终觉浅，绝知此事要躬行"。我们可以向张老师学习，放下满堂灌的习惯，成为现场的导演，为学员把场景还原出来，把业务问题抛出来，忍住想要直接给出答案的冲动，让学员在其中乐此不疲地找方法、找工具、找体验、找感悟……

☞ 讲授如何设计

Mocha 在参加总部的"短时间分析海量经营数据"培训时，主训导师李老师说接下来将要花 30 分钟进行财务专业知识的讲授，请大家边听课边使用便笺记录要点。

李老师提供了四种记录要点的图形（见图 4-1），要求每个小组听完后提交一份海报。每组一张 A1 大白纸、一把彩色马克笔，10 分钟内完成海报的绘制，并派代表上台，用 2 分钟分享如何学以致用。

图 4-1　四种海报记录图形

30 分钟台上讲、台下记 +10 分钟绘制海报 +5 组 ×2 分钟 +10 分钟，收官点评和反馈，刚好 60 分钟，这样就完成了导入—讲授—练习—辅导—行动的五大环节。其顺序是：

（1）提供四种图形，请小组选择其一。

（2）边听边记录，小组探讨后形成海报。

（3）上台分享如何应用，邀请全班补充。

（4）培训师做重构总结，并将研讨成果分享给全班。

Mocha 发现，李老师使用讲授法前，一定会指派任务给学员，这样在听课的过程中，大家的注意力会牢牢地跟着内容走：提炼要点，选择图形，绘制海报，交流探讨，达成共识，选出代表，还要观察和倾听其他小组的学习行动。学员参与信息加工，才能形成自己的收获，参与越深，领悟越深。

就从图 4-1 开始，试试看，让自己放下讲授的惯性思维，思考如何让学员的大脑获得刺激，这个过程就是赋能式教学设计。

☞ **共创型教学活动**

图 4-2 是 ICOP 摩卡教学设计活动的第二张清单——赋能转化（conversion）清单。

（1）萃取：模拟学员的运用场景，提炼卓越表现者的经验。

（2）赋能：使用多感官教学来提升学习效果。

（3）转化：输出方法论与工具。

序号	问题	活动
摩卡 1	问题 1：如何检验学员的学习效果	答记者问
摩卡 2	问题 2：如何让学员针对主题进行多角度研讨	奔驰人生
摩卡 3	问题 3：如何让学员有层次地进行探讨并形成观点	Me-We-Us
摩卡 4	问题 4：如何组织多主题的探讨交流	我要摆摊
摩卡 5	问题 5：如何将教学内容转化为教学任务	鸿雁传书
摩卡 6	问题 6：如何让学员体验到认知存在差异	侧耳倾听
摩卡 7	问题 7：如何让学员久坐之后"动"起来	寻宝游戏
摩卡 8	问题 8：如何让学员"课中回顾"价值更高	击掌同步
摩卡 9	问题 9：如何让学员快速训练注意力	注意力之旅
摩卡 10	问题 10：如何让学员从"听你讲"到"我主讲"	听我主讲
摩卡 11	问题 11：如何有效提高学员在课程中的参与度	全员上阵
摩卡 12	问题 12：如何运用多元智能让培训转化的效果加倍	任意门
摩卡 13	问题 13：如何让学员从被动接受到主动呈现	演绎世家

图 4-2　ICOP 摩卡赋能转化清单

答记者问

问题：如何检验学员的学习效果？

培训师一般通过提问检验学员的学习效果，如果现场无人应答怎么办？

首先，提问是启发学员思考，而学员为了回避思考常会说："老师，我不知道啊！"这时该如何继续呢？考虑到可能出现这种情况，需要提前对应培训目标设计提问卡，做到有的放矢。

其次，不管我们问得抽象还是具体，都需要学员能加以提炼和归纳，你会问，学员才会答。有经验的培训师会准备选项，由学员来判断和选择，10秒就能作答。速度上来了，学员参与度也就提高了。

最后，提问是为了管理学员的注意力，如何用提问来为学员赋能？"答记者问"是为你提供的一种具体方法。

品味摩卡

作为培训师，提问仅仅是为了让学员回答吗？帮助学员获得赋能才是目的。让我们来邀请学员，为学习的咖啡添加香甜奶泡和巧克力酱吧。

操作步骤如下：

（1）说明。培训师模拟新闻发言人，"此刻我是××课题的新闻发言人，而各位都是特邀而来的媒体记者，请大家精心准备一些问题来发问吧"。

（2）设问。请学员从学习手册里找出三个重点：

1）为每个重点设计一个应用的问题，写在便笺上。

2）每位组员设计三个问题，一张便笺写一个。

3）小组内轮流分享，同时进行归类和排序。

（3）提炼。每个小组将组员提供的问题进行整理，最后选出小组三问，写在A4纸上，然后选出代表进行分享。

（4）答问。各小组派出"记者"按照顺序提出问题，每轮提出一个，问题不得重复。

1）聚焦。化身为"新闻发言人"的培训师，提醒"记者"就工作场景中的应用困惑提出问题，为避免跑题，可以问："你在应用这个模型时会遇到什么挑战呢？"

2）反馈。"新闻发言人"复述问题后（帮提问者优化提问），问提出问题的"记者"及其所在小组是否有好的解决方案："请问你的问题是×××吗？那么你们有没有好的解决方案并愿意分享给大家呢？"

3）邀请。如果提问"记者"及其所在小组分享的解决方案有可以补充的地方，邀请其他小组一起来解答，形成多元化的解决方案，使成果价值最大化。标准提问："有哪位愿意补充吗？还有吗？能不能再多说一点？"

4）激励。建议用积分来激励两种情况：提出好问题，提供好方案。

❀ 注意事项

（1）活动的核心是训练提问，启发学员把内容从陈述转化为提问。学员问不出好问题很常见，培训师可以提供转化模板并做示范，让学员模仿，这样现场推进会更顺畅。

示范：

内容：流程性知识也称为"程序性知识"，它是线性化的，是操作的流程、步骤有序相加的必然结果。

提问：请问什么是"流程性知识"？"减少故障三部曲"属于流程性知识吗？

（2）建议你观摩网上有关记者会的视频，现场尽量模拟记者会的氛围。记者会活动一般从人员分工（培训师客串主持人与发言人）、材料（让学员提前准备提问卡、小奖品及时奖励给好问题）和场地（讲台、发布会桌牌）三个方面来添加细节。

（3）提前让学员写好提问卡，要求"扣题、有答案、可补充"，所问问题和课题应用有关。提问者要准备答案，鼓励他人抢答，由培训师进行补充。

（4）鼓励学员问三种问题：

1）问"最"的问题：本次培训最有启发的是什么？最快应用的是哪一点？

2）对比式提问：我与绩优者之间的差异有哪些？

3）举例式问题：我在党建培训中使用时，应该注意哪些关键点？

启发学员将内容与应用相结合，从而检验学员的注意力是否集中，思考是否扣题，联结是否有效。

❀ 摩卡功效

有实施过"答记者问"摩卡的小伙伴的分享：

我一直都知道提问很重要，而这杯摩卡直接刷新了我对提问的认知：提问不仅是邀请学员思考，增加学员的回应，而且是通过提问来为学员的转化效果赋能。

比如，以前教大家使用 SMART 原则，提问的点是考大家记住多少，能不能说得出什么是 SMART，而"答记者问"是让所有人的注意力集中在怎么去使用这些方法：

- 当用 SMART 原则制定下周工作目标时，哪个步骤会有疑惑？
- 设定达成步骤是否有效，应该符合哪几个条件？谁来监督完成？

一下子就让我把培训目的从知识传播转换成了技能应用。培训成果不再是一段段培训心得的分享，而是符合 SMART 原则制订出来的计划和方案。我要多增加学员的应用体验，在绩效推进上再进一步！

❀ 秘制配方

"答记者问"的秘方是 5F 提问法（见图 4-3），代表着提问的五个内容维度：事实（fact）、感受（feeling）、分析（focus）、行动（future）、学习（finding）[1]。让学员在模仿召开记者会的活动中，应用这五个维度进行思考。

图4-3 5F提问法

（1）事实类提问：询问具体事实，到底发生了什么。

例：这个章节你愿意应用的是哪三点？
每个点将在什么情况下应用？应用时可能会遇到什么挑战？

（2）感受类提问：询问问题提出者和利益相关者的感受。

例：大家觉得这个问题价值如何？
这个问题会让其他人更愿意回答吗？

（3）分析类提问：探询问题背后的原因和假设。

例：解决这个问题时最大的挑战是什么？
你从大家的反馈中发现了什么？

---

[1] 布朗，基利. 学会提问 原书第11版[M]. 吴礼敬，译. 北京：机械工业出版社，2019.

（4）行动类提问：引导对方关注未来，思考选项和行动方案。

例：解决这个问题有什么样的可选方案？
你需要什么样的支持或帮助？
如果时间不是障碍，你还有哪些不同的创新方案？

（5）学习类提问：促进学习反思，总结有意义的经验。

例：从这个问题的研讨中我们学到了什么？
刚才我们小组做得好的方面是什么？可以做得更好的方面是什么？

5F 提问法结合了"库伯学习圈"，并综合了问题分析解决的逻辑：
（1）通过事实类提问深挖具体事实，明确难题背景。
（2）通过感受类提问了解自己和利益相关者的感受。
（3）通过事实类和感受类提问能对问题有更加整体的了解。
（4）通过分析类提问，找出造成难题的障碍因素、根源、局限性假设和思维盲点。
（5）通过行动类提问，找出解决难题的方案、策略和制订行动计划。
（6）最后使用学习类提问反思收获。

奔驰人生

问题：如何让学员针对主题进行多角度研讨？

莺迁乔木，燕入高楼，在某集团 30 华诞来临之际，旗下一个生产基地重换新生，获得政府大力支持，拨款、给地皮扩大规模，预期在年前举全集团的力量，正式乔迁到新的生产基地。生产基地喜迁新址，开启新起点、新征程是大好事，可人力资源部门的同事却非常烦恼，他们找到 Mocha 想解决的难题是：说服员工自掏腰包上调公积金！

该生产基地员工的五险一金，企业缴存的比例高，个人缴存的比例低。而对于最能反映员工切身利益的公积金，企业和个人的缴存比例是一样的，但不同地区缴存比例差别非常大！原本 7% 的公积金缴存比例，去新基地得上调到 12%。

管理层同事欣然接受，公积金上调是好事啊。每个月缴存的费用等于是员工的储蓄，无论买房、租房还是装修，都能拿来用，公积金缴存比例越高越好，难道还有人想不通这个道理吗？可占比最多的基层员工并不这么想，他们只会觉得每个月"白白"缴存几百元的公积金。因为①仅凭公积金他们根本无法买得起房；②公司有宿舍，员工租房的概率也很小；③公积金的利息又不高，现在居然还要加大比例？这不是变相减少到手的钱吗？对于这件事，大多数人从心底并不认同，人力资源部召开了几次推进会，效果并不明显！

相信每家企业在达成共识方面都存在难题吧？如何在培训中说服意见相左的员工接受改变呢？

此时的 Mocha 已经成长为解决问题的高手，她手捧咖啡，灵光一闪，妙招有啦！

❀ 品味摩卡

Mocha 在接下来的班组长培训课程中，巧妙地在沟通和说服力的环节加了一个"三分天下，奔驰人生"的环节，并提前去大培训室里进行了一番布置。她是怎么做的呢？

操作步骤如下：

（1）建场域。先在培训室进行一些布置。

1）地面：用宽的美纹胶纸在地上贴出"Y"形（见图 4-4），类似奔驰车标，请学员围在周围。如果场地足够大，贴长一些，确保现场的人员能够站在不同区域，以不觉得拥挤为佳。

2）桌面：摆上彩色卡纸和 12 色的双头马克笔。

图 4-4 "奔驰人生"地面现场照片

（2）做邀请。培训师先介绍地面的布置，"我们在课室中间设置了三个区域"，并引导学员看桌面，"同时也为每组准备了充足的彩色卡纸和马克笔"，当大家看到地面和桌面的布置后，给出指令：

"作为××议题，我们请大家一起来参与。用便笺写下你的观点，并和其他人一起探讨，确保每个人的声音都能被倾听，可以吗？"

1）围观：等大家都写好卡片后，邀请所有人离开原位，围着"奔驰车标"的中间区域站立，培训师站在"Y"的交叉点，向大家介绍，"三个区域代表你不同的态度：第一个区域代表正方，同意执行；第二个区域代表反方，表示反对；第三个区域代表综合，中立态度"。

2）投票："请将你写的卡片放在相对应的区域。"

3）探讨："请站在同一个态度区域的小伙伴相互交流对这件事的看法，时间为 3 分钟。""你们有人愿意作为代表来发言吗？"三个区域的代表均有 2 分钟的发言时间，其间其他人要充分倾听。

4）更替："看待问题，我们需要多个角度对吗？此刻，请大家更换区域，原本正方去反方，反方去中立，中立去正方。""我们已经来到新的区域了，就你此刻的态度，请和身边的伙伴交换想法，时间同样为 3 分钟，然后派出新的代表来分享。"

5）总结："刚才我们进行了三轮充分的交流和探讨，在每一轮中，我们都有派出代表来分享观点和想法。请问，经过最少三个角度的思考之后，此刻你的结论是什么？"

❀ 注意事项

（1）如果培训师预设某个区域可能很少人选择甚至无人选择，可以邀请一些其他人来到现场（比如 Mocha 就邀请了管理层来作为同意提高公积金缴费比例的正方），也可以邀请愿意尝试新立场的小伙伴加入，建议培训师做出预判并准备 "B 计划"。

（2）如果场地不大无法利用地面，可以用美纹胶纸将 "奔驰标志" 贴在一面墙上；如果墙面不允许，就画在 A1 大白纸上；大白纸也没准备，那就绘制在便笺上。

（3）"奔驰"标志适合进行三轮多角度的探讨，是对一件事的三种看法，同时也是对一个问题的三种解决方法。

❀ 摩卡功效

在不到 30 分钟的"奔驰人生"活动后，班组长们纷纷给 Mocha 竖大拇指。"老师你太牛了！之前人力资源部给大家做思想工作，我怎么也想不通，就担心自己的钱不够花。你这一招厉害啊，让我们自己说服自己。利息少，起码能存钱，人要有长期主义思维。我们要适应新环境，不是让环境适应我们。在第一轮我听别人讲的时候就想通了，到后面已经想好下一步规划了，感觉蛮好的，总之一个字：棒！"

❀ 秘制配方

近两年我阅读过上百本心理学书籍，发现有一类实验很有趣。实验人员分别给被试者展示一组 6 张相似的照片，问他们最喜欢其中哪一张，等被试者做出选择后，偷偷调换照片，递给被试者的其实是被他第一轮淘汰掉的。奇妙的是，被试者仍然能够对着这张被调包的照片侃侃而谈，谈自己的理由和看法，最后坚信自己做出的选择是最正确的。类似的实验进行了几十次，只不过被试者参与测试的可能是某类饮品的口感或某个基金，人们在对着并非最初选择的实验品时，通过一番论述后，坚定了自己最终的选择！

文字是人类的语言，代码是机器的语言，广义而言，都是语言。语言创造了世界，每天我们都会使用一套语言来给自己输入指令，有的被称为咒语，有的被称为期盼。

我们选择指令模式后，会全身心地给予支持与配合，也就是，"你说的每句话，意识和潜意识都相信"。

所以，如果我们需要在工作中去说服别人，就需要知道，所有的说服，本质上都是人们的"自我说服"。成年人认为自己的观点是最正确的！我们要做的是提供可选项（free choice），帮助他找到说服自己的理由！

希望所有的改变，都是我基于尊重请你选择，而做出选择的人自主地、开心地愿意采取行动！

Me-We-Us

问题：如何让学员有层次地进行探讨并形成观点？

下半年的重点工作正式启动，作为培训师的 Mocha 增添了新的烦恼：7 月的第一场培训，应该怎么搞？

上半年的总结会，分公司经常出差的管理层来了九成。总结会结束后，老板一看：哟，难得人这么齐，那就做个赋能培训吧，好让大家在开启下半年的工作前充充电。

老板手一挥，人力资源部齐总就把活儿交到 Mocha 手里了，经过调研，培训主题也定下来了——"中层管理干部培训"。Mocha 对这个课题是非常有信心的，只不过这次的复杂程度很高：现场 8 个组，涵盖了 11 个职能部门，居于中间三四个层次的管理团队，参训的每位学员的岗位职责和管理范围差别很大，这对于培训中的探讨环节是个不小的挑战。

（1）**一言堂/对口相声**。同一个主题的探讨，当有强势的分享者出现时，他就会无形中充当了"意见领袖"，其他人被迫进入"追随者"默认模式。例如：

1）直接陈述自己的观点而没有询问他人的观点。

2）基于未经验证的假设与推论行事，好像事情真的发生了一样。

3）对于有难度的话题，或旁敲侧击或因顾忌颜面而回避。

（2）**只争对错/无效冲突**。每个小组的应用场景、擅长的技能、经历和经验各不相同，意见相左时成年人容易进入单边控制模式。例如：

1）控制对话，只能赢不能输，只追求保持正确（我是对的）。

2）做老好人，尽量保持高情商（只说好话，不说真话）。

3）错误归因，互相推卸责任（问题不是我造成的）。

（3）**探讨的时间久/性价比低**。例如：

1）做出来的决策没什么能用的。

2）老调重弹，几乎没有创新做法。

3）无效冲突过多，防御心过重，相互站队形成不合适的依赖。

一想到过去的种种，Mocha 决定，无论如何要设计一个活动，引导大家正确参与探讨，过程中留下高质量的交流和碰撞，然后有层次地产出探讨成果。

❀ 品味摩卡

Mocha 已经参加过不下五次引导训练，她决定把其中的技巧与培训融合起来，于是设计了一个名为"Me-We-Us"的活动（见图4-5）。

Us：营造向标杆学习的氛围，群策群力共创成果，并转化为每个人接下来的行动方案

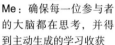
Me：确保每一位参与者的大脑都在思考，并得到主动生成的学习收获

We：组内成员都得到足够的表达和倾听机会，并达成初步共识

图4-5 "Me-We-Us"活动

操作步骤如下：

（1）课堂布置。

1）在课堂的门口外边设置签到台，在门上或者进门的墙上贴一大张A1大白纸，中心区画个圆圈，写上"Me-We-Us"。

2）在签到台上放置彩色便笺和签字笔。

（2）签到。

1）请学员在造型便笺上写上各自的昵称，贴在海报的内圈。

2）在内圈的外沿，写上本次课程有可能为其他人带来什么。

（3）初次分享。请学员介绍昵称，以及想为其他人带来什么。

（4）培训中回顾。学员们从这个活动中收获了什么，然后贴在外圈，完成课程中首个从Me（我）到We（我们）再到Us（我们的）。

❀ 注意事项

（1）"Me-We-Us"活动可作为20人左右的小班课程的开场活动。

（2）它也可以扩展为整个培训的串场，让学员按照学习目标、每个环节得到的收获，进行一圈一圈从里向外的多轮扩展，最后所有人共享收获。

（3）重要的学习内容，组织全班探讨时，也可以用 Me-We-Us 的递进逻辑：

Me：请学员用便笺写下自己的两点收获。

We：小组内探讨并形成三点共识。

Us：请各组代表上台分享 3 分钟。

最后，请每位学员综上所述，形成自己的收获和行动方案。

（4）更具体的步骤和操作关键点。

Me：个人练习。Mocha 给出"请拿出便笺，写下你的三点总结"的指令，就是一个常用的全员参与的练习环节。

关键点：确保学员大脑在思考、在运作，避免因无聊而无效。

We：小组练习。Mocha 给出"请在小组内练习，并对每位组员给出 1～5 颗星的打分与反馈"的指令，确保所有组员参与，并获得点评。

关键点：确保每位学员的话语权，让每位学员在组内能够被关注，创意在对话中即刻被激活。

Us：全班练习。Mocha 给出"请各小组完成任务后派出代表为全班展示练习成果，时间为 3 分钟。各小组在看完所有的练习成果后，相互投票并给出改进建议"的指令，就是让所有的学习小组上台分享的同时，还要认真倾听和观察其他组的练习成果，通过投票打分和反馈建议的环节，营造学员的思维主场，让练习获得正向反馈。最终引导每位学员在练习过后通过反馈获得收获。

关键点：确保交流的维度最大化，群体智慧在碰撞中升华，每个人都能获得自己的收获。

❀ 摩卡功效

Mocha 是 Dolly 老师的"铁粉"，每次 Dolly 老师来她所在的城市开课，她都会想方设法去参加。一次，她被 Dolly 老师的开场活动深深吸引住了。

这次，Mocha 在 3 小时的"中层管理干部培训"中，就借鉴 Dolly 老师的活动来引导班上的学员共同创造，并且大胆地将一个开场的活动延展为贯穿整个培训的活动。

从个人到小组再到全班，清晰的目标设定、流畅的步骤推进以及对场域的有效引领，避开了之前"一言堂"和"对错论"的坑，"人人都需参与，全员都在共创"，最后"用全班的洪荒之力，助每个人思考突破天际"，形成了有始有终的赋能转化的流程闭环。知识是学来的，技能是练习得来的！

图 4-6 围绕在中心最近的一圈是 Me 环节，即开场活动每位参加者对培训投入的承诺；中间是 We 环节，即小组经过两轮探讨总结出的工具和方法；最外围的是 Us 环节，即每个人收官环节分享的行动计划。

图 4-6　管理干部培训现场照片

❀ 秘制配方

《考试脑科学》的作者池谷裕二是日本东京大学药学研究所教授，主攻脑科学，同时担任日本的脑信息通信融合研究中心主任。此外，他的药学博士学位也是在东京大学取得的，读博士期间的主攻领域是中枢神经系统里主要负责记忆处理储存的"海马体"。

在书里，作者提供了四个能帮我们提高记忆效率的"神奇工具"。前三个工具——θ波、杏仁核和"关联"，都是教我们如何在"知识输入"这个环节发力。第四个工具与它们相反，叫作"知识输出"。

作者指出，相较于输入，我们的大脑更重视输出。站在海马体的角度，虽然重复输入和重复输出都能够让它判定这个信息很必要，但输出给它的刺激强度是更大的。

比如，同样的知识，仅仅靠输入的话，可能需要四五遍才能被存进长期记忆，但如果是一遍输入再加一遍输出，可能就会达到差不多的效果。

这件事的实践启发就是，我们与其在培训中反复陈述内容，不如多让学员"在纸上提炼重点"。这个看似简单的任务，大脑需要经过检索、归纳、总结、分类、提炼等好几轮的信息加工，神经元之间的联结数不胜数。

还有，"向他人讲述"也是非常好的一个办法。因为它既是一个知识输出的过程，也是一个把知识与实际情景关联起来的过程。

这就是Mocha设定培训目标后，在主题导入—个人思考—小组探讨—全班分享—个人行动的循环闭环中，通过反复让大家"写下来""说出去""给反馈""做计划"进行了四五遍的小循环。"Me-We-Us"做到了每一轮输入后都有所输出。

我要摆摊

问题：如何组织多主题的探讨交流？

前两年，成都、郑州、南京、青岛、广州鼓励发展地摊经济，有些人开始利用摆地摊来创业，只要地方大、人流量充分，往往在很短的时间里就能实现经济利益的最大化。

企业培训师Mocha在体验过家门口的地摊盛况之后，有了一个灵感，那就是在企业培训项目中搞一个"我要摆摊"的教学活动，让现场的每位参与者都带着好的议题，在现场获得资源信息最大化！某个周一，杭州分部的董事长发话,要求培训部门提高分公司中高层管理者的开会水平,Mocha 老师在为期两天的"高效会议训练营"前做了一个内部调研:

(1)你认为公司会议中最大的困扰是什么?

(2)公司会议是否准时开始和结束?你觉得是什么原因导致会议不能准时开始和结束?

(3)简述你是如何组织会议的。

她得到了一份会前、会中、会后的实际问题汇集。那么怎样才能在三四个层级混合、七八种会议议题的训练营现场,让每个问题的拥有者都能找到聚焦需求的解决方案呢?

❀ 品味摩卡

操作步骤如下:

(1)抽取议题。

1)课程开始时,请各小组抽取各组的摆摊议题(哪种议题的会议)。

2)组内快速汇总共创的议题内容(围绕该类型会议的会前、会中、会后工作安排)。

3)在大白纸上写上议题作为标题,邀请逛摊的学员提出宝贵建议(摊主自行记录,或者建议者直接书写)。

(2)我要摆摊。

1)将海报分别张贴在课室内,各组安排一两位摊主(讲解+记录),每位摊主和逛摊的人手中都有 5 张积分卡。

2)全班学员可自由在课室内走动、观看,在逛摊的过程中遇到好的议题和做法,在提问和答疑后若觉得满意,可将手中的积分卡赠予摊主(备注:如何提建议,请在"中培育英公众号"搜索"ICOP 摩卡 8 号——苹果与洋葱")。

3)摆摊的摊主,在获得围观人员的建议和方法后,为表示感谢,同样用积分卡作为馈赠（建议每一位摊主手中的积分卡全部送出，剩余的不能留为己用，需回收）。

（3）成果汇总。

1）经过现场充分交流探讨后（15～30分钟），召集各小组成员回组重新整理海报内容。

2）将海报作为最终的成果展示，分享给全班并相互投票，评选出成果优胜组（备注：如何投票，请在"中培育英公众号"搜索"ICOP摩卡3号——头脑特工队"）。

3）请优胜组总结做得好的关键动作有哪些，其他组总结接下来针对本组议题的修改计划的具体行动步骤。

❀ 注意事项

（1）培训师可预先收集摆摊议题，通过小程序"金数据"，收集参与者的相关问题，分类、提炼、排序后，根据现场的分组准备相对应的议题（比如分4个组，匹配6～8个议题），便于现场的挑选和甄别。

（2）也可在走完一轮之后，邀请各小组探讨出新的议题，然后进入第二轮。这需要组织者根据现场氛围与输出成果的价值来判断，每一个环节邀请所有参与者来做出选择。

❀ 准备动作

（1）活动材料。

1）常规：A1大白纸、12色双头马克笔。

2）优选：平板电脑和电脑同样可以用来展示议题并收集信息。

3）用圆点贴纸来进行投票（没有圆点贴纸的情况下，可用规定的彩色笔画正字或线条，方便快速统计）。

（2）活动安排，分阶段走。

第一步：规定议题，将培训前收集来的问题作为议题，供大家选择。

第二步：自定议题，由现场参与者提供议题，在获得小组投票通过后成立。

第三步：确保每个参与者在各个摊位都有充分的逗留和交流时间，避免参与者纯粹为了积分而忽略了本次活动的真正目的是什么。

❀ 摩卡功效

这样的活动，虽然每个组是从自身最想解决的议题入手，但同时获得了全部参与者的建议和方案。用积分的方式作为虚拟货币，让大家看到自己的创意和成果的价值，极大地激发了学员的学习动机和行动意愿。

培训后，每个参与者都拿到了立马就能转化应用的成果，赋能转化效率非常高。这场活动结束后的两个月，内部的学习群里仍然有参与者召集分享实践收获的"复盘闪会"（10 分钟内完成）。

❀ 秘制配方

"我要摆摊"这个活动，让你想起了哪些培训技术？有没有看到"引导技术"与"培训技术"的美妙结合？是不是和"世界咖啡"[一]的应用原理很契合？"唯有合作，才有智慧；展开对话，分享成果"。

当然还会有很多流派和方法论持续地在应用中开始了大融通。不管它们的渊源怎样、出处如何，最终的底层逻辑都是为帮我们解决问题，推进绩效。

鸿雁传书

问题：如何将教学内容转化为教学任务？

Mocha 特别害怕在培训课程中看到学员脸上露出无聊的表情，课程

[一] 朱尼特·布朗教授 1995 年提出"世界咖啡"这一概念。"世界咖啡"是指围绕一个相关问题有意识地建造一个实时的集体会议，通过将大家的思维和智慧集中起来解决问题、发现思考的共性的过程。

中的高"摸机率"（培训中学员触摸手机的频率），让她焦虑于课程缺乏设计导致的枯燥无味。

心理学推崇"允许和接纳情绪"，无聊虽然没有意义，却有价值，本质上是一种对意义追求的反抗，更是自我反省的开端！

Mocha觉察到，培训中学员感到无聊的原因有很多，"只看他人精彩，自己不能参与"是最常见的一个原因。

在没有轮到自己的时候，欣赏他人的成果展示，学员能忍受无聊、培养耐心，是学员融入群体学习的重要部分。

❀ 品味摩卡

当Mocha认知发生变化后，她不再抗拒和回避无聊，反而觉得，学员们觉得无聊时，特别适合引导他们进行反思，创造力也会多起来。在"允许和接纳"的觉察中，Mocha邀请学员一起通过任务赋能、应用转化，将学员听着无聊的内容转化为任务。

操作步骤如下：

第一阶段：完成任务。

（1）在每组的课桌上放一个信封（见图4-7），内有任务卡（见图4-8），上面有详细的步骤说明、时间约定、成果要求。

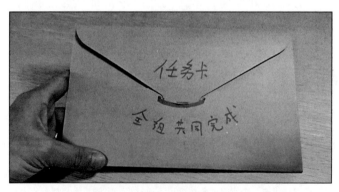

图4-7 "鸿雁传书"信封示例

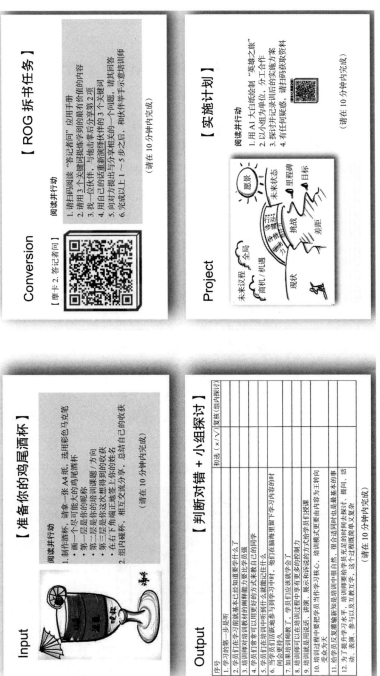

图 4-8 "鸿雁传书"任务卡示例 1

（2）每组的任务不同，在规定时间内确定完成后，将任务卡装回信封并传递给下一组。

（3）小组完成所有任务后，探讨过程中有哪些发现或疑惑，请每组对他们印象最深刻的任务做简短的总结。

第二阶段：设计任务。

（1）给各小组发一个新的信封，里面装的是空白的 A4 纸。

（2）给学员的任务（见图 4-9），都要紧扣培训课题。

图 4-9 "鸿雁传书"任务卡示例 2

（3）引导学员设计任务时，按照"认知型任务"和"操作型任务"分类（见图 4-10），可根据你的训练课题来设计"填空、答题、讨论、拆书、扫码看视频、绘制海报、制作 3 页 PPT、搜索资讯"等任务。

图 4-10 认知型任务与操作型任务

（4）任务卡设计完成后，要有检验和辅导环节：按照顺时针，邀请其他组来完成任务，其间互换角色进行交流分享，让设计者快速升级任务，让实施者提炼总结给予反馈。

❀ 注意事项

（1）**时长与成果**。

1）时间较短，每个小组完成一个信封任务。

2）时间充足，每个小组完成所有信封任务。

3）优化成果，每个小组设计一个信封任务。

4）检验成果，小组之间轮流实践彼此的信封任务。

（2）**重点与难点**。

1）第一阶段培训师做好示范，让学员总结"快速阅读、准确行动"的任务卡有哪些标准？

2）第二阶段学员模仿设计任务卡，培训师引导他们从多个角度进行观察和分析，在设计者和使用者之间建立对话和反馈。

3）相比满堂灌的单向灌输，企业的培训课堂更侧重"设计任务""现场引导""辅导成果"三个方面的能力，在培训中将重点放在学员的参与和创造上，这种安排的难度大于讲授，是个挑战，但它能大大提升共建场域的能力。

（3）**现场的引导**。

1）保持氛围热烈，确保完成任务的过程中能够收集到大家的想法。引导语："无聊就无效，全员来创造。"

2）各组安排一位主导者，带着组员多视角解读任务，综合所有信息，并制订计划来分工完成。引导语："有限时间，有效分工。"

3）留出时间思考更多的可能性，避免过早做决定。引导语："快是效率，慢是智慧。"

❀ 摩卡功效

在"鸿雁传书"的过程中，Mocha引领学员从抗拒"无聊"到允许

"无聊",接受思想碰撞带来的"混乱",直到彼此接纳,相互借鉴成果并带来"成长"。大家分享时,能感受到每个人情绪上的起伏,对培训的认知也在发生变化,大家慢慢意识到原来思考并不无聊,共创才会高效,"参与培训越多,自己收获越大"。

❀ 秘制配方

在培训中,培训师通常最关心两个问题:学员能记住多少?能记住多久?科学家按照记忆持续的时长,将记忆分为三类(见图4-11):

- 感觉记忆(sensory memory,SM)。
- 短期记忆(short-term memory,STM)。
- 长期记忆(long-term memory,LTM)。

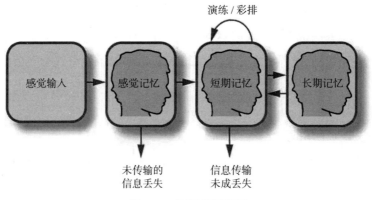

图 4-11 记忆编码流程

(1)"抓住"感觉记忆。感觉记忆是第一关,如果信息在这里被排除,意味着"无聊=无效"。越刺激身体感器的信息,越容易被"抓住",例如用"颜色、图形"来替代"大段文字";用播放视频、展示实物来替代"PPT 诵读"更为有效,例如让学员自己上网搜索资讯。视、听、触对在感觉记忆阶段"抓住"信息有帮助。

(2)"留下"短期记忆。能被感觉记忆抓住,并传输到短期记忆中的信息，稳定性很低，不主动采取措施，如同"在沙滩上写字"，留不长。想要把重要的内容留下来，试试以下几招。

1）重复再重复，总能记得住。短期记忆是有容量限制的。为了让想记住的内容不被"挤"出去，设计任务时推荐用"Me-We-Us"：自己说一遍，小组探讨一遍，全班演示一遍，培训师辅导一遍。"三番五次"就会留下短期记忆！

2）已知加未知，融汇自贯通。除了检查是否能记住，还要关注能不能和学员所熟悉的经历结合起来讲解？

比如制定目标的 SMART 原则。与其让成年人硬背单词的发音与关键词，不如给他们一张表，让学员为下周设计目标计划。在应用中，已有经历结合新工具，便可以融会贯通。

（3）"编码"长期记忆。

1）情感巧调动，有趣有意义。让成年人用自己感兴趣的方式重构学习体验，有意义的内容将有助于形成长期记忆。

2）练习再练习，定期复习。

巩固短期记忆的三个周期：5 分钟、30 分钟、12 小时。

巩固长期记忆的五个周期：1 天、2 天、4 天、7 天、15 天。

侧耳倾听

问题：如何让学员体验到认知存在差异？

连续 3 天，Mocha 在辅导企业兼职培训师时，发现大家组织内容时很难切换到学员的视野，总觉得自己讲一遍学员就能懂，比如经常说"我简单地讲解一下啊""这个知识点对大家很有用""理解起来很容易"。

"自认为正确是培训师最大的窠臼"。普通人的观点是用来捍卫的（坚信自己的观点完全正确），而培训师的观点是需要经过验证的，一旦事实并非如此，就需要快速调整教学方式。

Mocha曾听到某位培训师表示："只要我把概念讲清楚，学员就知道怎么去解决问题了。"而学员反馈的是："每次培训脑子里都被塞了一堆概念，干吗用？在哪儿用？怎么用？连个示范都没有，记又记不住，听又听不懂，好浪费时间啊！"

如何设计双向沟通的环节，让培训师能听到学员的心声，和他们一起找到解决方案呢？想要弥补差异从而达成共识，首先要让双方发现这个认知差异。每个人的认知如同漏斗，经历越少，认知越浅，也就越看不清现实；经历越多，认知越多，才能明白自己的能力强弱，洞悉事物的规律。

❀ 品味摩卡

操作步骤如下：

（1）准备阶段。请学员准备便笺与笔，进入倾听训练，其间不能提问和交谈，口令："请伸出右手将嘴巴的'拉链'拉上，接下来认真倾听，并记录关键词。"

（2）说出关键词与联想词。

1）第一个词：shùmù（拼音）。口令："请记录第一个词'shùmù'，请勿提问也勿交谈，写完请抬头看我。"

待学员写下关键词，口令："请在关键词后面写出5个你联想到的词。"

2）第二个词：钱。口令："请记录第二个词'钱'，请勿提问也勿交谈，写下来了吗？"

待学员写下关键词，口令："请在关键词后面写出5个你联想到的词。"

3）第三个词：高潮。口令："请记录第三个词'高潮'！"

待学员写下关键词，口令："请在关键词后面写出5个你联想到的词。"

4）结束后，与学员核对，是否写下的是3个关键词+15个联想词。

（3）各小组统计联想词的重叠率。请各小组快速统计，哪些联想词的重叠率最高。

（4）请各小组分享重叠率最高的词是什么。现场可能听到，重叠率最高的是"森林"3票，"财富"2票，"足球"2票之类。

（5）启发学员思考，通过统计环节，他们发现了什么。现场可能发现，第一个关键词有分歧，有的学员写"树木"，做财务的学员通常会写"数目"。联想词五花八门，重叠率很低，有的词最多重叠3次。

（6）Mocha在请各组分享后，揭示了"侧耳倾听"的底层逻辑：

1）第一个词"shùmù"，是让大家从体验中发现"认知有差异"。

2）第二个词"钱"，是让组员之间觉察"价值观有差异"。

3）第三个词"高潮"，是让大家洞悉"表达有差异"，面对隐秘的一面，我们会"修饰"真实的想法。

（7）联结到主题，"在意识到人与人之间的认知差异之后，接下来你会做哪些调整呢？"

❀ 注意事项

（1）在"侧耳倾听"的第一个环节，培训师的口令要清晰，管理现场的能力可多次训练，以确保全员不会开口说话，未经彩排不建议使用。

（2）统计的目的是让组员们发现重叠率低，培训师要让学员在现场充分体验这个环节，事先不做说明。

（3）三个关键词中，学员会修饰想法的是"高潮"一词，数百场培训，只有两三位会写下"性爱"这样直接的联想词，99%的人会修饰为"运动"或者"影视剧"之类的词，这样设计是为了让学员觉察"口不对心"。

（4）这个活动要与课程内容紧密联结，学员在接受认知有偏差后，就能在课堂上主动调整自己与他人的认知差异，换到以受众的角度计划下一步行动。

❀ 摩卡功效

参加"侧耳倾听"的培训师学员，在活动结束时，最大的触动是：

"我忽略了学员和我对于同一件事的认知是不一样的,我口口声声强调的简单,其实是对学员的再次伤害。接下来我要做的调整是,站在学员应用的角度,为他们设计和还原具体的场景……"

认知提升,要从上往下看,每提高一层就能看到更多风景。培训师在设计课程时,要使用学员视角。单纯讲授会增加学员的负担,培训师要举例子、打比方,把概念放到学员熟悉的场景中,示范如何解决问题,如何取得成果。下沉到应用场景,帮助学员获得体验,才能帮助他们快速转化来获得赋能。

❀ 秘制配方

在教育心理学的众多图书中,科学家们会经常把学习行为、学习动机与元认知放在一起研究。元认知策略是对信息加工过程进行调控的策略(见图4-12)。指向学习的过程包括计划策略、监控策略和调节策略。

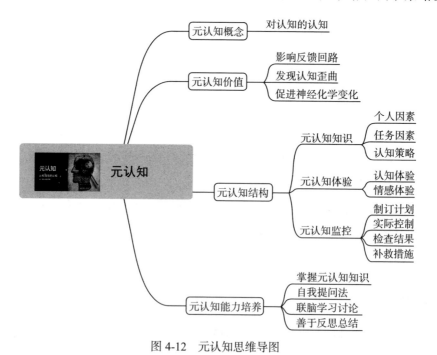

图4-12 元认知思维导图

在数十年的研究中，践行者发现，元认知是可以教授给别人的。人群中只有极少数能够自我迭代元认知，大部分人独立性较弱，更多是依托于引领者。

所以作为培训师，不仅是传递知识、传授技能，更多要引领学员冲破固化的学习模式，去获得更有效的学习方式，元认知策略是可以教授的，同时也是能够学会的。一旦学会，学习者就能够马上运用到新的环境中，从而尝到学习的甜头，树立学习的信心。

寻宝游戏

问题：如何让学员久坐之后"动"起来？

课讲千遍，其义自见。教学活动在尝试了一段时间后，量变带来了质变。有一阵子，Mocha 连续在公司内组织了十几次培训，每场培训结束的时候，班主任和她都会一起揭下墙上的海报，一张一张叠在一起，然后卷成筒抱出去清理掉。

一次，班主任说："哇，看这些海报，大家解题的时候好认真啊！标题醒目，还配了图、涂了色，创意十足！好想留下来，这些上墙的成果就只是用来展示吗？还能不能在培训中发挥出意想不到的功效呢？"Mocha 一听，"哎哟，可不吗？俗话说，旁观者清，怎样才能让学员的培训成果发挥其他功效呢？"

❀ 品味摩卡

"寻宝游戏"，需要培训师带领现场的学员进入转化阶段，具体怎么做呢？

课程进行到第二类需求，学员们已经按照小组输出了探讨成果，并且按照内容贴在了相对应的位置。

操作步骤如下：

（1）培训室内。根据上个模块的内容，准备几张问题卡，培训师在应用时有以下几种形式：

1）以小组为单位，几个组准备 N 倍于小组数量的问题，探讨的问题难度系数可以高一些，比如：

- "你接下来设计课程，会用到的关键工具和方法是什么？"
- "你打算用哪三招吸引学员的注意力呢？"
- "技术型课题最适合的互动设计是什么？"
- "案例教学法有哪关键四步？其中学员需要参与哪些步骤？"

设计问题时注意：需要与课题相关；多在应用场景中提问。

2）人数不多的时候，按照 2 人一组或 3 人一组来准备问题梳理，问题设计的颗粒度要小一些，难易程度按照学员的水平来设定。

3）请每组依次序抽取问题卡，让组员在培训室墙上的海报中和分发的材料中找答案。

（2）培训室外。如果培训场地足够大，可以安排学员们走出培训室（如会议室、走廊、茶歇区、阅读区）去寻找线索。

1）头脑风暴、群策群力、团队共创经常需要输出大量的海报，可以把各类需求的成果张贴在走廊、摆在地上等。

2）各小组汇总并分享找到的线索和答案，培训师给出点评和奖励。

（3）特殊场地。Mocha 曾经在篮球场、仓库、食堂、帐篷、会所、户外、过道等不适合培训的场地进行过培训，这些场地都有各自的特点，比如篮球场空旷（约定集中点），仓库温度低（让大家走动），食堂味道比较大（去外面），帐篷需要席地而坐（围成小圈），如果能根据"动起来"的原则进行设计，"寻宝游戏"紧扣课题的内容做输入输出，学员会获得非常特别的经历，同时培训师也将获得难得的场域驾驭能力。

❀ 注意事项

（1）事先准备：选择课程中最重要的内容，手绘或打印海报，并按顺序贴在培训室内。

（2）分段应用：上半段，由培训师带领学员顺着海报进行讲解；下半段，由学员带领全班学员进行总结回顾。

（3）如果是比较长时间的培训，可增加投影仪以外的视觉化元素。让学员们在走动中学习，是引爆课堂的创新方式，能让学员的大脑得到充分的刺激，增加趣味性的同时，提升学员的观察能力和总结水平。

✻ 摩卡功效

首先，现场的学员们惊奇地发现，培训不再是全程盯着投影布了，老师居然把整节课的重要内容都提前张贴在了培训室的周围，规避了PPT天然的劣势——随着页面的翻动，边听边忘，培训师讲授的速度跟不上学员遗忘的速度！

其次，有了培训师的海报作为示范，学员们都能有样学样地输出自己的研讨成果！

最重要的是，班主任不用再心疼学员们的海报没有发挥多次效能了：它们既展示了大家的成果，又成了多次复习的教具，并且成为大家解决问题时可以相互参照的资源。

✻ 秘制配方

"寻宝游戏"中，寻宝最重要的工具是培训师的设计提问。这里分享一个因为非常经典却容易被忽略的"黄金圈法则"What-How-Why，它由西蒙·斯涅克在《从"为什么"开始：乔布斯让Apple红遍世界的黄金圈法则》一书中提出。斯涅克发现，当人们想要激励他人时，常规路径是：先现象，而后措施，最后是成果。这种路径收效甚微。

真正能打动人心的路径应该是：理念—措施—现象—结果。也就是，先要跟人讲"为什么"，而后是"如何做"，最后才是"是什么"。

像下面这样的问题就属于 Why 型问题：

- ICOP 摩卡和传统教学活动设计有什么本质区别？
- ICOP 摩卡和经验萃取工具卡有什么不一样？
- 使用 ICOP 摩卡能让现在的培训产生怎样的影响？

像下面这样的问题就属于 How 型问题：

- 如何使用 ICOP 摩卡设计一个开场活动？
- 党建类课程如何使用 ICOP 摩卡来做赋能转化，具体怎样操作？
- 如何验证使用 ICOP 摩卡后的培训效果，标准是什么？

像下面这样的问题就属于 What 型问题：

- ICOP 摩卡教学是解决培训中什么问题的？
- 什么层级的培训师才需要在培训中使用 ICOP 摩卡？
- 有哪些常见的 ICOP 摩卡应用场景？

世上多少好答案，等你问出好问题。善问者善学，期待你在应用"寻宝游戏"的过程中，找到最得心应手的培训法宝！

击掌同步

问题：如何让学员"课中回顾"价值更高？

某个周五的晚上，Mocha 仍在不停地打电话、发微信，因为原定 50 人的第七期课程，听项目负责人反馈说，有 15 人请假。了解原因时得知，有 4 位表示部门工作很忙，连续工作 5 天之后，希望能趁着周末好好休息一下，担心来了精力不足，影响培训效果；有 4 位项目撞期走不开，还有 3 位因为疫情防控实在来不了……越是临近年底，这样的情况越是屡见不鲜。

Mocha 知道这个课程的价值。年底大家都在忙着为各个项目收尾，面临各种耗时耗力的状况，通过这次工作坊能解决 80% 的常见问题，学了用了就能省时省力。为此，项目小组早在一个月前就开始各项工作的对接和布置，并将具体案例收集到位。

信心满满的 Mocha 老师说服了 8 位高管如期参加，其中 5 位表示上课时会迟一些过来。

星期六早上，35 位高管先是参与了温暖的"开启输入"活动，之后，课程进展得很顺利。人力资源部老总立马给其他同事发微信，让他们尽快来参加，"快来，能解决问题"！

半小时后，第二批高管走进课室，安排位置坐下之后，很明显他们和第一批人有差别：坐下后身体摇晃，双手抱臂，眉头微蹙，眼神游离。已融入课程的学员也感受到了气氛的回落。怎样才能让冷热两股能量交融呢？

❀ 品味摩卡

如何帮 Mocha 老师顺利开展下一步呢？"击掌同步"用起来。

操作步骤如下：

（1）让学员们各自在班级里找一位黄金搭档（gold partner，GP），通过相互访谈、课中任务，创建合作、共建成果。如果有提前 3～7 天建群，可以结合摩卡"线上迎新"来使用。

现场：Mocha 老师邀请后进来的新成员，按人数平均分配给每一组，请组员们彼此照顾；然后分配讲义和笔，介绍课程进度，摆放名牌。有了初步联结后，再按照就近原则，让组员组成 GP。

（2）当每个模块的重要内容进入回顾小结阶段时，培训师让学员们起立，找到自己的 GP，准备进行回顾。

现场：Mocha 老师给出两个指令：

1）"请组成 GP 的两人相互拍拍对方的手臂（或肩膀），说'请多关照'。"

2)"待会儿我们会把之前的内容进行一次回顾和总结，同时也是照顾后加入的伙伴们能快速联结到课题中来。"

（3）培训师给出指令后，GP 分 A、B 角，击掌后开始行动：

1) A 角，用一句话总结刚才的内容（用三个形容词概括所学内容）。

2) B 角，用自己的话重新诠释刚才听到的内容（复述＋补充）。

3) A/B 角，请向对方提出与内容相关的一个问题，并请其回答。

4) A/B 角，分享讲义与笔记，探讨如何应用刚才学习的内容。

5) 达成共识后，将其写在便笺上，一起回答培训师提出的问题。

现场：Mocha 老师会抓住四个关键点：

1) 击掌为盟，要求和搭档击掌之后，才能进行交流。

2) 概述复述，双方都需要认真倾听并做出回应。

3) 提出问题，提问者需要思考，被问者受到启发。

4) 探讨方案，双方学以致用，聚焦下一步行动。

❀ 设计要素

（1）两两击掌后再进行回顾分享，以吸引学员注意，增加趣味性。

（2）学员通过 GP 的形式促进现场的转化和赋能，相互督促和检验。

（3）学员如果在第一阶段的参与度很高，击掌后进行交流是没有问题的。

（4）如果大多数学员采用保守型肢体语言，就需要培训师通过下达指令，让大家打开交叉的手臂并站起来，例如，"请大家面对你的 GP 站起来，击掌后，为他提炼上一阶段的精华与收获"。

（5）如果是下午的培训，更加需要集中大家的注意力，培训师可以邀请学员与"非本组成员"进行"击掌同步"的交流和探讨。

❀ 注意事项

（1）场地情况。如果培训场地是影院式的固定座位，可以让学员进行不同方位地组合搭档，例如左右、前后。

（2）人员状态。学员的肢体动作越保守，就越需要培训师下达指令，让大家适量地站立和走动，把场域的气氛调动起来。

（3）节奏快慢。如果本次培训时间充裕，可以让两两分享增加为三人或四人分享，培训师需提前对人数进行调查。

❀ 摩卡功效

在"击掌同步"中 Mocha 惊喜地发现，技术部门和财务部门的两位负责人，终于放下紧抱的手臂，紧蹙的眉头也松开了，耐心地为后加入的学员细致讲解上节课的内容。每次都喜欢坐在第六组的两位部门负责人，居然站在了培训室的 C 位，就下一步如何应用探讨得非常投入，他们的 GP 在讲义上认真记录着行动方案。同样都是回顾总结、提问思考、交流探讨的常规培训做法，为何加上"击掌"和"肢体同步"之后，效果明显不一样了呢？

❀ 秘制配方

"得到""樊登读书会""微信读书"等学习平台，都推荐过一本书——《高能量姿势》，这本书被《纽约时报》《华尔街日报》《福布斯》评为"年度精选好书"，得到众多专家的鼎力推荐。

《高能量姿势》的作者是埃米·卡迪，社会心理学家、哈佛大学商学院教授，她的 TED 演讲[一]《用肢体语言塑造你自己》的视频观看量近 5000 万人次，该演讲改变了很多人的人生，至今仍是 TED 历史上广受好评的人气演讲。

霍华德先生的多元智能中，身体动能是能够有效帮助人们学习的，"先身体，后心理"，是经验丰富的引导师和培训师经常会使用的小秘诀。

[一] TED（Technology、Entertainment、Design 的缩写，即技术、娱乐、设计）是美国的一家私有非营利机构，该机构以它组织的 TED 大会著称，这个会议的宗旨是"传播一切值得传播的创意"。

调节人们的肢体动作能有效调动学习投入度，同时也是在通过触觉调适人们之间的心理距离。通过口令来调动学员在课程中换一个坐姿，站起来，走动起来，不仅能提高大家的专注度，更能在肢体的动作中验证**"行动比语言更有说服力"**。

注意力之旅

问题：如何让学员快速训练注意力？

有一段时间，Mocha 上了不少网课，她发现不少老师仍热衷于"用概念讲解概念""强调重要性"。

比如，成年人学习的许多工具模型，如 ARIPA、AEC、AIDA，前面的三个 A 都是代表了"注意力"（attention），大部分老师会用一页 PPT 进行概念讲解：中英文称谓、分类、构成品质、形成原因，并花很大篇幅来强调它有多重要。

当培训师侃侃而谈时，学员的感受是：没有体验参与，边听边忘很煎熬！曾经有学员向 Mocha 反馈，作为培训中的陈述性知识，培训师习惯用"是什么"和"怎么样"来解释，学员死记硬背知识点，却没办法将其迁移到应用场景中。

❀ 品味摩卡

放下满堂灌，如何在 15 分钟之内训练学员的注意力呢？让我们开始"注意力之旅"吧。

操作步骤如下：

（1）开始前，培训师发出指令：

"注意力是课堂的第一生产力！我们都知道在学习中集中注意力的重要性，怎样才能有效地训练我们的注意力呢？咱们今天来体验一把。"

现场版：请全班学员集中看向培训室前方固定的一个"红点"，集中学员的注意力，并发出指令：

"接下来，我们将进行 3 分钟的注意力之旅，全程眼睛盯着前方的红点，不可移动视线，能做到吗？我们尝试一下吧。"

直播间版：在屏幕上放一张图（见图 4-13），发出指令：

"请你在接下来的 3 分钟注意力之旅中，全程盯着眼睛里的那架飞机，尽量保持视线的聚焦，不要移动，可以做到吗？"

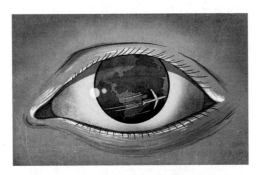

图 4-13 "注意力之旅"直播间示意图

（2）当学员的视线聚焦目标点时，开始接下来的"注意力之旅"：

"你的视线要始终盯着目标，不要移动，此刻你的注意力可以启动了，它就像一台 3D 扫描仪，缓慢地扫描培训室的左右墙、前后方、天花板或地板。"

指令左右："我们现在要来扫描你所在空间的左边或右边。缓慢地、无遗漏地将你的注意力从中间的红点往左往后扫描，在你的大脑中还原，左面墙上都有什么设备和布置？仔细用耳朵听，用注意力去还原：挂了几张海报？门在哪个地方？音响在哪个位置？地上有绿植吗？稳住你的注意力，就像一道光波扫描左边这面墙的每个细节。"

如果培训室比较大，40～60秒可以完成。

指令上方："我们现在要扫描的是你所在空间的上方。稳住你的视线，让它不要游离和晃动，继续从红点出发，盯着目标不要移动。我们现在调动你的注意力，从你的上方扫描整个天花板，注意要和左右两面墙进行连接。天花板上有几盏灯？投影仪的位置在哪里？横幅挂在哪个位置……"

指令下方："我们最后扫描的是你所在空间的地板，眼睛觉得干涩可以眨动，但视线要保持盯着前方，不要左右看，以免注意力分散。继续在大脑中去回忆地板是什么材质的，用脚去感受有没有地毯，桌子中间有多少条排插线，你和身边的人相隔的距离是多远……"

（3）闭目回放。当空间的上下左右都用注意力扫描一轮之后，请全班学员闭上眼睛，在脑海里将刚才的步骤和顺序重新播放一次，细节越丰富越好。

（4）小组分享。请大家睁开眼环顾四周，邀请学员与小组内的两三位成员分享：刚才注意力之旅的感受如何？

（5）总结输出。对于接下来所在的培训场域，你打算做哪些有利于管理注意力的改变。

❋ 注意事项

（1）"注意力之旅"操作时的重点是发出清晰准确的指令，建议培训师在应用前进行一次实操彩排，仔细听自己的声音从麦克风里传出来的效果。越熟悉场地，效果越好！

（2）语调要柔和坚定，语速适中，不能过快，遣词造句清晰准确，引领学员体验有效控制注意力的过程，让学员更深刻地了解大脑运作的特质。

（3）这个活动最关键的是第五步的赋能转化，有三种常用方式：

1）发布在微信群里，共创共享，投票选出5个最佳。

2）画一张建议收集海报，邀请学员用便笺书写行动方案，并张贴上墙。

3）走 Me-We-Us 循环，每个人总结行动方案，小组进行探讨，然后派代表分享。

❀ 摩卡功效

每次在结束注意力之旅之后，学员们的反馈都有几个共同点：

"好累哦，原来管理注意力这么耗神，短短几分钟，就觉得电量要用尽了，难怪学员经常容易走神。"

"以前太依赖用眼睛去看，这次训练，眼睛定住了，注意力反而更敏锐，就像打开了天线一样，可以听到话筒的电流声、投影仪的嗡嗡声，体会到空调的风吹过头发的感觉，还有脚踩在地板上的触感等。"

"我现在理解 Mocha 老师说的场域是什么了，就是学员进来要关门，培训室墙上可以少挂一些相框，地毯太花了会分散注意力，还有高跟鞋踩在木地板上会很吵，冬天出太阳的时候要把窗帘拉开，多准备热水……刚才大家出了很多主意，对我启发非常大！"

❀ 秘制配方

培训师是一个不断进行知识大融通的存在，当我们学习到更多技能之后，对于培训的认知会不断地迭代，比如以前会用到"控场"，而升阶后的我们会发现，其实是"管理学员的注意力"，在培训中提高注意力的训练可以参考如下几个教学设计：

（1）**姓名传递**。小组内，由第一位组员自报名字和职业，第二位组员复述＋自我介绍，第三位复述前两位所述＋自我介绍，直到最后一位能成功复述全组人的介绍，并作为代表向全班介绍本组组员。从一开始就让学员主动参与进来，并增加彼此之间的熟悉程度。

（2）**正话反做**。培训师给出指令，学员要做相反的动作，比如"大小西瓜""上下左右""点头摇头""高个矮个"等，可以在每个重要训练模块之间，做 3 分钟左右的注意力小游戏。

（3）**动作约定**。探讨环节开始之前，和学员约定，如果探讨结束，请全体学员看向培训师；当培训师举手时，大家要开始快速收尾；当培训师说"谢谢大家"时，快速结束，进入听课环节。

（4）**举三色牌**。当培训师举蓝色牌时，开始思考，停止探讨；举绿色牌，继续探讨；举红色牌，结束探讨，代表发言！

（5）**按提示铃**。每个小组完成某项任务后，就按下小组的提示铃，铃声是为了通知培训师，同时提示其他组加紧进度。

听我主讲

问题：如何让学员从"听你讲"到"我主讲"？

有次，就在培训前一天，Mocha 发现课程中的一个模块，班上过半学员已训练过，另一半是人力资源部刚刚召集加入进来的新学员。这可有点难办了，重新讲一遍，老学员会意兴阑珊；如果跳过不讲，没训练过的学员跟不上进度。

Mocha 去到现场时，班主任说培训地点要挪到多媒体演播室去，刚才大领导通知说之前订好的培训室要临时占用。换课室的事，班主任还挺开心的，"真好，多媒体会议室好高大上"！Mocha 却是有苦说不出：多媒体演播室的桌椅都是固定的，没法布置成培训常用的鱼骨形；场地还特别空旷，到时候学员坐得七零八落，隔得老远，想要研讨个话题都很麻烦。

这下可好，内容重复，场地空旷，此次培训的挑战更大了！Mocha 掏出"ICOP 摩卡教学设计活动卡"，找出初步方案：

今晚先带领学员"线上迎新"，让大家提前熟络，并预先群公告课堂中的训练任务是哪几项。但明天如何让学员现场快速体验呢？

你也不妨出出主意：遇到这样的情形，该设计什么样的教学活动呢？

❀ 品味摩卡

不如让学员从被动"听你讲"到主动"我主讲"。

操作步骤如下：

（1）有序入座。当培训室的桌椅无法挪动时，组织者如果让学员自行入座，学员之间会坐得很开。培训师要提前发布群公告，签到处负责的同事要号召学员们前排居中入座。事先贴好组别标签和学员名牌，让大家有序入座。

（2）老手带新。把学员分成5个组，将听过课的老手和没听过的新手混合，该模块讲义分5份（每组一两页），为小组提供所需的教具（大白纸、马克笔、讲义、便笺）。10分钟备课后，老手转训新手，各组发挥创意制作教学道具，新手上台为全班讲授。Mocha提供该模块的PPT课件，小组自己设计海报、卡片等学习道具。

（3）新手主讲。小组为主讲的新手要做好上台准备工作：提供案例、搜索资讯、研讨讲稿、配合互动、回答问题等，按照讲义页码的顺序，新手依次上台，向全班讲授其所负责的部分。

Mocha选的是"需求分析"模块，包含4个工具：观察法、问卷法、访谈法、差距分析（见图4-14）。

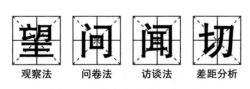

图4-14 需求分析的4个工具

（4）小组抽签决定上台的顺序，首个小组介绍目录与观察法，其他三个小组相对应地分享问卷法、访谈法、差距分析，收尾小组做案例示范。

（5）培训师负责辅导，邀请全员给主讲人反馈建议：

1）投票选出最佳主讲，说出理由，给予正面反馈。

2）培训师给5位主讲一对一辅导并点评，现场进行优化。

3）请主讲人感谢最佳建议人，给予积分、赠送图书或小礼品。

4）邀请 5 位主讲新手和指导老手合影留念，以资鼓励和感谢。

❀ 注意事项

（1）**底层逻辑**："听你讲"，学员左耳进右耳出，很快遗忘；"我主讲"，大脑神经元需要经过梳理、记忆、重组、陈述的多个步骤，有效地加工"生成"信息，形成短期记忆。

（2）**教学设计**：学员总有更好的方法教会自己和同学，这个活动有几个关键动作，其效果：学员互教＞小组探讨＞提问思考＞自己观看＞听人讲授。

（3）**呈现辅导**：培训师从讲授者提升为辅导者，让现场的学员获得"备课""试讲""呈现"等体验，还有机会获得其他参与者和培训师的点评。

（4）**做三件事**：想要现场学员的参与效果好，Mocha 老师提醒大家一定要注意的是，前期做好准备：提前打印讲义，提醒学员集中坐，现场的合作引导词。

❀ 摩卡功效

Mocha 的这个设计，邀请老学员认领任务，和新学员成为联合主讲，可以化被动学习为主动学习：

（1）**学过的教没学过的**。老学员温故知新，他们的任务不仅是"记忆与理解"，还需要带领组员设计教学活动，由"信息接受者"转化为"信息输出者"。

（2）**输出的效果五倍于输入**。其他学员为了协助上台的学员代表，会主动收集信息和案例来丰富所分配到的内容，让讲义里的信息从平面二维优化为现场的立体三维，共同创造的成果也会共同拥有，并通过分享来获得现场学员的认同与验证。

（3）**小组学习不受场地影响**。培训不是知识讲座，学员三三两两分开来坐，会影响培训效果。Mocha 老师给大家分配了任务之后，为了更好地达成目标，促使新学员主动去找老学员，而老学员也想加入给力的学习小组，这种双向奔赴让培训现场不再冷清。

❀ 秘制配方

"每个人本质上都是自恋的"，这句话出自自体心理学派创始人海因茨·科胡特的遗作《精神分析治愈之道》。此外，人也是很难改变的，我们的大脑需要参与改变才会产生认同。《"动"见学习体验》一书的开篇就说了三点：

（1）"每个人身上的一点点变化都是自己选择的结果，都是自己的认知、情感、行为相互影响、反复整合的结果。"

（2）教学活动设计的目的只有一个："提高学员对所授内容的吸收和转化率。"

（3）教学活动设计的基本策略是："让学员从概念中获得交互的、多维度的体验。"

《交互式培训》一书中有个小测试（见图 4-15），你可以对照一下，看看自己的选项是"A"还是"B"居多？

我在什么时候学得最好

A	B
• 有人懂得我所不懂的知识，当他们向我解释和描述这些知识的时候	• 有人懂得我所不懂的知识，当我和他们对话或讨论的时候
• 我观察别人的演示的时候	• 我参与演示并进行尝试的时候
• 我为了组织而研究的时候	• 需要我自己尝试的时候
• 学习内容很多、很详细的时候	• 我参加了短期的学习课程的时候
• 有人为我展示如何去做的时候	• 我自己探索事物原理的时候
• 我参加了长期的学习课程的时候	• 我为了自己而研究的时候
• 我在正式的指导下学习的时候	• 学习内容得到简化并且有意义的时候
• 别人告诉我事物的原理的时候	• 我在非正式的探讨中学习的时候
• 呈现给我的东西按照其内容的逻辑顺序进行组织的时候	• 呈现给我的东西按照我的学习方式的逻辑顺序进行组织的时候

图 4-15 我在什么时候学得最好

如果你选 B 居多，恭喜你，你已经对在什么时候学得更好有了准确的判断了!

"听你讲"的单向消耗只有20%的转化效果,为何不做个教学策略设计者,邀请学员参与进来,获得体验和应用,从而将转化率提升到90%呢?毕竟"教才是最好的学"啊!正如"戴尔学习之塔"(见图4-16)表现出来的,输出是最好的输入。

图4-16 戴尔学习之塔

全员上阵

问题:如何有效提高学员在课程中的参与度?

某次3月初的培训课,在开场输入阶段,Mocha把本次课程的训练任务分发到了各个小组,让学员根据训练需求选择入组。

重新组合后,进入第二类需求"学以致用"的转化环节。

眼观六路、耳听八方的Mocha观察到,前排一位大姐边坐下来边说:"哎呀,太好啦,和你们在一组?老师说要做PPT,还请几位多多担待啊。我们老同志,就做你们的坚实后盾,这个发言啊、做任务啊,就靠你们拿分咯!"这番话让组里的年轻人面面相觑,热烈探讨的氛围瞬间冷了下来!

刚成立的课题小组,想偷懒的"蝴蝶"能轻易瓦解全组"蜜蜂"的士气,可不能让他们影响全班的产"蜜"量!

❀ 品味摩卡

怎么才能在培训中全员上阵呢？我们调动培训现场的常规操作有三大误区。

第一个误区：点名回答。

身为培训师，提了一个简单的问题，居然没人回答？为了避免尴尬，点名让一位学员回答吧。为什么不推荐这么做呢？换位思考，在毫无准备的情况下你被点名，还要当着全班学员的面回答问题，是不是也挺难的？培训师应避免成为学员的压力来源！

第二个误区：特邀捧哏。

全班学员都要练习的实操环节，你随便找一个学员上台，他示范，你点评，然后问大家："你们'学废'了吗？"这是特邀捧哏娱乐观众。

练习时，建议使用"Me-We-Us"：让每位学员先动脑思考、动手写，再在组内轮流探讨，接着各组派代表上台分享。培训师再邀请全班学员给上台分享的人提建议，一起提炼出辅导方案。

第三个误区：重复三招。

邀请学员三板斧：提问、小组探讨、代表分享。

一场培训下来，回答问题的就几个熟捧哏，上台分享的还是老代表，学员参与度不到三分之一。培训师累得不轻，那几个特邀学员忙得不行，转化效果无法提升。

想让学员参与度居高不下，小技巧和小道具需要组合起来使用。在课程开场前，就把使用的物品介绍给学员，并告知大家："本次6小时的培训，全员都会轮番上阵，每个模块结束时，我们将会公布每个小组及个人的得分。请组长合理安排，让每位组员都成为有价值、能转化的'蜜蜂'！

操作步骤如下：

（1）循序渐进，依次进行。

在培训前，请小组成员在手背上贴点数（或者选择不同颜色的姓名贴、笔、手环、公仔、骰子等），口令如下：

"这次任务分为三个步骤。第一个步骤：请手背贴着 3 个点的组员负责回答，或者请戴绿色手环的组员进行操作，或者请抽到橙色笔的组员做示范……"

现场：多彩的视觉和道具的触感，是可以在赋能转化阶段增加学员上阵的参与度的。为这类需求准备一些公司常用物品和出乎意料的用品：

1）文具：彩色马克笔、彩色便笺、彩色胶纸卷、圆点贴纸等。

2）道具：小木块、纸盒、彩色手环、胸针、工牌挂绳、计次器等。

3）玩具：毛绒玩具、仙女棒、竹蜻蜓、弹跳小人、海绵球、拼图等。

4）工具：办公工具（订书机、燕尾夹等）、电工手持工具、清洁工具、收纳工具等。

5）食物：橙子、棉花糖、蔬菜、通心粉、豌豆、意大利面等。

细项拆解：

1）物品丰富时，人人都有，按照每组的人数，依顺序进行，让每种颜色都能参与进来！

2）数量不多时，每组一份，按照从左到右或从右到左的顺序进行传递，拥有者完成阶段性任务后，就递给下一位组员，其间不能跳号（类似发言球，违规者表演节目或者为全组成员提供倒茶和点餐服务）。

3）在手机里搜小程序"抓阄"，让全班学员点击产生排序，然后依次数上台，适合做演讲或呈现等训练的时候。

4）人数特别多的会议室，可以设计四种颜色的吊牌挂绳，以配合接下来的互动和探讨。

（2）随机挑选，增加趣味。

自制盲盒，遇到提问或做任务时，由拿到该物品的组员负责完成任务。

现场：让学员在组内先挑选物品，培训师在台上随机抽取。

1）用便笺写下各自的名字，然后放进盒子里，老师随机抽取一张来邀请做任务，类似摇号。尽量不重复"摇号"！

2）按照小组顺序，抽选各种工具，并使用该项工具进行训练，比如消防演习、故障处理、讲相关故事、做主题演讲等。

（3）现场联动，全员上阵。

在学员使用工具训练完成后，邀请在完成学员的左边、右边、前面、后面等不同方位的学员做补充和澄清，培训师进行点评和总结。

现场： 要求不同方位的组员，做上一个步骤的延伸，比如：

1）左边的组员，请给他的分享一个肯定。

2）右边的组员，请给他的分享一个建议。

3）前面的组员，请给他的分享一个补充。

4）后面的组员，请给他的分享一个提炼。

❀ 注意事项

（1）"学员的参与度越高，学习转化效果越好"。一个小时里使用一种物品来设计"全员上阵"，从常规到打破常规，增加学员的多感官刺激：视觉＋触觉（甚至味觉和嗅觉）。

（2）确保所有学员分配到不同颜色或不同号码，避免遗漏和重复。所用材料建议根据现场来设计和准备，在节约成本的同时，也可以展示出培训师的现场整合能力。

如果找不到上述物品怎么办？可以发动群众的智慧来制作。比如，可以把吃完的雪糕棒带到培训室，写上序号做成抽签棒；用剪刀和马克笔来制作各组专属的发言帽和任务棒，还能当作手工礼品相互赠送，好玩又高效！

❀ 摩卡功效

在培训中，Mocha 善用各种各样的培训教具。只要培训师"不怕麻烦"，就会让课堂趣味横生。Mocha 经常收到学员留言，提及某个小道具给他留下深刻的印象。"好的道具会说话"，高品质的培训从培训师准备道具开始。想要打造全员上阵的现场，用心的教具设计更易激发学员的参与度。

多感官的刺激能带给大脑更为深刻的记忆。道具的使用，让我们在视和听的基础上，增加了感受冷与热、软与硬、触与压等的触觉，让平淡的事情变得有趣。

文不如图，图不如视频，视频不如实物，这是培训的重要法则。

❀ 秘制配方

《认知设计》这本书，把学习者大脑中本能的部分称为"大象"，理性认知的部分称为"骑象人"。

在学习中如何吸引和诱惑大象呢？

- 给大象讲故事。
- 让大象惊奇。
- 给大象展示新玩具。
- 利用大象的习惯。

有许多视觉或触觉的方式能够吸引大象的注意，包括使用视觉教具，激发学习者的兴趣、好奇心和情感需求，这样才能尽可能地减少骑象人（大脑认知）的负担。

任意门

问题：如何运用多元智能让培训转化的效果加倍？

对于培训从业者来说，最显著的变化莫过于人们越来越关注软技能培训。摩卡系列始终都是聚焦于培训场景，无论是培训师，还是组织者、参与者，我们都能深刻地感受到：那些真正好的、能让人愿意听的、进得了耳朵、入得了心的，且能产生积极效果的培训，都是遵从人性的；大多数糟糕的培训则恰恰相反。比如：

- 越来越少的时间与越来越高的要求。
- 越来越求稳的培训项目与越来越求变的业务需求。
- 越来越重视感受的学员与越来越多成果的提交。

培训中教学活动多了，客户不答应；要出成果的训练型课堂，纯干货的直供，学员又觉得非常受虐。摩卡的应用宗旨正是：顺应"趋利避害"的基本人性，精练、精准地围绕培训重点和难点来设计教学策略！

品味摩卡

这次要为你推荐的，是准备事项多、现场效果佳的"任意门"，适用于在培训中承上启下。我非常喜欢这个活动，推荐给你！

操作步骤如下：

（1）小组内制作 QA 卡（常见问题解答卡）。

1）准备物料：每组准备彩色 A5 卡纸和双头马克笔。

2）聚焦问题：培训顺利开场后，邀请学员将针对课题的问题写在卡片上。

3）探讨答案：在课程模块结束时，请各小组轮流传阅问题卡，将答案写在问题背面（写有问题的 Q 是正面，写有答案的 A 是反面，提醒学员将 Q 和 A 分开，后续还有互动设计）。

目的：用于培训中各模块之间的衔接。①回顾前面所学的内容；②训练学员提问的能力；③小组内探讨，填写答案，让学员对已学习的内容，达到"记忆、理解、验证"的回顾效果。

（2）布置"任意门"。

1）中场休息，将课室清场（请学员茶歇、用餐，有必要的话可以关上培训室门，由工作人员快速协助培训师布置现场）。

2）布置现场，用胶带在天花板和地板之间贴出仅容纳一个人通过的"门"，将 QA 卡贴在胶带上，有问题的 Q 面朝外，别让学员看到有答案的 A 面。

3）选择胶带的颜色，黄黑色胶带的视觉冲击最大，彩色胶带看上去更为美观，看个人喜好！

目的：通过胶带贴出的"任意门"，在空间上给学员视觉上的重新开启，让学员既能回顾上个环节已学的内容，又能预示将踏上新的学习旅程。

（3）**舞动全场**。

培训师播放活泼轻快的音乐，请等候在培训室外的学员们进入前，发出指令：

"每一位学员自创舞步，不能和其他人重复；通过'任意门'时挑选一张 QA 卡，回答正确，助教老师颁发小奖品，回答错误，需重新挑选一张卡片再次答题，然后快速回到座位。"

目的：学员调动更多的能量，重新参与到培训中来，既回顾了已知，又学习了新知。身体动起来，大脑动起来，培训才能动起来。

（4）**总结回顾**。

1）请学员们做完任务回到座位之后，小组内进行探讨交流。

2）邀请代表分享发现、收获、启发，培训师给予积分奖励。

目的："任意门"的活动分为两部分，第三步和第四步是为了"启下"。

❀ 注意事项

（1）"任意门"适合一天以上的培训项目，利用午餐时间或者晚上来布置最为方便，还能让学员再次入场后激发出好奇心。

（2）准备 QA 卡，建议每位学员提交两三张，收集上来后，培训师需要剔除重复、答错的无效卡，QA 卡的总数＞学员人数。必要时，培训师可补充 QA 卡，确保重新开启时的培训效果。

（3）现场天花板过高，可用桌子或椅子搭成通道，胶面朝上，QA 卡的问题面朝上，让学员通过时"舞动全场"。选择卡片，答对问题，可以获得奖励。

❀ 摩卡功效

在国内某科技制作企业，高管训练营的第二天，即使现场没有使用"任意门"的胶带营造视觉空间，手捧着装有 QA 卡的盒子的 Mocha，与发放小礼品的班主任，仍然让 50 位高管体验到了摩卡的高效与有趣，成为他们最难忘的经历。每一个教学活动都致力于目标的达成，让学员获得体验，这才是提高现场转化率的不二法门！

❀ 秘制配方

关于"任意门"活动的底层理论，作为培训师的你，可以先来做一个小测试（见图 4-17）。

考考您，以下的事项对应的是哪种智能
1. 为学员准备阅读指导手册，并用多种渠道发布
2. 用思维导图或金字塔结构梳理出课程的逻辑结构
3. 签到墙、大海报、桌面图标、陈列区、其他图形
4. 准备视频或音频素材，以及其他听力材料
5. 设计并绘制让学员实操演练技能的任务卡
6. 选班委和组委，让学员和其他人一起学习
7. 让学员有自我承诺、自我评估和前后比较的思考和总结
8. 用学习小组自己的方式来归纳学习成果的共性

图 4-17　八大智能测试

资料来源：@ICOP 摩卡冬老师。

8 个选项对应八大智能。20 世纪 80 年代，美国著名发展心理学家、哈佛大学教授霍华德·加德纳提出了多元智能理论（见图 4-18），每

个事项相对应的多元智能如图 4-19 所示。

多元智能：人类思维和认识的方式是多元的

1. 智力是在某种社会和文化环境的价值标准下，个体用以解决自己遇到的真正难题或生产及创造出某种产品所需要的能力
2. 智力不是一种能力而是一组能力（语言、数学、空间、音乐、身体动觉、人际、内省、自然）
3. 智力不是以整合的方式存在的，而是以相互独立的方式存在的

图 4-18　霍华德·加德纳提出的多元智能理论

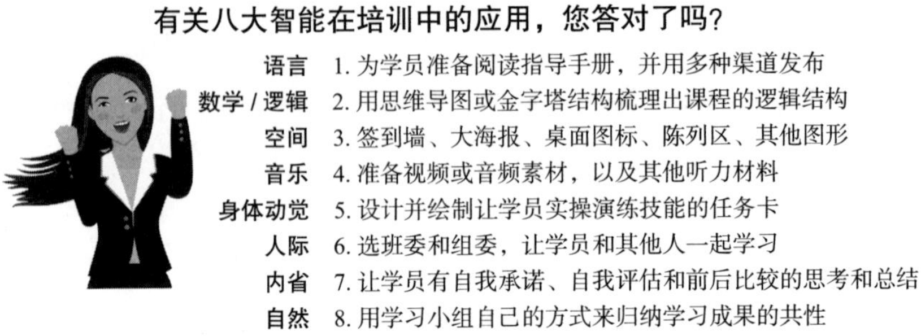

有关八大智能在培训中的应用，您答对了吗？

语言　1. 为学员准备阅读指导手册，并用多种渠道发布
数学/逻辑　2. 用思维导图或金字塔结构梳理出课程的逻辑结构
空间　3. 签到墙、大海报、桌面图标、陈列区、其他图形
音乐　4. 准备视频或音频素材，以及其他听力材料
身体动觉　5. 设计并绘制让学员实操演练技能的任务卡
人际　6. 选班委和组委，让学员和其他人一起学习
内省　7. 让学员有自我承诺、自我评估和前后比较的思考和总结
自然　8. 用学习小组自己的方式来归纳学习成果的共性

图 4-19　八大智能的答案

资料来源：@ICOP 摩卡冬老师。

应用多元智能时，其魅力在于各种迷人的组合。在引导与培训领域，Mocha 老师最欣赏的导师是 TAF 学院⊖的创始人 Dolly，无论是线上还是线下的工作坊，Dolly 都是她见过的应用多元智能最为行云流水的导师。

演绎世家

问题：如何让学员从被动接受到主动呈现？

说到"演绎"，大家的印象可能还停留在演讲，"有声语言"与"态

⊖ 一家培训人们使用引导技术的咨询公司。

势语言"相结合,目的是消除紧张,流畅表达。

培训中的"演绎",Mocha 要解决的问题是,帮助企业里表现卓越的专家跳出满堂灌、直接讲的形式,将他们突击训练成赋能式培训师。怎样才能让专家们,从"念稿子读课件"到"放开束缚自如呈现"呢?

在 2014 年"我是好讲师"大赛中,广州区的选手们经过话剧导演倪超老师短期训练后,"表达力""感染力""控制力"获得超乎寻常的突破。食髓知味的培训师们集体报名参加了倪超导演的"粉墨侠"(用话剧训练技巧让培训师演绎升阶)训练营,并开始将话剧训练素人的方法,迁移到企业培训中。

❀ 品味摩卡

赋能转化 13 招,解决 13 个课堂体验中常见的问题,第 4 章的最后一招,注定走的并非寻常路。

操作步骤如下:

(1)在课程中,给每个小组发放一份文档(重要资讯或讲义内容),在后面提供该内容的关键词(见图 4-20),鼓励学员上网搜索相关信息,比如某行业创新岗位的关键词。

跨行业　　大数据　　大数据　　多行业　　产品　　　大数据
数据采集　治理能力　平台集成　提供解决　交付能力　运营能力
整合能力　　　　　　　　　　 方案能力

图 4-20　岗位关键词示意

现场:"演绎世家"是自由命题,这个步骤里,让小组成员进行头脑风暴(现在越来越多的企业都会在训练任务中指定时限收集资讯,非常考验参与者的"搜商",包括如何进行小组分工,用什么搜索引擎,提炼中英文搜索关键词,资料分类排序筛选等)。

根据收集到的信息，针对应用的场景，进行分类和提炼，确保信息的使用价值。"演绎世家"的结构示意图如图 4-21 所示。

图 4-21 "演绎世家"结构示意图

（2）邀请各小组上台，以一种"创造性、有趣、难忘"的方式进行演绎，评选出最佳的"主题演绎"小组，给予积分和奖励。

现场：为了让学员更放开自我，培训师给指令时，要求必须是一种"舞台表演形式"，呈现的内容是与培训主题相关的内容（经过第一步的搜索、补充、完善过后，梳理出来），同时搜罗好玩的视频作为示范，让学员找到可以参照的标准。比如，开心麻花爆笑舞台剧《小丑爱美丽》中的"手语翻译"。

（3）在"演绎世家"们逐一呈现后，培训师在"声音控制""肢体运用""场域联结"等方面，给予专业点评和行动建议，让现场的呈现结合应用场景，是"演绎世家"区别于游戏的关键。所有教学活动，是将培训目标拆分成步骤，每个步骤都设计课堂中的体验，目的是推动绩效，达成目标。

❀ 注意事项

（1）推荐搭配背景音乐。背景音乐能让思考时舒缓，行动时轻快，休息时愉悦，结束时感人。

（2）推荐影视化。可以用手机拍摄剪辑视频，长度 1～5 分钟，要求扣题、新颖，与培训主题相关联。

（3）学员最常用的是使用"三句半""脱口秀""Rap""快板""歌曲改编"，随着抖音、快手短视频平台的普及，许多学员会模仿"直播间带货""刘畊宏跳本草纲目""土味情景剧""经典歌舞剧""手语翻译""传声筒"等玩法，创意的新颖程度与丰富程度让 Mocha 赞叹不已，默默抄在了小本子上。

（4）为每个小组拍照和摄影，并分享到视频号上，邀请更多人转发与关注，通过点赞数来进行鼓励与颁奖。

❀ 摩卡功效

过了这么多年，Mocha 仍然对话剧训练念念不忘，体验过"演绎世家"的培训师们，分享他们打开肢体束缚的那一刻，被站在讲台上的自己惊艳了，内在的信心增强，与场域的联结也瞬间形成了。

而台下的学员也被台上的呈现震撼到了，原来专家们还有这样的一面啊？由此拉近了彼此的距离，看到了他们以情动人的另一面。这些培训师更富有同情心，语言更有感染力，投入到学习和工作中时也更有热情。

❀ 秘制配方

"演绎世家"的底层理论，同样支撑戏剧在不同领域的应用。和大家分享两个概念。

一个是"教育戏剧"，思想源流，滥觞于法国思想家卢梭的教育理念："在实践中学"和"在戏剧实践中学习"。教育戏剧因其包容性、创造性、丰富性及其对学生生命的滋养，越来越受到我国教育者的关注与青睐。最早是作为单一课程，被我国市场化培训机构体系化引入。近年来它作为一种教学策略与方法，逐步被学校教育工作者引入课堂教学。

另一个是"应用戏剧"，就是说，其实戏剧的某些方法可以应用于生活当中，除了教育领域之外，比如培训、管理、心理疾病的治疗等都可以用。

倪超导演课程当中的训练、练习更强调亲身体验，用身体记忆而非脑袋！和演讲训练中"不紧张更流畅"的训练任务不同，倪超导演在"粉墨侠"中，是为了增加培训师在引领全场时做到声音和形态的感染力，从而有台型、有风范。

语言感染力训练：

第一步：提高表达的欲望，让所表达的信息强烈地传递给学员。

第二步：建立对身体意识的高度控制和协调，首先体现在对气息的控制上，身体行动与语言表达都由呼吸控制节奏与韵律。

第三步：有效地将信息传递给学员，除了意思清楚之外，还需要气息的辅助才可以圆满完成。

形体感染力训练：

第一步：快速调整身体的移动，并且在呼吸的控制和协调下完成，举手投足、眼神都干净利落。

第二步：建立肢体表达的"临界点"。"临界点"表示时机，也代表了节奏，节奏的准确是从当下的感受中来的，并由呼吸支配和控制。假如肢体动作都伴随着"临界点"而发生，那么肢体的"感染力"便产生了。

第三步：学会讲台支点的运用，在不断移动的同时构建与学员更亲近的交流位置关系，重心明确、动作干脆、有力、自然。

用"舞台表演形式"让学员采用舒展的高能量姿势，以及控制身体后具有吸引力的声音，从左到右打开身体和心理的惯性束缚，增加演绎内容时的感染力。

有趣的是，在过程中，每个人都能感受到明显的变化！

☞ 本章回顾与应用启示

13 个共创型教学活动，哪个最适合结合你当下的课题需求？

CHAPTER 5
第 5 章

做任务出成果

☞ 从模仿到创新

Mocha 老师所在集团想把大家培养成解决问题和推进绩效的高手。刚开始，Mocha 老师和其他人一样，拥有热爱分享、善于调动学习氛围的特质。上了"为业务赋能"的正轨之后，她发现，"善于总结、团队复盘、制作指南、收集工具、共创成果"这些更有效的方法论，才能保障课堂中学习成果的输出。而有了成果，才能帮助培训师建立更加系统的分享机制。

本书第 2 章介绍过企业培训的四类教学成果——技能成果、认知成果、情感成果、绩效成果，很难说哪个成果是最容易获得的，只能说最有交付价值的是"绩效成果"。

目前集团想改变培训的评估方式，之前让学员对课程满意度打分，组织方按照"满意、基本满意、一般、不满意"进行奖励和惩罚，很难让培训师承诺课堂交付物。培训师侧重"生动讲授"，勤奋练习讲授技巧，认为让学员产生共鸣、能正向引导就是好课程。如果是这样，培训与演讲的区别在哪儿？侧重"情感成果"，促使培训师拼命夸赞学员，想点评，本身水准还不够，往往让学员觉得培训师很好、氛围很好，却描述不出具体的方法论和应用体验。

真正优秀的培训师，设计水平和绩效推进是成正比的。学员对培训师的喜欢，并不只是培训师的讲课呈现很优秀，而是培训师能让他们变得优秀。

企业想调整战略，会借鉴行业标杆，再做内化。在培训中，同样能设标杆学绩优，学员们先模仿再创新，是快速提交培训成果的保障。我在"领越领导力"版权课上学到三个关键词——"勇气""借鉴""小成功"。勇气是面对真实难题，借鉴是让最好的教出更好的，小成功则是阶段性庆祝学员成果，哪怕成果很小。这三个关键词，非常适合应用在课堂中输出成果。

如果说教育是长期规划，那么企业的培训则和补习班一样，目的性极强，大家要看到交付成果。Mocha 所在集团的做法如下所述。

（1）销售部门：让集团顶级谈判高手还原他们谈判的三大场景、五个步骤，提炼出多模型、话术集、方案包、指南手册。培训时，上午模拟标杆的视频和音频练习（1.0 学习成果），提交的是谈判步骤表格填制、项目谈判计划方案。获得标杆反馈和培训师指导后，下午跟随谈判导师实操演练（2.0 绩效成果）。一个季度后，项目成交量提升了 40%。

（2）物流部门：把 17 个仓储物流中心分成四批，派兼职培训师前往标杆中心，针对消耗低、产能高两大目标取经，开发系列培训微课，目标是将本月损耗率从 8% 降到 5%，产能提升 10%。现场交付物是将实操拍摄成视频存档提交，总部培训师评估后，输出下一步应用计划。培训后集团有效推进的成果是，半年内降低了上千万元的成本，有效提升了产能。

☞ 创新设计任务

想要出成果，就要设计相对应的教学任务。应用创新，从三方面入手。

（1）角色：培训师从"叨客"升级为"教学活动设计师"。结合内容和形式达成目标，将原来的定义、原理、模型、概念的讲授部分，都融入案例教学、现场实操、角色扮演、小组共创的任务中，由学员搜索、总结、提炼，培训师负责辅导点评和补充。

（2）思路：一切为了成果，底层思路清晰。之前会把知识、技能、态度分类别、分层级来让学员学习，现在更像是剧本杀和密室逃脱，根据培训目标和任务动态线，学员在每个关卡都要使出浑身解数，才能最终获得通往下一关的线索。

（3）融合：课堂有TTT创新培训技术，还有引导、团队教练、行动学习、翻转课堂、线上直播等技术。一切都为了输出绩效成果，不像之前只是去学习和认识某技术，现在学员更多是解决问题时应用这些技术。

课堂上，教学任务是由参训者来完成的，而参训者是通过关系建立来产生影响力。任务越简单，关系的作用越小；任务越难，关系越重要。设计教学任务时，培训师要注意情感性关系和工具性关系之间的结合，工具性关系能立刻得到做任务的回报，而情感性关系收获的是情感本身。两者结合，增加情感性关系会比单纯工具性关系更加稳定、长久。

☞ 输出型教学活动

图5-1是ICOP摩卡教学设计活动的第三张清单——输出成果（output）清单。

在"开启输入"之后，学员在培训师的引领下提高"赋能转化"的速度与效果，接下来就要围绕现场的"输出成果"进行以下三个步骤：

（1）界定：培训师要帮助学员界定输出成果的标准。

（2）实操：在符合3F的原则下进行刻意练习。

（3）评估：回顾业务应用场景并反复打磨实效。

序号	问题	活动
摩卡1	问题1：如何设计一个分工合作的教学任务	头脑特工队
摩卡2	问题2：如何让学员改变固化思维	被质疑的勇气
摩卡3	问题3：如何把内容设计成"好应用、能带走"的工具	送礼达人
摩卡4	问题4：如何邀请学员参与，对重要的培训内容进行加工	我演你猜
摩卡5	问题5：如何让"互问互答"的转化环节更加有趣	提问连连看
摩卡6	问题6：如何让现场的"回顾和探讨"更加高效	抛出问题球
摩卡7	问题7：如何请学员将课堂内容提炼化、逻辑化、可视化	话少画多
摩卡8	问题8：如何让学员更加专注地探讨和练习	边走边学
摩卡9	问题9：如何让学员体验"岗位带教"流程	动口动手五步法
摩卡10	问题10：如何萃取关键岗位的有效经验	访谈专家
摩卡11	问题11：如何设计一个游戏化的应用转化活动	通关Up主
摩卡12	问题12：如何让人数较多的培训现场有序练习	学习驿站

图5-1 ICOP摩卡输出成果清单

头脑特工队

问题：如何设计一个分工合作的教学任务？

有次，Mocha在公司举办"如何处理客户投诉"的培训。作为培训师，她进行了充分备课。她查阅投诉方面的相关资料，准备了厚厚一本讲义，包括投诉的类型、客户产生投诉的原因、处理客户投诉的步骤和技巧等内容，诚意满满。

但培训开始后两个小时过去了，Mocha越讲越兴奋，她旁征博引，分享了很多内容和案例，但是学员们明显感觉坐不住了。时间一分一秒地过去，培训结束前半小时，Mocha开始组织大家进行情景演练。学员坐久了，昏昏欲睡，好不容易邀请上来两位做演练，其他学员都跟看戏一样，参与感不强。课后，学员反映老师讲得太多，他们练得太少，练习场景跟真实情况还不一样。

Mocha 特别沮丧，自己的努力并没获得学员的认同。原因是，她组织了一次脱离应用的机械式培训！

机械式培训，与技能培训 50%～60% 的时间用来研讨和演练不同，在实际的培训课堂中，培训师常常"闲不住、舍不得、丢不开、放不下"，用来讲授的时间超过 60%。

我经常问大家："培训师最喜欢带哪六把刀行走江湖？"学员纷纷露出疑惑的表情。谜底揭开："培训师的六把刀，叨叨叨叨叨叨！"通常大伙儿都会相视而笑。

❀ 品味摩卡

常规课题，怎样设计协作式的训练环节，让培训师收起"六把刀"，学员能共创出精彩的训练成果呢？

操作步骤如下：

（1）**导入**。培训师分享指令：

"接下来我们进入的训练环节叫'头脑特工队'。"

培训师简单地介绍电影《头脑特工队》的剧情梗概。我剪辑了预告片中一段 29 秒的视频，用来介绍 5 位角色；你也可以用 PPT 的方式，图文并茂地做个简介，一样能做好前情概述。

（2）**分组**。"请大家从 1 数到 5"，将现场分为 N 个 5 人小组（一组代表一个大脑）。如果有人落单，可以加入其中某个组。每组是一个还是两个大脑，看全班总人数而定。建议提前对桌椅摆放有个规划。

（3）**分工**。每个组的 5 位特工，名字分别为"乐乐""怒怒""厌厌""怕怕""忧忧"，培训师用便笺书写（如果能彩印 5 张角色卡，效果更好）。"头脑特工队"角色任务卡如图 5-2 所示。

"头脑特工队"角色任务卡

快乐情绪黄色乐乐	愤怒情绪红色怒怒	厌恶情绪绿色厌厌	恐怖情绪紫色怕怕	悲伤情绪蓝色忧忧
乐观派	急性子	高傲固执	胆小鬼	容易崩溃
保持着积极向上的情绪，**确保开心过好每一天**	脾气特别不好，什么事情都要为大脑争取到最好最公平，**保卫权益**	对各种事物都保持着谨慎的态度，她负责**维持审美和基本要求**	对周围的环境和人很敏感，避免受到伤害，**安全守则摆第一**	代表各种担忧和不安，能对他人**拥有同理心**

图 5-2 "头脑特工队"角色任务卡

（4）**发布任务**。准备 1～3 个情境的任务卡，由培训师扮演某个角色，比如打来电话投诉的客户（或沟通课中被斥责的员工、谈判中不爽的总经理等，根据课题设定），建议播放一段真实的投诉录音。然后培训师给出指令。

1）分析。指令：

"请每个大脑中的 5 位特工，写下这位客户此刻的需求是什么？"

2）分享。指令：

"请 5 位特工分享，你接收到的大脑提出的需求是什么？"

3）共创。指令：

"5 位特工分享客户大脑的需求之后，请大家一起探讨，如何回应处理投诉，提高客户大脑的满意度呢？"

用 A1 大白纸整理出方案和话术之后，进行现场演练和呈现。

4）激励。邀请每个头脑特工队派出一人作为评委，为其他小组呈现成果投票打分。提醒学员们，欣赏他人，自己才能更好地成长（以下为5张美钞投票法，美钞为道具钞票）。指令：

"每个头脑特工队共有5张美钞，请你们讨论后决定，如何把5张美钞投给其他组。平均投给5个特工队，每个队投1张；或者投给两个队，一队3张，一队2张；或者给一个特工队投出全部的5张；或者选择一个队都不投。具体分配方法由各队自行决定，但5张美钞不能留为自用，不投我将在本轮收回。"

提醒：

"投票决策是基于特工队全体队员的共识。请和你的队友讨论和分享投票决策的理由和逻辑。请问我说清楚规则了吗？有任何疑问请举手。如果没有，你们有8分钟的时间，现在请各头脑特工队开始。"

5）总结。听取各队的分享，投票结束后，请优胜者总结三点练习收获！

（5）共创成果。如果想要延伸效果更好，关键是请各头脑特工队在萃取众家所长之后的"成果共创"：
1）各队优化该投诉案例的处理步骤和标准话术。
2）每位队员总结个人的收获，提交培训后的应用计划。
3）队内轮流分享，派一位代表总结发言。

❀ 摩卡功效

输出成果"头脑特工队"，这杯摩卡功效如何？实施过"头脑特工队"小伙伴的分享是：

"一直都知道技能类课程训练环节很重要，但有时控制不住讲很多，不过这个问题还比较好克服。最担心的是训练时间、学员参与性不高、练习情景与工作情景脱节。这张摩卡神奇的地方是让全员都动起来，参训者也是评估者，而且能通过其他组的分享获得更多经验。如果学员写行动计划是自发式的，则更有利于课后使用。在训练环节，每个角色代表大脑的不同状态，与实际的情绪状态非常接近，学员练起来很有临场感，也非常接近工作实践。"

秘制配方

有两个小配料：

第一个配料是电影《头脑特工队》。剧中人物的逻辑思维和形象思维极为丰富，每个人物各具特点，把心理学中的五种情绪总结到位，其本身的底层逻辑是经得起推敲的。

第二个配料是引导技术中的投票法。我常用的道具是美钞，也可以用扑克牌或筹码来替代，经常用于发散思维之后的收敛，作用于输出培训成果——实施计划。

被质疑的勇气

问题：如何让学员改变固化思维？

Mocha 被聘为集团合作客户（某大型机械制造企业）的培训顾问，近期碰到一件棘手的事。具体是什么事呢？随着企业转型升级，它要求人才不仅能研发产品，还能在关键场合进行展示和推广，说白了就是让技术专家成为复合型人才，既懂技术又懂商务。Mocha 一开始听到这种客户需求，信心满满，这不就是技能缺失吗？开展常规的商务呈现培训就可以了嘛。可是深入调研之后，她发现问题并没有这么简单。

在培训调研中，该企业培训部老总明确提出了这批技术专家未来胜任的三种业务场景。

- 场景一："面向客户的商务呈现" 15～40 分钟。

- 场景二:"面向设计院专家做交流"60 分钟。
- 场景三:"面向各种展会做呈现"10 分钟。

当需求明确之后,Mocha 与几位有代表性的技术专家进行了交谈,希望在培训前就培训目标达成共识,为后期培训的顺利开展做充分准备。Mocha 给出三点提议:首先以受众为天,调整技术专家的表达习惯;其次在面向设计院专家时,更换表达逻辑;最后针对展会快速推介,反复练习 10 分钟宣讲。技术专家对于这三点建议非常抵触。具体是什么情况呢?

(1)Mocha:"我们的第一个培训目标是,面对不懂技术的受众,要通俗易懂。"

刘技术:"技术本身有壁垒,不把这些原理说清楚,他们就更听不懂了好吗?"

(2)Mocha:"我们的第二个培训目标是,让那些设计院专家对你的内容感兴趣。"

赵工程师:"我只能把我的发明介绍给他们,感不感兴趣又不是我说了算。"

(3)Mocha:"我们的第三个培训目标是,在展会中针对展会主题做精彩分享。"

李专家:"我平时一开口最少能讲 2 小时,你让我讲 10 分钟怎么讲,那只能开个头,精彩不了!"

这次与技术专家的交谈,让 Mocha 产生满满的挫败感,回到办公室,她耳边还在不断地回荡着专家们"不行""不能""做不到"的声音。Mocha 意识到,不能按常规套路来培训,不改变观念,他们将"油盐不进"。

幸好 Mocha 还有狠招。我们一起来看一下,她具体是怎么做的。

❀ 品味摩卡

如何让技术专家改变固化思维? Mocha 在为期 4 天的"赢在开口:

技术型人才商务呈现演讲能力训练营"中，巧妙地在沟通和说服力的环节应用了这个活动。

操作步骤如下：

（1）启发思考。提问：请问这两张图片（见图5-3）的最大差异是什么？

1）邀请学员动手：请在便笺上写下关键词。

2）要求组内分享：请和你的组员分享你的发现。

3）代表拿积分：现在有三个分享名额，哪位愿意尝试？

图5-3 "被质疑的勇气"示例图

现场： 当大家以妈妈（使用者）的视角和宝宝（体验者）的视角说出"换位思考""用户思维""受众为天"等关键词之后，培训师导入第二个环节。

（2）介绍活动。培训师衔接上一个环节，"作为带有强烈说服性质的销讲场景，我们如何做才能抓住受众的需求，才能更好地设计我们的内容？接下来我们进行一个重要的角色转换环节"。

1）认领任务：小组选择认领其中一个任务。

- 给不懂技术的客户介绍产品。
- 向设计院专家推荐产品。
- 在展会中做10分钟的主题演讲。

2）确定分工："请确定你们组认领的任务是……"

- 在这个任务中,你的受众经常提出质疑的问题是哪 5 个?
- 请将 5 个问题写在大白纸上,并记得命名标题"不懂技术的客户会质疑的 5 个问题"。
- 在小组内探讨:遇到这样的情况,最好的演讲内容和对策是什么?

3)小组分享:"请带上你们的海报,分享你们被质疑的问题和对策。"

- 全员参与:小组代表轮流上台发言时,请其他组作为评委,认真打分并给予反馈。
- 关注亮点:当每个组分享完他们的海报后,询问其他组好的问题是哪几个?
- 给予建议:请其他组做补充、提建议,要求不批评,只提供可行性建议,供海报提供组参考。
- 要求反馈:请各小组在轮流接收全班的亮点点评和可行性建议后,为提供的建议价值最高的小组打分。

面对听众的质疑是一种勇气,图 5-4 展示了面对质疑时应该怎么做。

面对听众的质疑是一种勇气

步骤 1
代入"不友好听众"的角色

步骤 2
用不屑一顾的语气问"你在说啥"

步骤 3
重复上述"不友好提问"并记录

步骤 4
选出高质量的答案改成你的讲稿

图 5-4 面对质疑该怎么做

❀ 注意事项

(1)培训师要留意,各组的问题是否与所选场景相匹配。

（2）聚焦的5个问题，是为了帮助各组评估内容，不能过于空泛和抽象。

（3）在培训师点评辅导前，尽量邀请全班各小组成员参与其中，培训师负责提醒大家，关注亮点和可行性建议，避免没有建设性的批评和指责，氛围的营造很重要。

❀ 摩卡功效

在"被质疑的勇气"环节之后，Mocha欣喜地看到，大家已经在分享和相互补充的环节中，快速地调整了原来的演讲内容。对标了受众的需求之后，技术专家们终于不再强调"技术有壁垒""必须讲原理"的执念，放弃了自我说服，而从一个直接有效的活动中，体会到了"用户思维"、"受众为天"的商务呈现应该怎么设计内容。人在面对质疑时，会开启自我保护机制，但是一旦转变角色，换位思考，人又很容易放下保护机制，学会换一个角度看问题，这就是该活动的魅力所在。

❀ 秘制配方

电影《复仇者联盟3》中的灭霸有一句话："你不是唯一受到知识诅咒的人。"什么是"知识诅咒"？网上有很多答案，比如：想法越超前，越不被世人理解。

培训中，知识的诅咒容易发生在技术类课题中，说的是，你一旦掌握了一种知识之后，你就很难理解，那些没有掌握的人是怎么思考这种知识的。

知识的诅咒怎么克服呢？我给大家四个小贴士：

（1）换位思考，降维准备。在准备培训材料的时候要考虑受众，克制炫耀技术的想法。

（2）通俗易懂，少用专业术语。尽量使用通俗的语言，减少使用缩写和该领域特有的专用术语和表达方式。

（3）学以致用，还原应用场景。下沉到使用者的应用场景中，提供一个可以照着做的简单步骤。

（4）做好沟通，双向反馈。一是培训前了解培训对象的背景、专业、年龄等，做好知识半径的预判，有针对性地准备培训材料；二是对重要内容，通过布置练习案例的方式，看看受众的实操结果，看看"诅咒"究竟在哪里。

让我们拥有面对质疑的勇气，一起来打破知识的诅咒，行走在成为高手的路上！

送礼达人

问题：如何把内容设计成"好应用、能带走"的工具？

有次培训已接近课程开发的后期了，两天两晚后，29位初阶培训师（关键岗位的培训师）完成了1.0版本的课件包，主导老师Mocha决定在最后一天做一件很重要的事情：帮助大家把靠嘴讲的重要内容，认知迭代后，设计为"看得见、用得着、能带走"的工具！

此刻Mocha的困惑是：

- 到底什么才算是培训中的工具？
- 怎么引领初阶培训师设计匹配课题的培训工具？

《现代汉语词典》对于工具的释义如下：①进行生产劳动时所使用的器具；②比喻用以达到目的的事物。

在制造业关键岗位的培训课堂，这里的工具除了实际应用和使用之外，更多的是指"帮助学员提高学习效率的事物"。

比如制作微课，会用到PPT、课件大师、Flash、Authorware、AirPlayer隔空播放，支持将手机中的内容投射到大屏幕上、FSCapture（适用于PC端PPT讲解、案例分析、软件操控演示录制）、GiFcam、screen to gif（适用于可切换界面、自主编辑页面组成的动图指引）等，这些软件都属于"电子工具"的类型。

❀ 品味摩卡

Mocha 找到定义之后,心里有了图谱。在最关键的第三天,她带着一卷大海报出现在大家面前。她先罗列出大家课件里的亮点(赋能话术可参考"苹果与洋葱"),肯定了大家初阶成果的价值;接着邀请大家化身为"送礼达人",请他们在 1～3 小时的企业培训课堂中,把靠嘴讲的重要内容,设计成 3～5 个礼物。

操作步骤如下:

第一张海报,是空白海报。先介绍"送礼达人"活动,请大家回顾一下前两天的培训中,Mocha 给大家带来的"礼物",哪些属于"看得见、用得着、能带走"的呢?

(1)请大家总结,每类需求应用了哪些 Mocha 带来的礼物(如 app、模型、表格、模板、素材)?

(2)每人写 3 张"最好用的礼物"便笺(要求图文并茂、字大体端)。

(3)以小组为单位,每人分享自己的收获,达成共识后选出 3 种"礼物"。

(4)派代表上台进行分享,其他组不能重复,但可做补充。

(5)将全班的成果分享完之后,请小组代表选择 3～5 个"礼物"便笺回本组。

第二张海报,模仿 Mocha 为大家带来的"礼物",设计自己课程专属的礼物。

(1)在海报上画上格子或圆圈,请参与者紧扣课题,把重要的内容和技能点设计为能让学员带走的"礼物"(表格、话术卡、音频、操作录屏、模板、电子工具等)?

(2)每人最少写 3 张便笺(一张代表一个"礼物")。

(3)以小组为单位,选出最好的 3 种"礼物"。

(4)派代表上台分享 3 种"礼物",其他组可做补充。

(5)上榜的越多,获得积分就越多。

❀ 注意事项

（1）"礼物"的标准为"看得见、用得着、能带走"。

（2）便笺右下角标注组号，可以统计数量，然后给予小组积分奖励。

（3）多画一些格子（比如 5 个组画 30 个格子），将便笺往上填的时候，空白格能刺激学员输出更多创意。

❀ 准备动作

活动材料：大白纸、彩色便笺、签字笔、美纹胶纸，如果有引导布，现场效果会更好一些。

活动安排：分为两轮，第一轮先从个人经历中回忆，并绘制出自己已经在应用的工具；第二轮从模仿到创新，聚焦于自己的课题进行"礼物"的设计。

分组规模：先确保每个课题的输出，写下来小组进行讨论，并在全班分享，关注是否全员皆有参与。

分享规则：鼓励倾听和"Yes，and"⊖，学员之间进行充分的交流和碰撞（方式可以参考"Me-We-Us"）。

活动时长：开场可安排在入场等待时，直至约定时间上课，再利用总结回顾的需求来进行赋能转化。

❀ 摩卡功效

在第三天的下午，Mocha 辅导 29 位关键岗位的培训师，并将每个重要模块的内容设计为好用的工具和方法。第一次参加 TTT 训练的小伙伴们，看到自己亲手迭代的 2.0 版本课件，都表示有些迫不及待，想在本周就带领学员用起来。"原来成为辅导型的培训师，关键就在于能不能给学员送礼啊，以后一定要成为'送礼达人'！"

⊖ 直译过来就是"是的，而且"。意思是说，我们在跟任何人沟通的时候，都一定要先认可对方，再给出建设性的信息。

秘制配方

Mocha 的"送礼达人"摩卡，照顾到两个角色。

（1）作为活动组织者。要让培训成果更有乐趣（FUN），需三个关键点支撑：

1）记忆[①]（fast memory）。是否能让学员建立短期记忆？让学员输出 1 次 = 讲师 5 次输入，让学员动脑、动口、动手更能记得住！

2）理解（understanding）。有限时间内如何有效提高学员的理解？多准备案例和做好示范，并让学员多探讨和多交流。

3）转化（new behavior）。输出成果，让学员尝试走两轮，先模仿引导者的动作，再紧扣课题进行创新设计。

（2）作为活动参与者。两轮输出成果，无论是模仿还是创新，都有三个步骤：

1）提炼关键词。提炼长句子里的关键词，大脑要从多浓缩到少，再将关键字连成口诀和短句，这可是挺有挑战的。

2）组织逻辑。关键词之间使用什么逻辑，串联还是并列？如何才能好懂好记，使口感和耳感更好？哇，大脑因为思考而开始燃烧能量。

3）模型化。找到对应的逻辑，培训师提供可模仿的图形和模型：是提升流程，还是圆形循环？是并列箭头，还是多维度矩阵？是设计成表格，还是绘制成模型？图形是更有利于传播的成果。

每一个"礼物"的背后，既有"FUN"的核心，又有"提炼化、逻辑化、模型化"包装，自用和送人两相宜。为培训加点甜，推进学习绩效，一起成为"送礼达人"吧！

我演你猜

问题：如何邀请学员参与，对重要的培训内容进行加工？

熟知"学习金字塔原理"的 Mocha，有一次想要提升培训师的演绎

[①] 来自"引导工作坊"，非字面直译，而是使用场景中的意译，下同。

能力，原因是公司老客户评价上季度的培训"专业有余，生动不够，平淡乏味"，不遗余力地在领导面前夸赞竞争对手的培训师"现场激情四射，有料、有效又有趣"。作为培训师培育负责人，听着客户评价刺耳，看着调研数据扎心，看来只重视课题有效和内容实战还不够，培训现场得让学员参与进来才有成果啊。下一步，要解决兼职培训师被投诉最多的三类问题。

（1）**肢体语言**：僵硬的姿势、平淡的语调、回避的眼神、倔强的后脑勺，如何让站定、眼定、笑定有感染力呢？

（2）**塑造风范**：一登台就紧张，如何将杵着的"台柱子"塑造出培训专家范儿？

（3）**营造场域**：主持人好不容易暖的场，培训师一开口就拐入了冰河纪，如何邀请学员共创成果？

俗话说，坐在副驾驶是学不会开车的。给大家灌输再多"演绎的重要性""如何克服紧张""培训师的声情型动"⊖也没用，被动的视听学习方式，犹如水过鸭背般不留痕迹。想要培训师得出"学员输出1次=讲师输入5次"的结论，要给他们设计个任务才行！

❀ 品味摩卡

如何邀请学员参与加工重要的培训内容？我们将教学活动设计为三个步骤。

操作步骤如下：

（1）体验。

1）Mocha拿出一套卡片，上面写有与培训相关的高频词汇，如"领导力""标准""提升""责任""绩效""价值"等，让小组成员每人抽取一张，自己看了之后收好，不能让旁边人知晓。

⊖ 针对声音、情绪调动、外型仪态、动作肢体的四种训练。

2）小组内，每位组员可以用"填空、举例、打比方、讲故事"的方式描述这个词，规则是不能直接说关键词，让小组成员来猜，每位组员的描述时间为30秒，在不违规的情况下，引导其他组员说出正确答案的为胜利者。

3）等小组内完成"我演你猜"环节后，选出一位优秀组员，代表全组上台呈现，最快引导全班说出正确答案者，小组获得积分。

（2）转化。

1）提问："第一个步骤，Mocha是在训练大家的什么能力呢？"

结论是：首先，成年人喜欢完整的信息，在关键信息缺失的情况下，大脑的1千亿个神经元快速建立联结，试图用有限信息快速梳理答案。参与者的注意力集中，大脑获得启发和思考。

其次，出题人调动有效的信息，为猜题人举出快速理解的例子，并提出好的问题，从以前的直接告知，迭代为启发和引导的角色。

2）思考："在你的培训中，如何通过一个活动来让学员主动参与学习？"

3）小组内探讨：结合第一步的"所见"和"所感"，提炼分享每个组员的"所思"和"所行"。

（3）输出。

1）各小组派代表抽取小组任务卡。

还原某个工作场景：表演的小组不能说出关键信息，其他组进行猜测或者提出"是或不是"的封闭式问题，答对即可结束表演，双方均可获得积分。

演绎概念的逻辑关系：请各小组通过表演把概念中的逻辑关系演绎出来，让其他组来猜，最接近正确答案的为获胜者。

与课题相关的关键词：让学员在"我演你猜"的过程中发挥创意，相互激发。

2）全组上场演绎，其他组参与竞猜并获得积分。

❈ 注意事项

（1）第一轮，培训师收集业务常用的高频词汇，比如行业的"全员营销""降本增效""快大高强"，增加与参与者的黏性。

（2）第二轮，从体验到自身课题的联结，提供转化的共创环节，邀请小组参与其中，为了增加参与度，学员通常能够发挥出极佳创意，充分利用现场的物资制作道具。

（3）现场的参与效果，就是正面反馈，"培训不是消耗，而是共同创造"，当大家从听众变为参与者，学习的效率才会大幅度提升。

❈ 活动材料

"我演你猜"需要的物资清单如图 5-5 所示。

课室常备器材：

器材	常备数量	是否到位
投影、投影幕	1 套	
无线麦	2 支	
音频线、音响	1 套	
白板	1 或 2 块（如能每组 1 块最佳）	
翻页笔（备用）	1 支	

讲师自带器材：

器材	
笔记本电脑	华为 MateBook 14 2020 款
激光笔（翻页笔）	自备

课室常备教具：请把以下物资平分并放在各组桌上

物资	常备数量	老师需求数量	是否到位
白板笔	黑色或蓝色或红色每组各 2 支	单次课程用量	
宽口彩色马克笔	每套 12 色，每组 1 套	单次课程用量	两头：一头粗一头细
大白纸（A1）	每组 3 张，老师 6 张	1 天的量	1 天的量 =$N \times 3+6$
便笺	每组 1 本	1 天的量	

图 5-5 "我演你猜"物资清单

❋ 摩卡功效

采用学习金字塔中的"主动学习",培训师从"讲授者"迭代为"设计者",学员从被动接受信息、模仿达到创新地输出成果。参与的兼职培训师从体验中获得反思:"我怎么参与别人的培训,决定了学员怎么参与我的培训"。回看照片里一张张灿烂的笑容,视频中分享成果时的手舞足蹈,这很能说明,演绎能力是从演绎训练中获得的!

"我演你猜"调动了参与者的人际、空间、身体动能、自省等多元智能,在设计活动中,你可以尝到学有所成的甜头。

❋ 秘制配方

"我演你猜"有两个小秘方。第一个秘方是熟悉关键词。得到听书"冯唐成事心法"中,冯唐提到一个了解陌生领域时能用到的诀窍中的诀窍:先知道100个关键词。冯唐在成为作家之前,职业是麦肯锡咨询公司的战略管理咨询顾问。这诀窍大概是从麦肯锡公司在培养新人时得来的吧?在培训中,如果想让新人跨界到某个领域,入门诀窍:先知道100个关键词。

第二个秘方是话剧训练。话剧训练与培训演绎之间有着异曲同工之处,"话剧"和"培训"在登台任务中,都是运用丰富想象力和充沛的情感去塑造外显的形象,"当我们努力去塑造一个角色的时候,这个角色的内在力量能帮助我们完成它"。

我参加第一期"粉墨侠"时,学员有职业培训师、律师、企业高管和创业老板,也有在读大学生与职场小新。

在每次训练中,我开始放下告知式知识灌输,运用外在肢体和内在能量,向内挖掘潜能,向外呈现精彩。就像小时候披着床单玩Cosplay(角色扮演)的我,身披红斗篷,在一次又一次的表演中发现并完善自我。

提问连连看

问题：如何让"互问互答"的转化环节更加有趣？

培训界的年度发布会上，Mocha问主讲者："培训师的能力模型有很多，包括各式各样的技能，如果到最后我只能保留一种能力的话，这种能力是什么？"

这位主讲者是一家咨询机构的负责人，他成功打造过几十位职业培训师，他的回答是："就是您此刻正在用的能力，提问啊。"

这个答案，获得了现场数百名培训同人的首肯。提问的能力非常重要，甚至"问题比答案更重要"。但是，为什么练习了大量提问技能，却没有起到预期效果呢？

提问能激发好奇心。在大脑回答问题的状态下，科学家测到尾状核、双侧前额叶品质、海马旁回、硬膜、苍白球等区域的神经元突触有微弱电流。如果课堂上培训师来回就那三板斧——提问、讲授、探讨，高度重复，大脑会很快失去兴趣。培训师不得不思考：我得做些什么创新，才能持续激发学员好奇心呢？

❀ 品味摩卡

有一次，Mocha要为一群资深培训师做赛前辅导，他们来自培训行业中非常专业的咨询机构，各个实战经验斐然，培训课件干货满满。他们的学员会在课程评价中写，"老师们的课程哪怕兑上三桶水，仍然具有极高的含金量"。从培训师们引以为傲的地方，Mocha给出了另一种解读：干货过多，等于内容超载、教学方式单调，会导致学员消化不良。

如何匹配合适的教学设计，去掉非主线的内容，使其保持最佳比例呢？

操作步骤如下：

进入输出成果阶段前，学员已获得大量输入。培训师设计任务，要帮助学员输出，哪怕是 1.0 版本的输出成果。

（1）请每组学员准备 5 个与课程内容相关的问题交给培训师，培训师合并同类项并去伪存真，留下有效问题。

（2）在地面用美纹胶贴井字格，并在学员脚下贴一条分界线。

（3）每轮请两个组的组员站在线后，拿着不同颜色的马克笔。

（4）培训师手拿学员设计的问题卡，"请听题……"，答题错误的学员回到队尾，答题正确的队员，10 秒内跑去前方井字格落子下棋。

（5）采取接力赛制，直到同颜色三子连一起，即为胜利。

❀ 注意事项

（1）目标：答案准确是最终目标。答对进入"连连看环节"，答错回到队尾进入下一轮。

（2）设计：将学员提交的问题，按照难、易、难、易交错进行更有趣。

（3）时长：限定回答时长，快问、快答、快下棋，营造紧凑感。

（4）安全：过程中接力跑时，提醒学员注意安全（体能不够者在旁观看）。

（5）规则：在全员明确规则后，进行提问连连看。

（6）奖励：两队之间，连线成功即为胜利组，同分小组可以进行加时赛。

❀ 摩卡功效

"提问连连看"活动，是公司培训师程老师在课程中贡献出来的，这些职业培训师玩得不亦乐乎，现场欢声笑语、惊呼不断。由此可见，在提问的基础上做些创新，装载内容的载具就可以从"小木船"升级成"摩托艇"，正如大家所说，"搏一搏，小船变摩托（艇）"。

形式与内容并非对立关系，要想高效地帮助学员转化并输出成果，二者是密不可分的，一切都在为培训目标服务。

秘制配方

成年人的大脑喜新厌旧，所以学习中要用不同的形式去刺激它！

（1）**大脑终生喜欢变化**。人类天性就是不断学习新知识，获得新刺激，产生愉悦感。固守习惯让人们感觉安全，但大脑厌恶一成不变，它对新奇事物有着强烈的渴望与追求。

（2）**大脑喜欢发展和成长**。娱乐和玩耍，如果没有明确目标和切实收获，期待已久的大脑会产生失望和后悔。在培训中，当大脑沉浸在为了目标而努力的氛围中时，就会变得愉快。

（3）**大脑喜欢智能快感**。比起调动感官刺激的"不费力的乐趣"，大脑更喜欢"硬核乐趣"。集合多种智能的活动，能刺激"脑扁桃体—海马"，让大脑产生快感。当人们迷惑的心结被解开，或者答出正确谜底时，会"啊"的一声拍打大腿以表示兴奋，脑科学上称之为"啊哈体验"。

"提问连连看"刺激大脑进行最佳运转（思考答题），时间限制能够调动原始和动物性的边缘性共鸣（快跑和渴望胜利），焦急与快感会在瞬间转化，不到 0.1 秒的时间里，脑内神经递质种类的分泌量就会产生翻天覆地的变化，焦急的肾上腺素被愉快的多巴胺替代。多巴胺与血清素，让我们真正爱上学习。

抛出问题球

问题：如何让现场的"回顾和探讨"更加高效？

一次，Mocha 报名参加总部的培训师大赛，上一年报名人数不多，她顺利地闯入 10 强。信心大增的她，在人力资源部公布参赛海报不到 10 分钟就进行了申请，并且申请成功。让人意想不到的是，今年的参赛人员增加了 3 倍，看来各部门都想通过比赛让员工成长！

Mocha "挤"进半决赛后，抽签顺序是第二天下午轮到她，她决定提前来观摩。第一天，经过两轮筛选，使出浑身解数进入半决赛的选手们，课题和内容都非常优秀，看得出，真正在现场比拼的是：如何抓住评委的眼球，发挥调动现场的能力，展示培训交付成果。

36位选手把TTT授课技能展示得淋漓尽致，提问、播放视频、大海报、小练习……作为上一年的10强选手，Mocha庆幸自己做了明智选择：比起当天才赶来比赛的选手，她对同场竞技的选手有了预判，有充足的时间去调整明天的呈现。上一年比赛中让评委眼前一亮的做法，已成常规，老选手必须更上一层楼！

❀ 品味摩卡

Mocha在原本的教学设计基础上做了两个改善：一是展示培训中快速输出成果的部分，内容升维；二是结合比赛中互动技巧短平快的特点，形式创新。

操作步骤如下：

（1）准备纸球。

常规操作：

1）请每位学员准备3张纸和马克笔，每张纸上写下1个问题。

2）有字的一面朝内，将一张纸揉成一个纸球，每位学员手中有3个纸球。

3）发出指令："请在30秒内，抛出你的纸球，分别为近距离、中距离、远距离。"

比赛改良：

1）把白色的纸球换成了彩色纸做的纸球，更吸引注意力。

2）提前准备好了与课题相关的问题，做好彩球装入筐中。

3）让助教老师帮忙提前分发给评委，并邀请学员自取和分发给其前后左右的学员。

4）播放音乐，要求大家在音乐停止之前交换手中的纸球。

（2）抛出问题球。

常规操作是"抛"：

1）请学员们离开座位，捡起 1 个问题球。

2）随机组成两人搭档，给 5 分钟的时间，利用培训室里的任何资源来寻找问题的答案，将答案写在问题纸团的背面。

3）与搭档分享问题和答案，交换彼此手中的答案球，然后回到各自小组，进行组内分享。

比赛改良为"递"：

1）交换颜色：请大家举起手里的纸球，让其他人看清楚颜色，10 秒内交换到一个不同颜色的彩球。

2）就近原则：向身边的搭档提出纸球里的问题，说出各自的答案，充分探讨后，在问题下方写下最优解。

3）再次研讨：在问题球背面写上答案之后，与其他人交换手中问题球，彼此交流。

（3）回归主题，"抛出问题球"有三个目标：

1）让现场学员针对问题，回顾时说出所学知识与技能。

2）全员参与解决方案的交流与探讨，并写下应用步骤。

3）邀请现场一两位学员分享学以致用的收获并给予辅导。

在给予他们辅导之后，Mocha 还提醒大家可以和身边的朋友彼此交换纸球，作为课后的复习。离开的时候，要让学员记得将纸球放在一个托盘里，以免给清洁人员带来负担。

❀ 注意事项

（1）时段：适合在下午或者傍晚的"魔鬼时间"，那时学员注意力涣散，大脑需要新的刺激。

（2）准备：用不同颜色的纸来记录不同类别的问题，方便进行区分。

（3）程度：时间短，培训师就提供与课题相关的问题；时间充足，邀请学员提炼应用时解决的问题。

（4）设计：比赛时，设计的问题最好是判断、单选、连线、填空、排序等 10 秒内能回答的问题，短平快；常规培训，要针对真实应用中会遇到的障碍和操作步骤，需全员参与进来，对多种解决方案进行充分探讨和碰撞，直到找到最优解。

（5）升级：在准备时间充足的情况下，用折纸飞机来替代纸球，更有寓意（让梦想起飞）。

❀ 摩卡功效

Mocha 将这个活动做了一个小小的改动，从"抛"到"递"，让学员之间的互动成本降低，他们只和旁边的人换个颜色球，打开纸球里的问题，也都是 10 秒之内就能阅读并回答的，更符合比赛中互动设计的要求。通关时间有限，如果评委看到现场互动太耗费时间，会担心培训形式大于内容；而纸球游戏，全部评委和学员都参与其中，又在极短的时间里能够快速达成目标。

最具巧思的是 Mocha 对场域的觉察：纸球在两两分享后的再次传递，离开的时候放在托盘中，犹如一次行为艺术，既不会让现场满地纸球，又给大家再次强化了 Mocha 课程设计的记忆点，实在是太棒了！

当然，如果是在常规培训中，让大家在注意力不集中的情况下，玩一场纸球大战，现场效果一定更精彩。记得测试一下，所选的彩色纸张团起来会不会砸疼人，毕竟任何互动环节都是要把安全放在第一位的！

❀ 秘制配方

"抛出问题球"能在短时间内，通过彩色纸球抓住学员的注意力，使全员参与其中。问题的设计都是为了学以致用。这个活动基于教学活动设计的一个模型——AEC 模型（见图 5-6）。

科学家的实验验证了人们的动机分为两大类：内在动机和外在动机。

第 5 章 做任务出成果

图 5-6 教学活动设计的 AEC 模型

资料来源：@ICOP 摩卡冬老师。

内在动机能让行为本身就成为一种回报；而外在动机，回报来自行为之外的东西，而非行为本身，比如金钱、奖励、加分、荣誉等。对于学习这件事来说，内在动机是因好奇心、求知欲、自尊心、责任感、学习兴趣和成功感等内部因素所引发的学习动机。

外在学习动机所追求的目标是学习活动之外的目标，通常是由长者、权威、领导或群体提供的分数、奖金和职称等外部引诱而产生的，若外部引诱消失，行为便不能持久。内在学习动机所追求的目标是学习活动本身，不追求学习活动之外的目标，其作用具有持久性。

图 5-7 来源于《好课程是设计出来的》[一]中有关 AEC 模型的说明。学习的内在动机来自知识获得与问题解决带来的愉悦感。

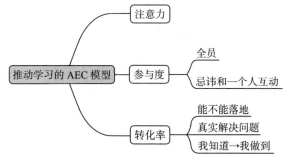

图 5-7 AEC 模型思维导图

[一] 该书已经由机械工业出版社出版。

话少画多

问题：如何请学员将课堂内容提炼化、逻辑化、可视化？

每一次培训，班上的学员有各式各样的组合：不同岗位、不同工龄、不同层级……有的班因为几位特别活跃的学员而气氛热烈；有的班则需要更多的时间才能引导学员进入课程；也有的班全程高能，在严肃与活泼之间切换自如。

当然，各种风格并没有好坏与高下之分，主导的培训师对于课堂的场域、学员的参与度有较高觉察力，是能够因地制宜地做出调整的！有一次，经过了 ICOP 第一类需求开启导入、第二类需求赋能转化，Mocha 发现在场的学员偏内向，原因有三：技术岗、老带新、不熟络。所以导致大家默认开启"跟随者"模式，金口难开。

前两轮的邀请分享，组员们你看我，我看你，迟迟不愿意站出来，怎么才能让大家满足第三类需求"输出成果"呢？如果动身和动口的意愿不高，那就得换个方式了，输出是一定要做的。

❀ 品味摩卡

"话少画多"，如何让大家的输出成果做到提炼化、逻辑化、可视化？学习过霍华德的多元智能的人应该知道，每个成年人都有自己的学习偏好，如果不太喜欢使用语言智能，说明这个班的学员会在其他方面有特别的天赋，比如数学智能的逻辑思考能力、自然智能的观察能力、善于总结的内省能力等。

操作步骤如下：

此刻的培训课程，学员已经经历了开启导入和赋能转化，进入到成果输出阶段。给学员一张 A4 纸，或者给小组一张大白纸和彩色笔，方便学员在课程中绘制课程要点。

现场： Mocha 请每位学员拿出 A4 纸，将前两类需求的收获绘制成图形，要求字大体端、图文并茂、色彩丰富。

（1）两两分享。

现场：

1）Me：每位组员在 8 分钟内绘制 3～5 张工具卡。

2）We：两两组成搭档，组员轮流为彼此讲解绘制的课程要点，互相提问与鼓励。

3）Us：培训师邀请小组代表上台分享，并给予反馈辅导和积分奖励。

（2）组内任务：以小组为单位，每组发一张大白纸，请组员们共同商讨上两轮的收获，达成共识后，作为小组输出成果的要点。

现场：

1）Me：每位组员写下 1～3 种输出方式。

2）We：然后通过小组探讨来决定输出的方式，比如有的小组是专人负责记录，其他人动脑与动口；有的小组是每个人都参与输出，最后合并成海报成果。

3）Us：小组轮流派代表上台分享，因为本班学员偏内向，所以可鼓励他们组团上台，其中两位学员举着白板架，同时为分享者加油打气！

（3）全班：在课堂的墙上贴上白色的卷纸，标注培训中的时间轴。

现场：

1）Me：人数不多的时候，邀请学员带上彩色马克笔，在不同的时间轴区间，用图形来记录他们的收获与应用的计划。

2）We：以小组成果为单位，每类需求告一段落时，让成果上墙，增加学员对成果的"完成感"与"拥有感"，以此获得"成长感"！

3）Us：作为总收尾的需求，可以用展示成果墙回顾，并做计划延伸，只要学员愿意在成果墙前面留影拍照做活动，就说明已经让大家认同了该需求的"小成功"。

❀ 注意事项

（1）如果培训场所没有空白墙面，可以把大白纸铺在地上，寓意是应用时要接地气，方法得落地。

（2）区别于文字记录和语言总结，可视化的图标和图形是学员的再次创作和加工，话说得少，那就画多起来吧。

摩卡功效

Mocha非常开心地看到，随着"话少画多"活动的展开，她的预期被验证了，善于思考和观察的特质，让学员们发挥了自己独特的优势，在视觉元素作为引导的主力军后，大家的表达虽不会长篇大论，却更言之有物了，许多学员都是第一次拿起画笔，他们突破了在大白纸上写写画画的心理障碍，平生第一次觉得自己能用色彩和线条来精准表达自己的观点，自信心大增。这也为接下来的培训落地实施起到了很好的推进作用。

秘制配方

2018年9月15—16日，我认证了来自美国的Tim老师的VFL视觉引导工作坊，所学习的"结构性思考+视觉化表达"是目前企业中针对关键效益掌握的高价值训练点，特别是对于转型中的企业来说，能重构关键岗位人才的能力。比如逻辑结构、多元智能、引导技术、教学技术、行为心理学、认知心理学、脑科学的有效结合，能在职场中各种交叉汇集的场景提高效率；视觉化成为所有信息经过大脑加工过后，新颖、高效、原创性强的输出方式！

有趣的是，Tim老师本身就是一个不善于语言表达的技术男，后来他踏入视觉引导这个领域后，发现用视觉表达方式和各国的人们交流，可以跨越人种和语言。

每一场，现场的沟通都因为视觉化图画而非常顺畅，而"话少画多"是我在当时学习中产生的感悟，后来在培训课程中使用了上百次。这也是当时Tim老师非常欣赏的一个输出成果。

打破"我不会画画"的执念，每个人只要拿起笔，就能用最简单的线条、几何图形来表达自己的逻辑。推荐三本书给有兴趣的读者：《视觉会议：应用视觉思维工具提高团队生产力》（大卫·西贝特）、《笔下生慧：用视觉引导提升沟通力及思考力》（马汀·郝思曼）、《涂鸦思考力：想大创意，一定要不停地涂涂画画》（桑妮·布朗）。开始尝试起来吧，每次都有小伙伴为自己带来巨大的惊喜！

边走边学

问题：如何让学员更加专注地探讨和练习？

前几年，Mocha 任职的集团总部开始有意识地建立相对完备的培训师队伍，一方面聘请各单位长期从事专业技术工作并具有一定管理经验的技术骨干作为兼职培训师，另一方面培训中心也在培养长期从事教学培训工作的专职培训师。

技术骨干不懂得调动课堂气氛，而专职培训师仅能解决浅层业务问题，怎么才能做到有效融合呢？培训部的几位负责人思路一致：每个课题里让这两种人才 1+1 > 3！

听起来很有道理，具体怎么设计才能更灵活地邀请大家共创共享，如何在课程中专注地探讨和高效地练习呢？

❀ 品味摩卡

培训师想往绩效推进高手转型，就得重视成果输出。Mocha 将如何组织善于解决业务难题的业务专家们，在善于设计教学活动的培训师引导下输出成果呢？有哪些需要提升和注意的地方呢？

操作步骤如下：

（1）在连续数天的培训中找一个时间段，邀请学员们去室外的走廊、大厅、空地，结伴进行散步交流。

现场：Mocha 经常会在较长的学习项目中使用这个方法，让大家暂时脱离待了数天的培训室,去到走廊、走到户外甚至更远的地方(尤其是北方的冬季,室内供暖让人发晕发蒙的情况下)!

(2)出发前和学员约定"走学"的时间、小组事项,比如要带上纸笔或手机(录音),以及安全提示。

现场:

1)Mocha将大家分为5人一组,每组选出1位队长,并将队长们拉进一个群,便于阶梯式地传达指令和收集信息。

2)只要涉及外出,都要反复强调安全:戴好口罩,过马路注意事项、聚散时间、财物保管等。

3)强调外出的目的是输出高质量成果,让大家换个环境,保持头脑清醒,从而创意更佳。为每个议题安排一位成果负责人。

4)承诺仪式:每个小组成员将手放在一起,喊一声"共同进退",就可以出门行动啦!

(3)在约定的时间里,为不同的时长匹配相对应的成果要求,并要求有专人对成果负责。

现场:

1)约定时长15分钟,差不多一次茶歇的时长,可以在走廊或休闲空间走动,适合一次小范围的交流和探讨。

2)约定时长30分钟,可以在建筑物周边走动,安排的任务可以是单个议题的多个方案、多个议题的多个方案,确保有专人为成果负责。

3)约定时长60分钟,可以在附近树林、湖边风景区走动,在保障探讨输出成果的同时,增加一个要求——带回不同位置的树叶、石头、植物拍出造型照,为活动的趣味性做些小设计。

(4)学员准时回到培训室后,互相分享各小组的成果并进行进一步交流。

现场:

1)在队长微信群里提示和要求时间进度,并用积分机制来进行遵守约定与否的奖惩反馈。

2）重视成果的输出，可以邀请大家用大海报来做成果上墙，并派学员代表进行汇总和分享。

3）经过 Me-We-Us 之后，全班共享"边走边学"的共创成果，并获得 Mocha 点评和辅导。

❀ 注意事项

（1）学员外出走动时，注意时长和环境安全，尽量安排在体感适宜、天气稳定的时候。

（2）"边走边学"特别适合沟通、创新、呈现、演讲、会议、谈判等开口讲话、交流探讨的培训主题，让学员充分参与后输出高质量成果。

（3）时间约定与安全事项都需要事先做出周密的设计与安排，成果输出责任到人，细节决定成败。

❀ 设计要素

如果是在湖畔，注意保持一定的距离，让大家在探讨和呈现时互不干扰；如果在树林里，按照分享、拍摄、点评、补充等分工，进行轮流练习和探讨。

在庭院，手牵手进行"罗宾圈"⊖分享，向左向右传递创意和想法。

❀ 摩卡功效

当大家进入"边走边学"环节，不善于表达的技术专家们脱离了常规培训室的环境，在研讨结束时，居然有人手舞足蹈地又唱又跳，旁边的组员为其打拍子叫好，还有人拍了抖音发到群里分享；而善于总结的

⊖ 罗宾圈，就是很多引导者都喜欢使用的开放空间，侧重于场域打造。在讨论某项议题之前，把座位摆放成一个圈，准备好笔、纸、卡片等道具，然后引导者说明议题，开启话题，介绍彼此，总结回顾。

培训师，把带去的小本上记得满满当当，重要的内容录音、摄像，成为重要的素材。学员们像孩子一样，把捡回来的树叶、石头摆出各种好玩的造型，这个看似"游戏"的设置，实则为帮大家解开惯性的束缚，调动身体动能、自然智能，也是在建立人际和反省智能。利用环境的力量，让学员们快速打开思维，组织学员进行头脑风暴，再引领大家收敛提炼出学习成果。

秘制配方

心理学的实验研究显示：散步可以增加创造力。

斯坦福大学精准地测出，人们在边走边谈的过程中，注意力会比久坐的状态好，创造力可上升60%。即使散步结束，创造力的提升仍可以维持一定的时间。

心理学家玛丽莲·奥佩佐（Marilyn Oppezzo）曾经和她的博士生导师在斯坦福校园里散步，讨论实验结果，并对新项目进行头脑风暴。有一天，他们想出了一个实验，研究散步对创造性思维的影响。行走和思考是相通的，这个古老的想法是否有道理？

奥佩佐设计了一个实验。要求一组斯坦福大学的学生尽可能多地列出普通物品的创造性用途。例如，一个飞盘可以用作狗的玩具，但它也可以用作帽子、盘子或小铲子。列出的新奇用途越多，创意得分就越高。一半的学生在接受测试中坐了一个小时，另一半学生则在校园漫步。结果是惊人的：散步后，创造力的分数提高了60%。行走改变了我们的大脑，边走边学不仅影响创造力，也影响记忆力。

动口动手五步法

问题：如何让学员体验"岗位带教"流程？

Mocha在一家研发、生产、销售、服务的高新技术生产型企业的培训中心任职，培训中心目前大力攻克的课题是"快速复制专业人才"。大领导对 Mocha 说，"咱们集团的专家团队断层厉害，你们能不能让老专家更快带出徒弟？新人更快上手，老人也能松口气，不然老的小的都留不住啊。"

业务专家要突破一个窠臼——自己做，没问题；教别人，没办法！无法复制成功，成为业务专家获得管理能力的最大障碍。

在现场带教和辅导中，常见的几种情况如下：

（1）**习惯陈述**。一听说要辅导新人，带教者张口就来、滔滔不绝，不善于制造让参训者体验的机会，很少人愿意闭上嘴巴去观察、去分析，去有意识地寻找问题、收集问题，然后精准地解决问题。

（2）**缺乏了解**。做示范的过程中，因为缺乏对参训者实际问题的洞悉，讲解中无法击中参训者的痛点，大脑只对"和我有关"的信息感兴趣，从而导致参训者左耳进、右耳出，抓不住示范的重点。

（3）**只有批评**。默认辅导等于指出问题，忽略了身为成年人的参训者会因为受到批评而激发防御机制，双方的感受都非常不好：参训者觉得带教专家高高在上，只会指责和否定；带教者觉得细致地指出参训者的低级错误是"为了你好"，自己愿意付出宝贵的时间来提供帮助，明明"听我的没错"，结果对方不但不领情，还满脸的不耐烦，真是吃力不讨好。

（4）**练习不够**。大家聚在一起不是"聊天"就是"吐槽"，一旦陷入外部归因的怪圈，没人关注反复练习才能提高技能，而是热议其他部门配合不到位、市场环境差、领导不重视、待遇养不活人……声讨完一轮，时间已耗尽。这样"带教"会让参训者对带教者失去信心，本来工作就多，花了时间却没学到本事。

（5）**不做复盘**。带教者经验丰富、乐于分享，当下辅导的方法和效果也许很好，但如果收尾时省略了复盘，由于参训者理解水平各异，势必导致带教后的执行参差不齐。"好成果是检查出来的"，带教者应该在收官环节，协助参训者制订落地的行动计划，并要求他们提交具体的成果以获得后续辅导。

品味摩卡

"动口动手五步法"（见图5-8）和以往方法不同，这招适用于在岗训练和现场辅导。

图5-8 "动口动手五步法"流程图

操作步骤如下：

（1）实操类培训中，业务专家作为带教者，将参训人员分成两人一组（组员A和B），进行两轮练习。

第一轮：A"动口不动手"，说明事件的操作过程并进行讲解；B"动手不动口"，听搭档的指令进行操作练习。

第二轮：A和B互换角色，B动手操作，A动口辅导。

每一轮结束，A和B相互给予反馈和建议。

现场：以上步骤的核心在于"老带新"。这里为带教专家分享一个小技巧——让受训者快速排序。

1）首先发出指令：

"请大家按照入职时间来进行排序，时间最长的靠近我的左手，时间最短的靠近我的右手，大家可以按照年月日来进行排列。"

2）再把参训者分成"资深"与"资浅"两类，指令是：

"请'小鲜肉'找一位'老腊肉'做搭档。"

确保每个人找到互补的搭档，然后进行"动口动手"的两轮操作。
带教专家从旁观察：
1）二人组的指令和操作是否准确规范。
2）相互给予的反馈和建议是否互为补充？记录现场的真实问题。
（2）当参训者操作中的问题显露后，进入"岗位带教五步法"（5s）（实践后进行星评），例如：

1）(suo) 锁定痛点，先让参训者试错。（★★★★）
2）(shi) 示范演示，带教专家示范正确操作步骤。（★）
3）(shang) 赏识肯定，带教专家表达欣赏并给予建议。（★★★）
4）(san) 三番五次，参训者多次练习，带教专家多次辅导。（★★★★★）
5）(si) 深思倒带，参训者反思，全员总结。（★★）

现场：在课程现场，Mocha 让业务专家们相互教学"动口动手五步法"，并让他们给五个步骤打分。第一轮，专家们在实践之前，大多数会认为第二步最重要，等到亲身体验后，他们在交流探讨中发现低估了其他的步骤；第二轮，重新投票，全体再次投票的共识是，第四步"练习＋辅导"才是关键。

❁ 注意事项

（1）角色定位：

1）三个角色，在"动口动手五步法"这个活动中，如果是在培训课室里，将有三个角色：

- Mocha 是带教专家们的培训师，她是活动设计专家。
- 学员们是现场带教的带教者。
- 当他们轮流训练时，就是对方的参训学员。

2）两个角色：在现场带教时，只有带教专家和参训徒弟。

（2）以练带教为主：岗位带教的重心是参训徒弟，他们动口动手的时长与带教专家指导的时长比建议为 8∶2。

（3）教是最好的学：带教专家的重要职能是找出每个环节的操作标杆，邀请他代做示范，同时让绩优者辅导参训者，带教专家来补充更有深度的建议。

（4）启发思考：确保参训者经过多轮练习后，可以通过带教专家的提问，获得启发后输出下一步的行动方案。

❀ 摩卡功效

学到这个好用的"动口动手五步法"之后，业务专家们如释重负。他们以前参加过的培训，多是适合知识型学习者的理论和模型、具有启发意义和探索潜能的设计，他们作为大型企业一线主管，学历不高、实践居多，那种培训对于他们来说太高深了。

在"动口动手五步法"中，带教者不用做课件，也不用出试卷，带着新人在现场操作，多次实践后，新人就能做到试错—模仿—熟练。而带教专家们负责在旁边观摩，指出问题，不断纠偏，让参训者做得越来越好。能更快更好地解决岗位人才复制问题，对于企业来说就是最好的培训方法。

❀ 秘制配方

中国人才发展社群（CSTD）发起的"2022 年中国企业培训市场前景

调查",旨在盘点当前企业培训市场现状,让从业者更好地把握未来趋势。根据 456 位培训专家调研分析的报告,有 72.4% 的企业反映培训部门最缺乏"业务赋能专家"。

"符合岗位需求的人少",工作最繁忙、时间最紧缺的业务专家们,尤其是处于一线生产岗位(比如现场点检、设备操作等)的业务专家,不再拘泥课室里的岗位培训,业务带教成为常态。

"动口动手五步法"既是操作步骤,同时又能形成训练闭环,有效的流程能确保目标的达成,开始于日本企业的内部训练,目前仍然在帮助大型企业的业务专家提高带教的技能。

访谈专家

问题:如何萃取关键岗位的有效经验?

西南地区某家大型物业集团的董事长找到 Mocha,要求尽快组织集团内部专家进行一期"关键岗位经验萃取"工作坊,工作坊要解决三件要事:

(1)新入职人员快速进入年前的 31 个项目当中来,全力建立"社区 + 物业 + 业主"的疫情防控体系。

(2)在原有的工作内容上,如何利用科技化和标准化的管理措施,为各个企业精准定位员工的出入情况,线上配合防疫,线下提供服务。

(3)春节前后的消杀、垃圾清运、协助社区核酸检测、拿取快递、分配物资、人员分流、交通疏导等工作,层层叠加,千头万绪,如何有序完成。

为了确保年后多个项目和各项工作能够顺利开展,必须快速找出标杆,萃取他们丰富的现场经验,让新人在项目中快速复制这些高效的标准化操作流程和工具方法。项目小组花了两周时间,通过"问卷、现场、电话"的综合方式,聚焦到关键岗位"客服管家"。在 2020—2023 年春节期间，集团将客户满意度高与现场经验多的"管家们"列为重点专家，与培训中心的培训师们组成小组，进行为期三个阶段的工作坊。图5-9展示了如何有效萃取关键岗位经验。

如何有效萃取关键岗位经验

Why：为什么萃取

1. 关键岗位绩优经验需提炼
2. 业务流程标准化持续优化
3. 在行业内树立优秀标杆
4. 在企业内部形成传承文化

What：萃取什么

1. 由业务部门发起，定义关键岗位
2. 对标新人与牛人，拆解战略目标
3. 内部有专家资源，萃取已知问题
4. 筛选关键岗位的表单口诀与工具

Who：萃取谁

1. 岗位专家自萃：管理层、业务专家、培训负责人
2. 萃取专家：内部或外部，具备萃取能力、方法论、经验

How：如何萃取

1. 萃取方式：内部专家自萃、专家访谈萃取、组合式工作坊
2. 萃取流程：挖掘工作场景、讲述经典故事、提炼细节要点、经验转化成果

图5-9 如何有效萃取关键岗位经验

资料来源：@ICOP摩卡冬老师。

品味摩卡

"访谈专家"是Mocha认为难度最高的活动，"经验萃取"是学习项目，对于提炼经验的主体，要求是非常高的。如何深挖场景中的细节，输出有效的成果呢？

操作步骤如下：

（1）培训师给每个小组发一份问题清单。

现场：Mocha根据事先分析小组成员的能力项，针对短板做好预案，设计现场访谈流程，并提供包含"问题清单"的配套工具。

1）Mocha为每个小组做好三种分工。

经验专家：关键岗位有卓越表现绩优者。

访谈专家：按清单提问引导的培训师。

萃取专家：负责记录并提炼输出成果。

2）引导工作坊的整体流程：按照"萃取目标""深挖干货""提炼工

具"三个模块进行成果的初稿、文档、PPT的输出。

3）提供案例和工具箱，如图5-10所示。展示同行业的萃取成功案例、研讨成果、验收标准；提供"访谈工具表＋萃取提问卡＋模型卡＋PPT模板"等工具，让"访谈专家"与"萃取专家"从模仿到创新地输出成果。

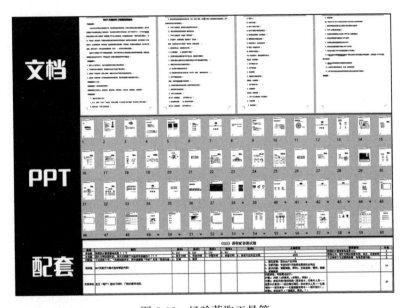

图5-10 经验萃取工具箱

资料来源：@ICOP摩卡冬老师。

（2）每个小组以拥有丰富经验的内部"专家"（本岗位的卓越表现者）为主导：

1）你能说一下目前的工作流程是什么吗？
2）具体每一步的工作任务是什么？
3）在每一步工作中的难题有哪些？
4）对于你来说，很难突破的是哪个环节？
5）谁在这方面做得非常出色？

20～45分钟后，请小组派代表上台分享他们从专家那里采访到的想法或有哪些收获。

现场：

1）准备引导布，让每组的访谈专家负责使用工具箱中的访谈表格，将应用场景中的主要步骤—关键动作—要领细节—工具表格—注意事项，从绩优表现者到新使用者，一层层拆解出成果来。

2）提供工具箱中的"成果模型卡"，根据常用的六大逻辑，按照四个方法进行成果的提炼化和可视化，并为成果命名，提供好懂、好记、又好用的"记忆抓手"。

3）派代表上台分享本需求的初阶成果：介绍使用者、适用场景、关键工具、应用事项。请其他组成员做补充，并记录共创需求的有效建议。

❀ 注意事项

（1）关键岗位访谈要点：任务—能力—学习。

（2）重点步骤：开场—内容—任务—挑战—能力—特别事件—过往学习—诉求。

（3）角色定位：访谈是给经验专家提供方法，萃取是验证哪些做法更合适。

（4）作为访谈专家的这个环节中，引导者自身带来的"实例＝实力"，展示的工具方法都是供参与的专家们从模仿到创新的最佳示范，它们决定了成果的品质！

（5）事前调研，确保业务部门的痛点能通过选拔出的绩优者的经验来解决，是重中之重。

❀ 摩卡功效

在这个环节中，Mocha 邀请参与的经验专家、访谈专家、萃取专家，将收获提炼在一张纸上，并分享给参与者。这个过程中，访谈专家开心于提问技能得到实训；经验专家欣喜于隐形经验显性化，萃取出可复制和传承的工具方法；萃取专家制作 PPT 的能力更进一步，"所有精彩的呈现，都有严谨的逻辑"！

事后，Mocha 收到项目负责人手写的感谢卡，并制作了数段视频宣传工作坊成果。各小组紧锣密鼓地开展了年前关键岗位轮训，项目交出很棒的绩效成果。

❀ 秘制配方

如何提高访谈中提问的能力？Mocha 推荐给大家一本书和三套教学卡！

一本书的书名为《学会提问：麦肯锡工作法》，作者是大岛祥誉。书中提到，要锻炼自己提问的能力，就要在大脑中建立起好的提问的数据库。书中还详细介绍了工作中在不同场景下可以使用的提问技巧。

（1）基本的提问。了解事物的本质，到底为什么会发生这样的事情。

1）(Where) 问题出在哪里？
2）(Why) 为什么事态会演变成这样？
3）(How) 应该如何做呢？

（2）面向未来的提问。

1）想要有一个怎样的未来？
2）为了实现它，眼下应该怎么做？
3）阻碍变化发生的事情是什么？
4）如何跳出束缚，探索更多的可能性？
5）真正重要的事情是什么？
6）真的是那样吗？
7）有其他可能吗？
8）如果一切顺利的话，想要做什么呢？

（3）鼓舞人心的提问。

1）对你来说，真正重要的事情是什么？
2）你一直是以什么样的心情来面对工作的？
3）不考虑其他因素的话，你最想做什么？
4）能让你兴奋的事情是什么？

（4）用来解决问题的提问。

1）接下来应该怎么做呢？
2）当前面对的真正问题到底是什么？
3）最重要的课题是什么？
4）那真的算是重要的课题吗？
5）真正的问题是什么？
6）如何让事物朝正确的方向推进？
7）真正想做的是什么？
8）那真的很重要吗？

（5）工作无法顺利推进时的提问。

1）是什么让工作不能顺利推进？
2）从什么时候开始变得不顺利？
3）为什么会不顺利？
4）原本我们想要达到的目标是什么？
5）为什么会制定这样的目标？
6）这次危机能给我们带来什么样的改变？
7）怎样才能将它转变为机遇？

（6）改变环境的提问。

1）这能带来什么样的机遇？

2）怎样才能将事态向前推进？

3）这具有什么样的意义？

（7）催生思想的提问。

1）目标客户会为了什么而消费？

2）他们原本的消费需求是什么？

3）他们所需求的真正价值是什么？

4）真的是那样吗？

5）是痛点还是益处？

6）在哪里能更好地满足客户需求？

7）（关于有益的价值）到底是指哪一方面呢？

（8）让沟通更顺畅的提问。

1）他之所以那样说，其背后原因是什么？

2）当前，现场发生了什么状况？

三套教学卡：递进式训练自己提问能力的工具（见图5-11）。

开场破冰卡　　　　　提问技能卡　　　　　萃取访谈卡

购买渠道：淘宝　　　购买渠道：微店　　　购买渠道：暂无
搜索：行动学习破冰卡2.0　搜索：简致咨询智问卡　目前断货，等待加印

图5-11 "访谈专家"三套教学卡

资料来源：@ICOP 摩卡冬老师。

通关 Up 主

问题：如何设计一个游戏化的应用转化活动？

每年 2—5 月，随着层出不穷的春季校招活动，大量"95 后""00 后"进入职场。Mocha 作为新员工训练营导师，开营仪式上她特意观察了一下现场的新人，从他们的穿着和言行得出结论：他们不缺乏物质，以往训练营单一的激励措施，估计在为期三周的训练营中，很难激发他们的热情！

每节培训课后，有 15 分钟的茶歇时间，居然有学员在班级群召集其他人打一局游戏，午休时三五成群开团作战，成了他们的联谊方式，这种情况让组织方始料不及。Mocha 想，既然大家对游戏如此热衷，制止和惩戒显然不太合适，能不能把游戏融合到培训中呢？

在管理和培训中结合游戏，在互联网企业早已屡见不鲜，但 Mocha 所在的公司还没有尝试过，这次训练营的游戏高手如云，也许是个不错的契机吧？

品味摩卡

"通关 Up 主"活动，会给我们开启一个什么样的培训新视角呢？

操作步骤如下：

（1）设计游戏关卡。

培训师给每个课题小组发一块瓦楞纸板或大白纸，请学员创建一个有小组特色的游戏版面：把本次培训中学到的内容设计成不同难度的游戏关卡，同时增加对应的通关奖励方式。这就需要小组成员具备游戏化思维（见图 5-12）。

现场：

1）做好分组。在岗位培训阶段，Mocha 尝试将每个岗位的两三位老员工与五位新员工分成一组。

2）分配任务。每个小组认领一项任务：规章制度、党建工作、岗位规则、工作流程、服务标准、绩效激励等（原有的培训课题）。

3）提供素材。培训师将培训内容作为素材提供给每个小组，要求"老员工给内容＋新员工出形式"，全组成员从原来被动听讲授，变为共创。

4）制定规则。一个课题一个关卡，请每个小组根据课题和内容设计一个游戏关卡，邀请其他学员在小组设计的通关过程中参与培训。

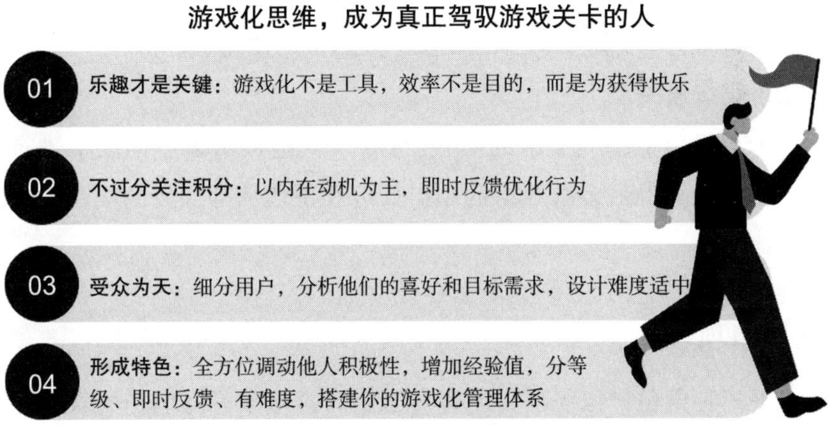

游戏化思维，成为真正驾驭游戏关卡的人

01 **乐趣才是关键**：游戏化不是工具，效率不是目的，而是为获得快乐

02 **不过分关注积分**：以内在动机为主，即时反馈优化行为

03 **受众为大**：细分用户，分析他们的喜好和目标需求，设计难度适中

04 **形成特色**：全方位调动他人积极性，增加经验值，分等级、即时反馈、有难度，搭建你的游戏化管理体系

图 5-12 游戏化思维

资料来源：@ICOP 摩卡冬老师。

注意事项：

这个步骤是让学员开启以游戏设计方法和游戏元素来重新设计"非游戏类事务"的思维方式。

1）设计方法。设计方法包括设定游戏中的角色、等级、任务、奖励等，游戏元素则可以根据具体需求来分解。

例如，在"服务标准"课题里，概念、关键知识点、案例分析等都可以作为游戏元素。在实际操作中，合理甚至巧妙地设计才能实现非游戏事务的游戏化。小组的设计游戏有"大家来找茬""排列正确顺序""踩气球答题""识别情绪度"等，学员玩卡牌、踩破气球抢答问题、用手机拍摄不同情绪的照片，让内容穿上游戏化的外套，从而更受欢迎！

又如，在"党建"课题里，小组用 A4 纸设计的"归归类""排排序""读读看"等游戏环节都很有趣，可以让参与者体验到完全不一样的党课。

再如，在"沟通"类人际智能训练中使用"用图说话""找搭档"等方式进行共创，成果输出的效率与效果都很高。

2）物资准备。

特殊物品：瓦楞纸板、纸盒子、乐高积木、小木块、气球。

常规物品：马克笔、剪刀、胶水、大白纸、便笺、手机。

（2）现场通关。

每个小组留下游戏关卡的 Up 主守关，其他成员去不同关卡进行有奖通关竞赛，赢得最多游戏币的小组，可获得培训师颁发的奖品，最终成为优胜者。

❀ 注意事项

（1）三种角色：组织者、流程专家、内容专家。组织一场教学活动的培训师是组织者；大多数年轻学员对玩游戏有经验，在培训师陈述性知识比较多的时候，邀请年轻学员将游戏化的竞赛机制、及时反馈进行有趣地结合，年轻学员是流程专家；资深学员则是每个课题小组的内容专家。

（2）游戏化的难度和挑战，往往决定了学员的参与度。

（3）游戏化的道具和场域布置，可以模拟学员们最熟悉的手游、桌游的套路。

（4）物资准备：积分、小奖品、积分排行榜表。

❀ 摩卡功效

在整个游戏化设计和参与的过程中，"输出是最好的输入"，流程专家在帮助其他学员更好地理解与应用内容的过程中，成为最大的受益者。

参与游戏的学习者与本场培训的组织者同样受益，学员通过有趣的方式得到收获，活动设计者获得了经验和成功案例，大家都是赢家。

在 Mocha 的培训现场，经常会看到学员们欢声笑语、热情高涨。许多中层管理人员，在游戏化的教学环节中，不仅体会到了成年人学习的乐趣，还将游戏迁移至家庭中，改善了与子女的相处模式。

只有在"有料"和"有效"的基础上，才能做到"有趣"地呈现。让我们尝试把游戏化思维叠加到教学活动中吧！

秘制配方

无论国内还是国外，游戏化思维已经在教育界和商界得到了许多成功的尝试。有一些学校利用 RPG（角色扮演游戏）的形式来建立课程体系、设置教学内容，通过让学生接"任务"这种寓教于乐的方式吸引他们的注意力，而且效果不错。一些知名公司也将游戏化思维应用到管理中，通过游戏化思维来为员工设置任务，大幅提升了员工的工作积极性和工作效率，从而提升了公司的效益。国内知名公司腾讯，在人力资源管理模式使用的"六化"（见图 5-13）中，排第一的正是"游戏化"。腾讯有很大一块业务是和游戏有关，所以很多部门的人都有游戏的基因，HR 部门也不例外。每个 HR 部门都会在不同时期推出一些和游戏有关的产品，让员工觉得很有趣、很好玩，觉得 HR 和以前不一样了，不再是被动服务了，这是非常好的体验。HR 部门曾经做过一个和飞机有关的游戏，把 HR 的产品放进去作为游戏元素出现，比如 HR 助手、8008 热线、HR 门户、HR 自助领取机、健康加油站等在闯关的时候就会出来，闯关越多，能感受的 HR 产品也就越多，每获得一个 HR 产品包，就能获得游戏积分，这就是 HR 服务宝典的一个小游戏。这类游戏与 HR 工作结合的做法越来越普遍。

实践结合理论，这里为大家推荐一本书《游戏，让学习成瘾》，该书的第五章是"充满活力的课室，全情投入的学员"。

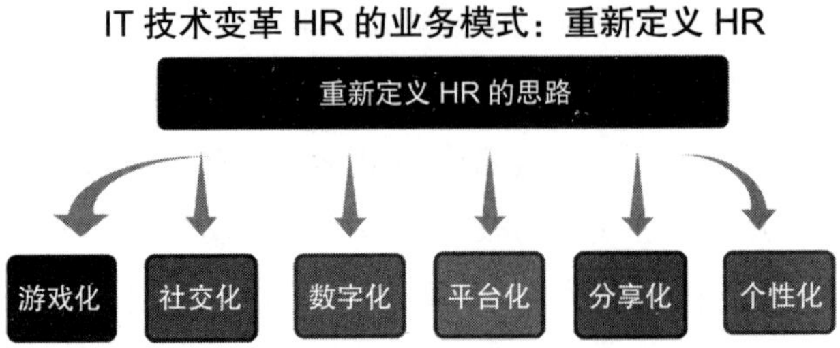

IT 技术变革 HR 的业务模式：重新定义 HR

重新定义 HR 的思路

游戏化　社交化　数字化　平台化　分享化　个性化

图 5-13　腾讯案例

在课堂教学中融入类似游戏的元素，能够促进动机、参与和学习，互动性更强、更有趣、娱乐性更强。与对照组相比较，调动学员积极参与的有效做法如下：

1）用分值鼓励考勤和参与课堂互动。
2）使用倒计时的方式增加回答问题的紧迫性。
3）追踪团队在回答问题上的表现。
4）建立排行榜。
5）将意见和想法可视化。
6）通过将答案可视化及时进行课堂反馈。

上述实践案例和图书，对于如何将游戏化应用于培训中，给予了底层逻辑上的支撑。

学习驿站

问题：如何让人数较多的培训现场有序练习？

Mocha 在学习平台开论坛，有位培训中心的老师提了个问题：

"我发现摩卡招数多用几招以后，就有一种似曾相识的感觉，是因为摩卡都差不多吗？"

这是个非常有觉察的提问，说明提问者在教学活动领域投入了许多关注和努力，有了量的积累，才会产生质的变化，"课讲千遍，其义自见"。从尝试到熟悉摩卡，一般会经历四个阶段：

（1）照搬。50招中任意一招，不少培训师都是从ICOP的"开启输入"（I）开始的，就和大家翻词汇书的习惯一样，永远只记住第一个词"abandon"。

（2）组合：ICOP的四个阶段开始首尾衔接，将重点内容"赋能转化"（C），直到"输出成果"（O）的惊喜和"实施计划"（P）的释然。

（3）重叠：在某个培训的关键环节增加一两招，通常都是在"赋能转化"和"输出成果"环节，因为学员的进度不一样，所以让他们的"赋能转化"和"输出成果"再次深入。

（4）融通：因为有足够多的实践而产生觉察，不再执着于"培训、引导、教练技术、行动学习"有何不同，而是看重学员应用和目标达成，逐渐融入自家路数。

不是ICOP的招数"差不多"，而是我们在实践中打破了"新知与旧知"的壁垒，"小溪汇成小河，小河汇入大河，大河最后流入大海"，不断融会贯通，一次次实践形成独家教学策略。

"学习者的需求都是一样的，有差异的是培训师采取的策略"，培训中采用不同的策略，目的都是满足学员的需求。

❀ 品味摩卡

这一类需求已为你提供了12个"输出成果"的解决方案。大同汇总不易，小异创新不止。最后这招，是基于什么底层逻辑，来解决人数众多的培训现场的练习问题呢？

操作步骤如下：

（1）培训师将学员们分成多个"驿站"，每个驿站发放问题卡、教学任务，请学员们通过驿站提交答案。

现场：驿站数量与输出的培训成果相关，逻辑上通常分为三种：

1）并列关系，比如"聚焦问题探讨 ORID"。

2）递进关系，比如"逾期催收五部曲"。

3）循环关系，比如"车间现场管理 PDCA"。

示范：Mocha 在培训课程中设计的有关教学策略的五个驿站：

1）记忆＋理解如何联结？

2）训练＋复习如何设计？

3）新知＋旧法如何融合？

4）示范＋案例如何呈现？

5）左脑＋右脑如何交叉？

目的：分工协作。人数众多的培训现场，课室通常都会比较大，培训师可以采用同时段进行多任务的教学策略。每个驿站之间保持一定间隔，让学员们能够按照逻辑关系依序分布并行进，如果能提前布置，可在地板上或墙壁上贴上箭头，并安排助教人员协助动态路线的引领，避免学员扎堆停滞不前。

（2）活动前，请学员思考：帮助解决问题的材料和获得答案的途径有哪些？

现场：每个关键点，至少可以有四种做法。

1）学习驿站是否需要有人主导？与"我要摆摊""通关 Up 主"不同的是，"学习驿站"有两种方式，一种是感兴趣者自行去驿站当接待员，另一种是并不安排驻守人员。统一就可以，要么都有接待员，要么都自助式。

2）学习驿站是否需要准备物料？如果现场的面积够大，物资充足，可以在每个学习驿站摆放一张桌子，上面放上便笺、双头马克笔等物品，也可以让学员带上便笺和马克笔自行选择去哪个驿站。

3）学员去驿站是两两合作还是以小组为单位？如果学员在前面两个

阶段都很主动，或者人数不多，那就两两合作。如果学员比较内向，或者现场有中途加入的学员，还是以小组为单位（四五个人一组）。

4）学员是留在驿站还是回组干活？Mocha 的建议是，尊重学员的选择！每个课室的大小和布局都不一样，学员可以自主选择输出成果的方式。

目的：关注细节。学习驿站是将课室大、学员多的特点，转化为推进培训的场域力量，培训师要对每个步骤的操作细节非常熟悉，通过视觉空间的准备，协助学员按照清晰的口令进入到任务中。

（3）发一面小旗子（玩偶马或头饰），从第一个驿站开始，由每个驿站的代表向全班讲解他们的解决方案。讲解完毕，将小旗子传给下一个驿站。

现场：按照设定学习驿站的逻辑顺序，培训师可以使用一些视觉元素，如小旗子（方向）、玩偶马（畅行）、头饰（重点）等，来帮助学员们展示共创的成果，也鼓励大家用其他道具。

目的：展示成果。学习驿站是培训师根据前两个阶段输出的成果而设立的，在营造了学员的共创氛围之后，留出时间来让大家展示他们小组研讨、两两合作的成果，让大家通过看到而得到。

❀ 注意事项

（1）学习驿站和小旗子都是培训中的隐喻技能，用来帮学员建立新学技能与应用场景的联结。

（2）学习驿站适用于"培训场地大、学员多"的场景，有限时间，有效训练。

（3）学习驿站用来准备的时间较多，适合培训师想要提升营造场域的实践。

（4）学习驿站的应用步骤、动作要领、口令、物料、注意事项，可以通过填表来回顾和提炼 ICOP 摩卡，输出你的专属学习成果。

摩卡功效

Mocha 最喜欢收到学员在培训完数月后发来好消息，大段的文字描述使用摩卡后的感悟和感谢，这让她觉得特别赋能。"好培训是肯定出来的"，而最高质量的"肯定"来自"摩卡好用，用之增效"。

秘制配方

作为 ICOP 第三张清单的终篇，底层逻辑来自培训和引导中的"隐喻"技能。字面解释，隐喻是一种比喻，用一种事物暗喻另一种事物。

在应用中，隐喻是在某类事物的暗示之下感知、体验、想象、理解、谈论此类事物的心理行为、语言行为和文化行为。

在培训里，培训师作为学习体验的设计者与引导者，十分喜欢应用"隐喻"这项重要技能。使用隐喻不用借助道具，对场地也没有特别的要求，训练培训师与参与者联结任意场景、任意主题、任意事物，边体验边学习，逐渐把大家模糊、抽象的想法清晰、具体地呈现出来。

在培训和引导领域，专门写隐喻的书不多，林士然老师的《基于隐喻技术的工作坊设计》一书中提出"逻辑思维＋隐喻思维＝完整思维"的观点，"隐喻是人们看待世界的假设和方式，可以将组织看成一个机器，也可以将其看成一件艺术品；可以将冲突看成一场刀光剑影的战争，也可以将其看成一场过家家的游戏；可以将管理工作看成拿着胡萝卜加大棒驱动员工工作，也可以将其看成凛冽北风与温暖南风的竞赛活动……"**不同的隐喻是人们以不同的方式应对世界。**

在 ICOP 摩卡中，每一招都能找出隐喻：静态——"苹果与洋葱"，动态——"蜜蜂与蝴蝶"，角色——"记者，主持人，摊主、游戏 Up 主、英雄、达人、坊主……"，关系——"驿站与玩偶马、酒杯与酒会、蜜蜂与蜂巢、鸿雁与书函、温度与场域、我和我的队……"，工具——"便笺、温度计、问题球、任意门、双响炮、黄金圈、表、图……"。至于多种类型（概念隐喻、框架隐喻、流程隐喻、故事隐喻），大家可以边玩边看书地找出摩卡中的隐喻属于哪个类型。又多一个技能！

☞ 本章回顾与应用启示

　　本章根据培训课堂能产出的 4 类成果，提供了解决 12 个问题的输出型教学活动。就像勾选菜单一样，选择你心仪的应用起来吧！

CHAPTER 6

第 6 章

课后落地实践

☞ 与岗位的衔接

某天，Mocha 收到分公司负责人林峰（化名）两张聊天截图，是一个 14 人的聊天群，点开图片，入眼一片绿，上方一条短短的白："有点复杂……"紧接着四五条大段绿，再一条白："我觉得挺难的"（滴汗表情包 ×2），7 条连着的绿，最后一条白："是的。"

截图下是林峰的信息：

"他们应该是具备胜任力我才招聘进来的，上个月总部不是才给他们培训过怎么开会嘛，好家伙，晨会上我哐哐哐一顿输出，还以为他们都知道该怎么做了，刚在群里问了一下进度，13 个人都不回应，就我打了一大堆字……可能我错了，我承认，用人方面自己真的不行。"

Mocha 也给林峰发去两张群聊的截图，满眼白色，绿色只有短短的两三条，那是另一位分公司负责人安华给 Mocha 汇报效果报喜发来的。这次高效的会议工作坊，安华是和团队骨干一起参加的，每天下了课，她和下属就用刚学的技巧开视频会议练手。工作坊结束后第二天，群里的探讨流程就用得有模有样了，大家按照议程提交方案、表述观点并提出疑问，她做个判断、表个态就行。以前可都是她在群里大段发语音、发文字，和林峰的现状一样，下属回复"OK""收到""好的"，队形越整齐，看着越闹心。

在"报联商"（一种商业文化，属于管理工具类）课程里，下属回复"好的"，导师称之为"卡拉OK"，日语中卡拉是"空的，没有"的意思。"事毕回复"原则，不允许团队成员回复"好的"，而是要以具体的实施方法和步骤来回应。

所以，Mocha收到两位负责人的工作群截图，最大的区别并不是图片颜色的比例。安华与管理人员同训，在回岗前，他们制定了训后就实施的会议机制，领导协助管理层推进"事毕回复、问有答声、知情通报、会后执行、责任到人"，不到一个月片区绩效就提升了13%。这是Mocha想分享给林峰的：送员工学习，得让他们心里装着绩效目标、脑子里想着业务问题去，手里拿着工具方法和应用计划回。团队负责人哪怕没法与团队一起参训，也得在参训前开个目标会：

（1）我们期望达到的目标是什么？

（2）我们如何知道是否达成了目标？

（3）为了达成目标，我们可以做些什么？

训后跟进实践计划，可以使用PDCA原则（一个有效控制管理过程和工作质量的工具）——计划（plan）、执行（do）、检查（check）、处理（act），给予检查环节足够的重视。

根据培训落地的复盘表（见表6-1），请你帮林峰分析一下，培训失败的因素和占比是多少？

将培训转化为商业结果，学习发展项目的6Ds法则强调，因为培训本身很少是失败的点，试图改进培训并不会有帮助；而在培训后的转化阶段，最大的机会在于改进培训氛围。

表 6-1 培训落地失败的因素分析

培训落地失败的因素	占比
培训不是绩效问题的正确解决方案	
错误的学员或者错误的时间	
培训本身无效	
培训后的组织、支持和责任感不足	
其他	

同样是如何高效开会的培训，把注意力除了聚焦在课堂上，识别的重点要放在前后两端：为了什么学？学了用好没？林峰团队和安华团队转化效果的差距，就是这么拉开的。

如果学不能致用，就说明学习项目失败了。

——唐纳德·L. 柯克帕特里克、詹姆斯·D. 柯克帕特里克，
《如何做好培训评估》作者

下个月培训中心还有一场销售演讲训练，如果你是林峰，会安排哪些人去？去之前要做什么准备，回来以后又怎么安排落地呢？

安华和团队的 4 位管理层，早在参加培训前就选择了不同的会议主题——企业经营例会、生产调度会、新产品发布会、新店开业庆祝会、业绩冲刺会，这些主题和他们回岗后要推行的项目息息相关。

随着培训进度的推进，他们带着应用目标，将主题会议举办的前、中、后流程会遇到的各种类型的问题，邀请小组成员探讨交流，碰撞出解决方案。其他组员过往的成功经验，培训导师示范的案例、提供的工具模型，再集结群体智慧，能让他们逢山开路、遇水搭桥。在课程间的茶歇、用餐和休息时间，安华和 4 位管理层商谈和修正了其中最重要的一场主题会议的细节。

（1）会议前期准备清单：会议通知、会务组负责的工作内容清单、主持稿、参会人员表、会议议程、各组名单（分配组长）、座次表、餐券、会议横幅、会议背景墙（PPT 背景）、房间号码表、会议资料领取表、会

议资料、会前准备工作流程。

（2）会议中确定会议资料：编排会议日程表、人员分工及作息时间表、会议成本预算表、会议资料包清单（开幕词、工作报告、发言稿、PPT）、会议程序性材料（会场联络清单、车辆调度表、分组通讯录）、发送会议通知及回执、会场布置（座次安排、会场设施、租赁合同、新闻媒体、印刷品、资料袋、礼品/奖品/纪念品、茶水点心）、会议现场（协调、安保、交通、重要人物服务）。

（3）会议后续工作安排：会议后文件（通讯录、简报、会议总结、会议证明、会议纪要、新闻稿、返程登记表、礼品发放、视频、直播回放）、会议后工作流程（会议决策突出行动责任人，与会和未与会人员之间传阅会议纪要，各部门会议总结评估，会议代表意见反馈及处理工作，会议资料整理入库），返程交通委托代办协调服务。

有了这么高强度、高质量的训后实施计划，安华的5人小组回岗后立刻带领各自团队进行衔接和小范围地落地实施，一个月的时间达到3个目标：每人转训3～5次；完善转训课件包；本月绩效提升13%，而下个月即将到来的重头会议也进入了彩排阶段。这次带着打胜仗目的去参加培训，是过往几年里最有收获的一次！

☞ 落地型教学活动

图6-1是ICOP摩卡教学设计活动的第四张清单——实施计划（project）清单。

第四类教学活动"实施计划"，帮助企业从培训课堂往岗位实践多走一步。学习项目的设计逻辑主要有两大主题：①培训是实现目标的手段，这个目标就是提高绩效；②培训只有在它被应用到个人和组织的工作中时才能产生结果。

图 6-1 中的 12 个教学活动才是培训师在现有学习项目中需要重点关注的，具体如何操作？有三个关键点：

（1）紧扣：回顾学习重点，锁定要练习的关键点。

（2）制订：结合培训前的问题点和工作中的绩效重点来制订计划。

（3）支持：借鉴企业之前的项目经验，并力争获得相关部门的支持。

序号	问题	活动
摩卡 1	问题 1：培训后，如何促进学员的转化实施	迷你磨课坊
摩卡 2	问题 2：成果验收时，如何激励学员更快速地采取行动	苹果与洋葱
摩卡 3	问题 3：如何帮助学员进行课后的目标拆解	英雄之旅
摩卡 4	问题 4：如何帮助学员进行 360 度的总结与回顾	采蜜还巢
摩卡 5	问题 5：如何让学员收集多类型信息	我是大牌
摩卡 6	问题 6：如何让单个培训融入学习项目	金牌导师
摩卡 7	问题 7：如何让学员"快速聚焦"下一个行动	行动一张表
摩卡 8	问题 8：如何设计一个成果汇报	成果一张图
摩卡 9	问题 9：如何设置一个感性收官	罗宾一个圈
摩卡 10	问题 10：如何设计一个应用型回顾环节	黄金圈法则
摩卡 11	问题 11：如何用一种有趣的方式促进多次行动	可乐双响炮
摩卡 12	问题 12：如何帮助学员在课后仍然发挥团队智慧	组团作战

图 6-1　ICOP 摩卡实施计划清单

迷你磨课坊

问题：培训后，如何促进学员的转化实施？

Mocha 所在集团的江苏子公司为落实全年工作安排，组织全省 43 位内训师 3 天 3 夜集中培训，采用专业授课、分组优化打磨、现场试讲、评委点评等方式，开发出了 10 门成熟课程。

43 位内训师即将进入培训的最后流程：颁发结业证书，纳入全省内训师师资库。这时有位外聘的专业评委提出建议：

"这次集中训练，看到每一位内训师都全力以赴，技能得到提升。大家回到工作岗位后，会一头扎进日常事务中，容易错过从课堂到岗位的落地衔接。我建议延长终点线，大家即将要开展'送教下行社'+'新员工培训'，请总部设计推动课后落地的活动，让大家把课堂中培育的'小苗苗'，栽种在岗位应用的土壤里。一周后，再为培训归来的各位颁发荣誉证书。这个小调整，能为大家获得更多支持。"

（1）环境支持：培训中的学习小组，更改为"磨课小组"，以获得业务部门支持。

（2）课件迭代：邀请业务主管和学员在试听后提供高质量反馈，快速调整优化，获得 2.0 版课程。

（3）应用动机：在课堂上学会了且考得好，并不意味做得好。不断实践，才能增强来自培训的自信，收获推进绩效的强大动力。"

作为主导者的 Mocha，非常认同评委的建议，以前培训一结束就颁奖发证书，这会给内训师一个暗示，"培训结束了"。

延后一周发证，增加学习转化环节，给培训主导者和参训者两个提醒：

（1）培训是实现目标的手段，这个目标就是提高绩效。

（2）培训只有在它被应用到个人和组织的工作中时才能产生结果。

❀ 品味摩卡

培训后，有百分之多少的参训者将所学的知识技能转移到工作中？这取决于培训接近尾声时，如何制订落地实施计划。

操作步骤如下：

（1）填写计划表。培训师为每个磨课小组发放一张表（见表 6-2）。分享指令：

"请磨课小组填写计划表。"

表 6-2　磨课计划表

第___小组 试讲人 _____ 试讲时间 _____	角色	姓名	职责
	业务主管		给予课题反馈：是否支持业务？可行性建议是_____
	组织者		确定场地、检查设备、邀请参与人员、拍摄图片与视频
	试讲培训师		准备课件 PPT 和教具教材、试讲呈现、答疑解惑、收集反馈、迭代课件
	外围组成员		参与培训、给予反馈、提出建议、提交作业

43 名内训师，有 10 个课题，每个课题的磨课小组成员可以为 3～5 人。

每位内训师都填写计划表，表中的业务主管和外围组成员（学员）可以重叠，磨课小组成员互为组织者和试听培训师。

（2）转化成果清单。培训师用 PPT，展示一周内达成的成果清单：

1）4 月 22—27 日，完成正式试讲一次（或多次）。

2）在微信群提交完成报告。示范话术：

"@Mocha，谢谢_____岗位主管 @_____作为本次磨课小组的业务主管出席，我是第 n 小组的试讲人_____，于 4 月 23 日上午 9：30—11：30 完成承诺的试讲；参与人数_____人，培训场地是_____，获得现场参与人员建议如下（提炼 3 条）_____，我将进行的调整是（行动计划）_____。

提交现场照片 3 张（全景照、近景照、特写）+3 分钟授课视频一段，请 @Mocha 与群里的老师给予反馈与建议。"

3）当内训师在群里提交以上话术＋照片＋视频时，就可以获得结业证书，并被纳入正式师资库。

（3）在平台（学习群、小打卡、UMU、钉钉群）收集转化成果期间，建议把 80% 的精力放在前 5 位标杆学员上，奖励积分或图书。有人提交成果，就能带动其他成员完成，只要有 70% 的学员行动起来，活动成果就堪称理想。

❀ 摩卡功效

作为培训中第四类需求，"迷你磨课坊"功效如何？

有实施过"迷你磨课坊"摩卡的小伙伴进行了分享。

真正带领学员们开始一次"迷你磨课坊"，才发现以前我作为培训师的点评其实是远远不够的。开发出来的课程是不是能支持业务提升绩效，要收集两方面的反馈：

（1）业务领导的反馈：

1）对培训课题的期望和需求是什么？

2）目标学员的重要任务和挑战场景、具备的核心技能、当前最大的挑战及困难是什么？

3）标杆学员具备怎样的特质？老手有用的经验是什么？新手常犯的错误有哪些？

4）针对这次试讲课程，可行性建议有哪几点？

（2）学员的反馈：

1）培训目标是否契合实际工作场景？

2）能否解决实际问题并提升能力？

3）希望获得哪些辅导支持和工具方法？

4）还获得了什么知识技能和训练？

❀ 秘制配方

在你品尝到的这杯摩卡里，秘方中有两大超重磅的配料：

第一种配料，来自罗伯特·M.加涅的九大教学事件（见表 6-3），"迷你磨课坊"对应的是第 6～9 步，就是表中字体加粗的部分。

表 6-3　加涅九大教学事件及其所对应的学习过程的分析

序号	教学事件	学习过程	学习活动的特点
1	引起注意	接受各种神经冲动	被动的、表面的
2	告知目标	激活执行控制过程	主动的、深度的
3	刺激回忆先前习得性能	将先前知识提取到工作记忆之中	被动的、表面的
4	呈现刺激材料	突出有助于选择性知觉的特征	主动的（指示）
5	提供学习指导	语义编码，提取线索	被动的、表面的
6	布置作业	激活反应组织	主动的（指示、呈现、发现）
7	提供反馈	建立强化	主动的（编码）
8	评价作业	激活提取，使强化成为可能	主动的（编码）
9	促进记忆与迁移	为知识提取提供线索策略	被动的、表面的

第二种配料，将培训转化为商业结果的 6Ds 法则（见图 6-2）。

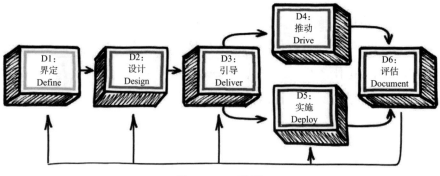

图 6-2　6Ds 法则

当前很多世界知名企业的培训与发展部门都把 6Ds 法则作为工作的指导原则。

$$培训效果 \times 转化 = 商业结果$$

苹果与洋葱

问题：成果验收时，如何激励学员更快速地采取行动？

通过参与 4 天 4 晚课程设计与开发训练营，35 位学员共同打造 12 个课题，明天就是成果展示的日子了。

按照过往做法，每个课题组的代表上台说课、试讲，台下评委点评，Mocha认为这次参与的学员有不少是各个业务条线上的资深专家，如果在点评环节，加入相互点评、交互验证，收集现场的反馈建议，则有利于各自的课题进一步深化。作为学习项目的主导人，Mocha的想法立刻获得了人力资源部姚总的认同，不过姚总也说出了他的顾虑：

"这几天，我也看到过学员们相互点评的环节，说话没什么技巧。有的主管我是了解的，人好心不坏，就是一开口跟AK47突击步枪一样，哒哒哒，出口便伤人。如果明天还是这样互评，别回头他痛快了，大家的情绪却都很低落，场面难看啊。如果能顺带提高他们的点评技巧，我是非常赞同的。"

Mocha频频点头：

"你说的这个情况，我也留意到了，这几天大家相互反馈确实存在几种情况：

（1）自恋型：只愿意说自己的东西好，不会欣赏他人，很难快速成长，从团队中脱颖而出，因为学会借鉴他人的先进经验和优秀做法是一种很高的素养。

（2）抠门型：不习惯夸赞别人，'还行吧''过得去''比较好''算可以'，赞美的话'短斤少两'，让被夸的人觉得十分别扭，还容易给人一种高高在上的压迫感。

（3）攻击型：否定句式张口就来，但凡意见相左，'不好，不行，不可以，不允许，不喜欢'之余，还经常出现补刀的句式，'好的地方就不说了，我这人呢，说话比较直……'。

（4）铺垫型：有一定情商，会在批评前加几句赞美的话，极易出现强转折，'不过呢'或'但是'，前面说的都被推翻，但是之后才是他真正要表达的。"

村上春树曾经感叹：批评别人是很容易的！很多人认为，"我就这样，说话太直"，它只是一种性格和语言习惯。其实，要想改变，还是有章可循、有方可依的。

❀ 品味摩卡

Mocha 胸有成竹，当她出现在学员们的面前时，她左手拿着一个苹果，右手拿着一个洋葱，立刻就抓住了大家的注意力，这是要做什么呢？

操作步骤如下：

（1）激发好奇。培训师提问：

"我想问问大家，苹果和洋葱有什么不同，有什么相同？"

1）邀请学员举手回答，并相互补充。

2）培训师进行分类整理和归纳，可以写在白板上，或者写在便笺上贴在海报上。

现场：通常大家都会在口感、形状、味道和烹饪手法上找不同，而在营养、有益身心方面找相同。最后，培训师要聚焦在，苹果甜脆，口感鲜美，洋葱辛辣，口感刺激，但是两者营养价值同样高。

（2）紧扣主题。培训师引导主题：

"明天我们大家要互为彼此的磨刀石，给予同伴高质量的反馈和建议，我们既要用苹果的方式也要用洋葱的方式来为彼此增加营养。"

（3）工具讲解：

1）苹果：代表分享者的亮点和优势，我从分享者那里学到了什么？

2）洋葱：代表分享者可以提升的地方，我将给予的可行性建议是什么？

格式如图 6-3 所示。

序号	第_____位
Behaviour（行为）	你的自我介绍很简洁，用了1个人设＋3组数据
Impact（影响）	人设增加了趣味性，数据提高了说服力
Appreciation（欣赏）	我非常喜欢这个设计，特别能抓住学员的注意力
Project（实施）	_____的反馈和回应： 1. 2. 3.

模型 BIA

Behaviour 行为　表扬一定要基于具体的某个行为，而不是空泛的表述

Impact 影响　做了上面的事情可能会产生的影响，这个影响一定要是基于现实的

Appreciation 欣赏　做的这件事情给你的正向感受

培训师是鼓励出来的

序号	第_____位
Behaviour（行为）	你的开场用了4分37秒，忽略了学员的介绍
Impact（影响）	只有10分钟的呈现，开场时间略微过长，评委会替你操心内容来得及呈现吗
Desired（期待）	我很期待你的重要内容能有更充分的时间展示，时间占比是否需要调整
Project（实施）	_____的行动计划： 1. 2. 3.

模型 BID

Behaviour 行为　表扬一定要基于具体的某个行为，而不是空泛的表述

Impact 影响　做了上面的事情可能会产生的影响，这个影响一定要是基于现实的

Desired 期待　指出具体行为提出改善方向

我和你并肩思考如何解决问题

图 6-3　BIA 与 BID 的示范

苹果：

你的具体行为是_____?（指出亮点）

会带来的影响是_____?（好的效果）

我特别喜欢的是_____?（说出欣赏之处）

学员的反馈：_____。

洋葱：

你的具体行为是＿＿＿＿＿＿＿＿＿＿＿＿＿＿＿？（指出可提升的点）

会带来的影响是＿＿＿＿＿＿＿＿＿＿＿＿＿＿＿？（存在的问题）

我会期待你＿＿＿＿＿＿＿＿＿＿＿＿＿＿＿＿＿？（给出可行性建议）

学员的反馈：＿＿＿＿＿＿＿＿＿＿＿＿＿＿＿＿＿＿＿＿。

（4）操作重点：

1）你先做一个"苹果"与"洋葱"，侧重鼓励学员使用 BIA，侧重打磨方案使用 BID。

2）邀请收到"苹果＋洋葱"的学员，分享三点后续整改行动计划。

3）引导现场的点评从抽象到具体、从宽泛到聚焦、从批评到激励，逐步落实到行动计划的实施层面。

4）推荐用文字点评的方式，或者整理成图文并茂的 PPT，作为项目回顾和实施计划的依据。

摩卡功效

Mocha 在第 5 天成果展示前夕，给每位学员发了一张表，做了一个示范，并且在组里做了一次练习。对于第 5 天全天的成果展示，"苹果＋洋葱"的组合效果，出乎了所有人的意料，人力资源部姚总在培训课室后面听着学员们相互的反馈和打气，频频点头。在群里，学员们的总结和行动方案也都交了上来，对于苹果和洋葱的使用心得也是收获满满。

当班主任把每一位课题组代表获得的点评建议，用图片和文字整理成 PPT 之后，每个课题的培训师接下来的行动计划如何实施，就清晰地呈现在了每个人的面前。

秘制配方

玛丽·帕克·福利特（Mary Parker Follett），有人将她与"科学管理

之父"泰勒相提并论,称她为"管理理论之母"。她曾说:

"我们只有在集体组织之中才能发现真正的人。个人的潜能在被集体生活释放出来之前,始终只是一种潜能。人只有通过集体才能发现自己的真正品格,得到自己的真正自由。"

许多管理者苦苦思索:一群人,在什么时候竞争能够变为一种合作?今天我们认为的全新问题,福利特100年前就已经给出了答案。

类似培训中的相互给予点评和反馈的场景,如果没有经过专业的设计与训练,每个人是不愿意明确表达自己的判断的,甚至为了不产生冲突,会不做清晰的选择。

对于许多成年人来说,表达自己的真实意见,最大的挑战就是如何面对有可能出现的冲突。长期以来我们都不愿意直接面对冲突。

福利特告诫我们不要去追究谁对谁错,甚至不要去问什么是对的,我们先假设双方都是对的,对于不同的问题,双方都可能给出正确的答案。我们要在认同双方利益的基础上,能为双方共同所用,使双方站在对方的立场上去理解对方的问题,同时得出双方都认为正确的满意答案。

最终结果并不是"胜利",也不是"协商",而是群体利益的整合。

套用培训界常用的一句话:培训不是消耗而是共同创造!当大家都认同这种价值理念时,苹果和洋葱都能够给我们带来营养,都会让学习更加高效。

英雄之旅

问题:如何帮助学员进行课后的目标拆解?

连续3年,Mocha都在负责集团上百位校招生的培训。今年的黄金7月,她开心的是,终于参与到分公司业务经理绩效训练项目中来了。

项目分三个阶段:第一阶是重头戏,两天的问题分析与解决工作坊;

第二阶，半天业务技能训练；第三阶，原本想用半天时间组织小型庆功会，鼓励业务骨干上半年付出的努力。但计划赶不上变化，第一阶结束后学员反馈：对于在工作坊指导下做的绩效方案，如何分拆落实到各岗位，仍有不少疑惑，经理们想请公司培训师进行指导，无心娱乐！

以前的校招生训练营，结业庆功，再组织大家大合影就结束了。这次参训者是业务骨干，他们更重视应用，希望获得目标拆解和实施计划方面的引导。

有关引导技巧的课程，Mocha 已认证 3 个（中国台湾版、美国版、马来西亚版），与引导有关的书籍也看了不少，大量输入之后，她早就跃跃欲试了，想在这次针对业务骨干的学习项目中初展身手。

❀ 品味摩卡

为突出营造场域的重要性，Mocha 特地向直营部门申请，将参与引导的业务骨干集中在旗舰店。拉上闸门，挂牌歇业，她打算在现场做沉浸式引导，活动的名字就叫"英雄之旅"。

操作步骤如下：

（1）现场布置。Mocha 把店里的挂衣架给拖了过来，直接把大白纸挂上去，其余的卷轴铺在桌面上，顶端写着 Start（开始），中间两条弯弯曲曲的长线条代表"河流"，里面几个点标注 Milestones（里程碑），而卷轴的另一头是 Goals（目标）。

（2）"登船仪式"。请业务骨干们围在休闲区的长桌旁，作为即将出征的英雄，面向 Start 位置代表的"现状"。Mocha 画了一艘乘风破浪的帆船，邀请大家把代表自己的便笺贴在"帆船"上。

（3）"踏上征途"。请业务骨干探讨交流，将业务中常见的障碍进行归纳并分类，按照顺序，标注在河流的不同位置，其间做调整和补充。

（4）"冲出险滩"。帆船随着河流前行，业务障碍为"险滩"，遇到"险滩"大家一起头脑风暴：破除障碍、冲出险滩的方法有哪些？

发挥创意，鼓励创新，经过交流和碰撞之后，获得大家认同的方案，写在便笺上贴在"险滩"上，代表问题已解决，然后往下一站前行，直到抵达终点。

（5）如果有必要，可以让"英雄"们重走某个阶段，让所有参与者的表达得到倾听，同时调动集体智慧，落实到具体的实施计划。

✺ 注意事项

（1）Mocha 的"英雄之旅"，是长卷轴的形式，对场地的要求会比较高。如果你只有一个面积比较小的会议室，怎么办？用 A1 大白纸绘制并贴墙上，一样可以起到很好的视觉引导作用。

（2）这是问题分析与解决的迷你工作坊，结合你所选择的场域，使用视觉化进行目标、过程、成果的引领，参会者的代入感极强。

（3）还可以变形为两人引导，用一张 A4 纸或电脑平板，一样有好效果。因为是不断达成共识，最终抵达目标，所以这个流程非常有力量。

✺ 准备动作

（1）活动材料：

1）准备小人偶（代表岗位数量），类似游戏棋。

2）卷轴型的大白纸（网上有售，也可拼接 A1 大白纸替代）。

3）不同颜色的便笺。

4）双头彩色马克笔。

（2）活动安排分三步：

1）描述现状和下阶段的目标方向，建议分时间段，颗粒度可小到"某个人"和"某一周"。

2）代表自己岗位的人偶每前行一步，就请该岗位人员将障碍显性化，全员探寻解决方案和行动计划，如有分歧，采用投票制。

3）分享规则：鼓励倾听和"Yes, and"，请学员相互间充分地交流和碰撞（参阅本书第 4 章的 "Me-We-Us"）。

4）每位参与者从"上船"一端，总结如何实现目标的具体方案和行动计划。

（3）活动时长：Mocha 的"英雄之旅"总时长为 3 个小时，过程中破除障碍和制订方案用时占比 60%。

摩卡功效

参与培训的业务骨干们，每个人轮流把自己接下来要做什么梳理得清清楚楚，说得明明白白。更重要的是，他们同时也拥有了不同岗位对于同一事件的解读角度，跳出了"自认为正确"的窠臼，成为印象非常深刻的一次工作坊。因为参与的都是赢家，一位"95 后"表示："此内容引导让人极度舒适，怒赞！"

秘制配方

Mocha 的"英雄之旅"，底层逻辑来自 Tim 老师的 " VFL 视觉引导课程"（见图 6-4），在现场体验了视觉化在引导中的力量。

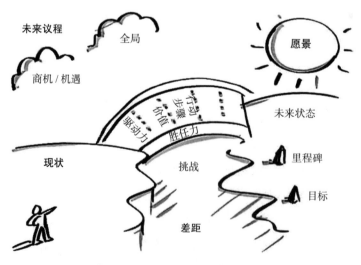

图 6-4 底层逻辑手绘图

引导技术非常鼓励大家勇敢尝试,自己不会设计流程没关系,照着老师的逻辑来,先模仿,再创新。一回生二回熟,边操作边翻书,有多少高手都是这么走过来的!

采蜜还巢

问题:如何帮助学员进行 360 度的总结与回顾?

作为资深培训师,Mocha 对于培训的实践落地尤其重视,她知道如何使学员保持开放性,将培训课堂与实际应用联系起来。

"对于不同的人来说,学习可能是一种乐趣、一种热情、一种激动、一种愿望、一种喜悦、一种冒险、一种承认,或者是它们的不同组合。"这句话出自法国安德烈·焦尔当的著作《学习的本质》的第一部分"怎么学习?为什么学习?"。

❀ 品味摩卡

设计落地型的教学活动,学习者之间的互动从来都不是即时的、自发的,一个媒介、一个完整流程的设计和一个经验丰富的引导者,组合在一起,效果会很棒。

操作步骤如下:

(1)请学员们用一张 A4 纸叠成"采蜜用的蜜罐"(见图 6-5),每一轮对应一个步骤。

1)第一列:罗列该阶段相关的 Q&A(应用问题+尝试自我解答)。

2)第二列:针对你提出的问题,收集小组成员提供的解决方案。

3)第三列:带着"蜜罐"离开

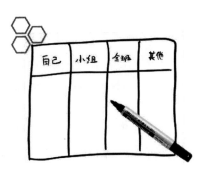

图 6-5 "采蜜用的蜜罐"手绘图

小组，向在课室中走动的全班学员询问答案，将询问到的答案记录在第三列。

4）第四列：在全班范围"采蜜"之后，回到所属小组，再次进行组内分享，如有新的启发记录在第四列。

（2）创建蜂巢：小组成员酝酿出下一步实施计划，并写在六边形的蜂巢纸上（要求图文并茂、字大体端），贴在墙上形成蜂巢形状并分享给全班，下一步的实施计划是什么。

现场：各个小组还将行动计划进行了分类：+ 代表新增，- 代表停止，× 代表加速。

❀ 活动材料

（1）空白 A4 纸（如果是不同颜色的，更有视觉效果）。

（2）打印表格（适用于人多的课堂，避免有人走神造成理解偏差）。

（3）蜂巢六边纸（网上搜"行动学习卡纸—六边形"，边长 10 厘米）。

（4）无痕黏土胶（挑选不伤墙面，可反复使用的品类）。

❀ 注意事项

（1）现场可以播放轻松的背景音乐以调节气氛。比如：

1）用五月天的《离开地球表面》，催促大家离开座位。

2）在促进大家相互交流的环节，可以使用陈明的《我要找到你》，调小音量做背景音乐即可。

3）提醒大家返回小组内时，用孙楠的《你快回来》，搞笑又高效。

（2）每个环节的指令要清晰，以帮助现场的"蜜蜂们"充分交流。

"请大家找到第一列'自己'，写下本次培训后你在应用中可能会遇到的问题，你打算怎么来解决。时间为 3 分钟，过程中保持安静。请开始。

接下来，进行组内分享，每一位组员分享你在第一列写下的问题和方案，邀请组员们给予建议并记录在第二列。总时长为12分钟，请大家按照人数计算一下个人时长，有效时间有效交流。计时开始。

最后，各组每位小蜜蜂，请全部离开蜂巢，到课室的中央来，当音乐声起时请快速行动，音乐声停时请陆续回座。"

以此类推，建议大家书面写好活动步骤的指令，并多加练习，测试听众是否能快速理解并采取正确行动。

摩卡功效

培训师们特别喜欢"采蜜还巢"，"蜜蜂们"在离巢和归巢中玩起了速度，现场欢声笑语之余，参与者们分享收获时也尤为走心：

"以前特别不理解，我负责培训时，提问学员、组织探讨、观看视频、发积分送奖品，特别努力地调动大家参与，但效果就是不尽如人意。今天我明白了，为了互动而动，是没法激发大家学习热情的。培训中搞活动不是目的，现场的热烈氛围也只是附带的，真正的目标是把大家推向解决问题，发动群众的力量，找到更多的措施，发挥所有人的方案力才是硬道理！"

秘制配方

诺贝尔物理学奖获得者乔治·夏帕克建议，要解决一切科学教育方面的问题，就要让孩子们"亲自动手"。这个想法来自他和另一位诺贝尔奖获得者，同为物理学家的利昂·莱德曼的会面，后者在美国芝加哥对这个观点进行了实验并得以验证。

学习是一个代价巨大的过程，而培训师的价值，就是帮助大家在这个过程中尽量减少时间和精力上的巨大消耗，让学员在其中尽量拿到满意的学习成果，尤其是培训接近尾声，要求学员们真正去付出和实践的关键环节。培训师必须把学员摆在一个非常核心的位置，给他们一个职场角色，让他们对照自己来此的目的，感受自己在课堂中的价值，获得成长感。

我是大牌

问题：如何让学员收集多类型信息？

Mocha 非常喜欢在培训中使用扑克牌，美国探索教育大师卡尔·郎奇，从事培训 30 多年，出版 40 本书，几乎一年一本。其中有一本是扑克牌在培训中的上百种应用。一种道具琢磨出如此之多的用法，堪称精耕细作的典范啊！

说出四五种扑克牌在培训中的应用，应该没难度吧？

（1）最常用的是用作积分分发。首先，扑克牌积分相较于一般的定额给分，培训师更便于操作，学员争议较少，参与性较强。其次，通过游戏化设计，增加不确定性。学员在过程中感受更愉快。

邱阳老师在培训中使用了超大号扑克牌（见图 6-6），视觉效果奇佳，计分方便，学员积极性高。

图 6-6 邱阳老师培训现场

（2）第二种常用于分组，操作手法充满变化。

1）简单操作。将一副扑克牌（抽去大小王，一共为 52 张），在 3 分钟内，每人将自己摸到的 1 张牌去与另外的 4 张（或 5 张或 6 张）牌组合成一副牌组（成为接下来的学习小组）。

2）升阶操作。在小组探讨环节，可以邀请全员到课室中央，老师随机使用口令让学员任意组合，比如报一个数字，学员按照手里的牌来组合成 2～4 人小组完成任务；或者把花色组合成同花色与异花色来增加随机性，让学员之间能有充分的联结。

3）花样操作。抽牌后按照同花顺子、同花、杂花顺子的方式分组，中间加一些花样组合，如果出现"炸"就能化腐朽为神奇。一般用在团队价值最大化的培训主题中，用来体现个人与他人合作方能让组合的价值最大化。因为比较耗费时间，一般用于团建或沙龙活动，要求培训师熟知打扑克的游戏规则。

（3）第三种是玩叠叠乐（见图 6-7），最适合发挥团队的智慧。

图 6-7　叠叠乐现场

每组各一副牌，看哪组能在约定的时长叠到最高，叠好的扑克要经历 30 秒倒计时，不能崩塌，又高又稳的小组获胜。培训师用这种方式，是因为它是竞赛形式，需要动手，人人有参与，气氛很活跃，投入度很高。要注意：把活动和内容建立联结，避免形式大于内容，让培训目标失焦。

❀ 品味摩卡

你有没有发现，"积分""分组""叠叠乐"的应用，都集中在培训开启和赋能的前半段？

Mocha 分享的是培训的计划实施，在这个过程中，如何能让学员同时收集到更多信息呢？"我是大牌"是这么做的。

操作步骤如下：

在培训收官前，与更多的人进行最后一轮"课程内容、应用计划、培训方式"的分享和交流。

准备一副大于常规尺寸的扑克牌，寓意每位学员都能成为培训界的"大牌"。学员们各抽取一张牌，然后根据抽到的花色，向其他学员收集信息：

♣ 总结：请用一句话总结本节课中最想应用的重点。
♥ 阻碍：培训中所学到的在实际工作运用中，可能会遇到什么困难？
♠ 支持：为了运用培训中所学的技能，需要获得哪些支持？
♦ 跟进：计划接下来如何学以致用？

❀ 注意事项

（1）第一种方式是直接抽牌，每个人都知道自己的牌对应的是哪一个分享主题，然后四种花色组合在一起进行多主题分享。好处是节奏快，能同时收集到信息。

（2）第二种方式是抽牌后立刻放在额头，然后顶着额头的"大牌"走到课室中央，学员以对方额头上的花色所对应的主题进行相互之间的分享和探讨，好处是更具有趣味性。

（3）以上两种方式，皆可进行将手上的牌进行互换，然后进行下一轮交流。

（4）可在现场播放一些背景音乐，同时培训师需要观察现场是否有学员被冷落或停留在原地。

❀ 摩卡功效

Mocha 说，培训的本质是通过学习的方式来解决问题，"有料"和"有效"服务于企业，"有趣"的精心设计则是为了我们的用户——学员；

在满足组织需求的同时，让现场的学员在良好的氛围中开启"探索"模式。当学员呈现防御模式时，培训师要多为学员做些尝试，比如扣题的活动、特别的道具、精心的设计，让大家勇敢参与时有安全感和愉悦感，真正尝到学习的甜头！

❀ 秘制配方

扑克牌是作为一种大众业余消遣的工具而为人所知的，54 张牌解释起来非常奇妙：

- 大王代表太阳、小王代表月亮。
- 其余 52 张牌代表一年中的 52 个星期。
- 红桃、方块、梅花、黑桃四种花色分别象征着春、夏、秋、冬四个季节。
- 在占卜学上，黑桃代表死亡，红桃代表爱，方块代表金钱，梅花代表幸福。
- 每种花色有 13 张牌，表示每个季节有 13 个星期。
- 如果把 J、Q、K 当作 11、12、13 点，大王、小王为半点，一副扑克牌的总点数恰好是 365 点。如果把大、小王各算为 1 点，则共 366 点（闰年共有 366 天）。

专家普遍认为，以上解释并非巧合，因为扑克牌的设计和发明与星相、占卜以及天文、历法有着千丝万缕的联系。正因为一副扑克牌里蕴含的信息如此丰富，所以与培训中的多种智能才能结合得如此美妙。

金牌导师

问题：如何让单个培训融入学习项目？

Mocha 有位前辈叫言湘（化名），从 2015 年开始，每年为各大行业的全国内训师大赛、全国培训师大赛、大型集团省级比赛的选手们提供辅导服务，没想到被某个选手给上了一课！

这位选手，以一个不占优势的基础课题进入全集团技术大比武的决赛，想邀请言老师为其提供赛前的特训。言老师在线上辅导过三次之后，这位选手说，希望老师直接给答案，不必"启发、引导"。

懒得思考的学员见得多，但想请枪手的参赛选手，实属头次见到，这不是本末倒置吗？难道一个内部奖项，比通过与高手竞赛获得蜕变更重要吗？这让组织者做何感想？

让言老师深入思考的是，为什么要在企业组织岗位技能竞赛呢？原因很简单，借助一场赛事，可以"一箭三雕"。花最合理的成本和精力，让企业既有面子又有里子，实现叫好又卖座的收益。

收益一：以赛促学，推动培训管理工作的开展。 针对层出不穷的业务问题，原有培训成了鸡肋，常因"工学冲突""管理不当""转化氛围"等导致烂尾，如何解决这个问题？可以组织岗位技能竞赛，以赛促学。激发员工的学习热情，激起部门的荣誉感，将绩优员工呈现到"聚光灯下"，有奖金、有荣誉、有升迁机会，皆大欢喜，自然参加者众。

收益二：营造氛围，竞赛是一个叫好又叫座的项目。 组织岗位技能竞赛，不仅可以丰富员工业余生活，还可以增进员工对企业文化的认同。如果组织得好，能给企业带来非常积极的氛围。这是公司领导想看到的，部门负责人愿意支持（只要别给他额外增加工作），绩优员工愿意宣传，口碑自然就好。

收益三：打基础，为建立能力测评体系积累经验。 这项收益比前两项可有战略意义多了，想想看，如果一家体系庞大的企业，主要岗位组织过大大小小的竞赛，类似这样的培训师比赛已经有两届以上，你觉得前面"以赛促学""营造氛围"这两项收益还会继续体现吗？答案是"难"。

难在哪里？组织赛事活动的魅力在于新鲜，能短期刺激大家的热情，但如果重复组织多次，又没有太大变化，收益便会大打折扣。对于赛事组织者而言，绝不能安于现状，而是要寻找突破。如果能够结合岗位胜任体系来做文章，借岗位技能竞赛的经验来建立公司能力测评体系，并与岗位学习地图、关键岗位经验萃取、岗位评级、竞聘晋升、6Ds 学习项目管理等联动起来，那么这项工作的意义就立马升级了一个维度。

❀ 品味摩卡

凡是高手都有两个特点：熟知套路，创意无穷。言老师正是为了第三项收益，而积极推进"金牌导师"的实施。

操作步骤如下：

（1）在本次学习项目的半决赛告一段落后，邀请上一年的绩优获奖者作为导师来指导今年的入围选手，帮他们完成从培训室到工作场所的联结。

（2）请绩优获奖者为入围选手提供具体的在职指导，做好毕业生导师的角色，可选出每次的"金牌导师"。

（3）在搭建桥梁的过程中，请应邀前来的绩优获奖者推选出名单，甄选出那些具备"热爱分享"特质的入围选手，推荐他们成为下一届培训项目的导师，让"以老带新"的优良传统得到发扬。

❀ 注意事项

（1）分享即荣誉，通过多次比赛形成分享机制，制作辅导主题的宣传海报，让参与者进行多渠道转发，继续打造比赛项目的影响力。让应邀来做分享和指导的"金牌导师"的内在动机获得激励：帮助他人的意义、绩效精英的归属感、经验得以验证等，在内部平台多做宣传报道与表彰，营造良好的分享文化与学习氛围，打造环境的力量。

（2）如果本届比赛的评分标准和具体要求有变化，请"金牌导师"团成员一起对标商讨，避免"找枪手""找代打"这类急功近利的方式出现。统一辅导形式，启发不同角度和更有深度的思考，让选手们获得努力带来的成长感和成就感，这才是辅导的价值。

（3）提前收集参赛选手的课题，邀请同领域的绩优获奖者做好加入辅导团的充分准备：收集该课题的应用案例，提炼在业务场景中有效落地的做法，总结参加比赛获奖的诀窍，让"金牌导师"们帮助选手获得最有效的应用指导，同时也通过选手来验证"金牌导师"们转化落地的有效程度。

❀ 摩卡功效

言老师告诉Mocha，这次最感谢的是三位上一年的绩优获奖者加入辅导团队，"金牌导师"的做法是"外部专家为主导+往届绩优者做辅助"，针对弊端做出改善。

弊端1：半决赛评选出来的选手有争议。邀请领导担任评委，他们对全部训练流程不太熟悉，仅凭个人直觉打分，导致部分训练中表现优异者遗憾落选。

改善：上一年的绩优获奖者更懂得培训与业务的结合点，选出来的选手获得全体参赛选手的认同，各类奖项实至名归！

弊端2：参赛选手对项目风评不佳，认为赛事过半却呈现出不良竞争的苗头：各自为政，彼此防范，没有以往团队作战、携手共进的良好氛围。

改善：绩优获奖者的无私分享与贡献，为大家树立了帮助他人成就自己的优秀典范，受到感召的人们更有意愿接力下一棒！

弊端3：某选手居然想让外部专家做枪手，如同打游戏开外挂，试图操控比赛规则。

改善：向高手借鉴的同时，还需自身深度思考，这样才能让辅导老师的点拨"啐啄同时"。

比赛时，尊重对手的最好方式就是尊重比赛，全力以赴！作为参赛选手，更重要的是在比赛过程中获得团结协作和突破自我的精神收获。

持续进阶，是为了让自己的能力配得上野心，或者说，是绰绰有余地配得上！比赛中蜕变出更强大的自信，相互帮助中产生深厚情谊，压力下技能得到突飞猛进的提升，这些都在证明大家把握住了一次极好的机会！同时，为企业带来一次盘活众多项目的高效联动！

❀ 秘制配方

关于人的动机模式，有本书叫作《内在动机》，作者是爱德华·L.德西，他是罗切斯特大学心理学荣誉教授，"自我决定论"创建人之一，也是著名的社会心理学家。

该书中有个观点很有意思，"奖励伤人"。有很多人看起来是在"为自己做事"，实质上是用外在的金钱、名声、社会地位，去激励自己和他人做事，从成果上来看作用并不大。

人的行为只有来自自己的真正选择，也就是打从心里理解并接受这件事对自己意味着什么的时候，才会从内心生发出一种力量，带着兴趣、好奇心和冲劲儿去学习、去工作、去生活，真正的自我才会得到蓬勃发展，我们才能有自主和幸福的人生。

行动一张表

问题：如何让学员"快速聚焦"下一个行动？

实施计划对于成果来说是很重要的环节。Mocha 在最近的培训项目中，把内部的培训课程，对照 ICOP 摩卡的四类需求——开启输入、赋能转化、输出成果、实施计划，进行教学活动设计。

尝到四大需求被满足的甜头后，Mocha 深刻地领悟了"培训以成果为导向"这句话,计划拟订和行动落实如四季里的冬藏和春发,冬不藏则春不发。

作为企业的绩效推进者,培训师要把目光从培训课堂上移到关注落地应用,没制订好实践计划,就拿不到绩效成果。

培训进行到最后阶段,别指望学员自主制订计划,因为制订了就得去实施,而实施就得付出时间和精力,而且并不是每个人都愿意面对改变带来的不适。培训师以成果为导向,必须帮助学员课后落实,课上再感动也没用,学了就要行动。

❀ 品味摩卡

本章分享过的摩卡有"迷你磨课坊""苹果与洋葱""英雄之旅""采蜜还巢""我是大牌""金牌导师",许多培训师应用后都获得意想不到的效果。

5-3-1模型(5个收获、3项运用、1份计划)通常用来落地实践。如何使用"行动一张表"(见图6-8),把非常经典的5-3-1模型,结合教练技术和引导技术玩出新体验呢?

图6-8 "行动一张表"手绘图

操作步骤如下：

（1）将前面三个阶段所学的内容进行回顾：重复（repeat）→概括（recap）→回顾（review）。

1）常规做法：请学员填写表格，5-3-1模型表格中的内容可以是从远到近的递进关系，也可以是并列关系。（经常有学员面对空白的表格，大脑一片空白，填写起来成效不大。）

2）摩卡的升阶做法：

- Me，5个收获：请学员打开讲义，用笑脸贴纸标注5个能学以致用的工具或模型（无贴纸，可用彩色笔画五角星做标识）。
- We，3项运用：对比思量之后，用便笺记下其中的3个，两两分享给身边的搭档（如果组员人数不多，也可以相互分享）。
- Us，1份计划：培训师邀请小组代表分享自己即将采取的1份计划，并给予反馈与点评。

（2）请学员在小组内分享各自的"1份计划"，相互评估是否符合SMART（具体的、可衡量的、可达到的、相关的、有时限的，见图6-9）原则，好的问题能够帮助彼此给予反馈和建议。

无论是制定团队工作目标还是员工绩效目标，都必须符合SMART原则，五项缺一不可

S(Specific)具体的
（1～3）天内你到底要干啥

M(Measurable)可衡量的
具体弄成啥样

A(Attainable)可达到的
能不能做得到啊

T(Time-based)有时限的
啥时候搞定，上午11:30吗

R(Relevant)相关的
和这次培训主题有关系吗

图6-9 SMART原则

（3）培训结束后，用打卡小程序等工具跟进学员们的执行计划，并在学员因为成果提交不顺的时候提供协助，排除障碍，用互帮互助的方

式帮助每个人输出初步成果。

（4）培训结束后2～3周，邀请学习搭档或小组进行线上或线下讨论交流，回顾和评估运用情况和效果，互相学习和成长。

❀ 注意事项

（1）在讲义上用笑脸贴纸或彩色笔标识，会比直接邀请学员填写空白表格更直观。

（2）在小组内和全班进行交流和分享：一是让学员在做输出时加深印象；二是相互交流会有验证和碰撞。

（3）培训结束后一周，记录学员提交课后作业的训练过程或成果，上传照片或短视频，进行相互交流和指导，遇到问题及时向组员寻求帮助。

（4）为学员的训后计划实施保驾护航，设置奖励机制，让学员养成在每一次培训后都提交计划、付诸行动的好习惯。好的行动是计划出来的，好的成果是检查出来的。

❀ 摩卡功效

Mocha感慨，培训功夫在"内容"外，培训需要一课多训：课前导训、线上预训、现场正训、学员自训、复训补训。尝试以训促训、以训养训、以训强训的多元化教学模式，才会懂得如何把一堂课拆分为N个教学活动。正训结束时，PPT不应是显示"END"（结束）和"THANK"（谢谢），而是留下任务，制订计划，回岗实践，反复练习。以前是追求"知识全面"，现在是一竿子插到底，不拿到结果誓不罢休。精力集中了，问题聚焦了，成果落地了！最重要的是，培训师自身的价值因为实施计划后的成果而得以体现。

❀ 秘制配方

埃里克森国际教练学院有34年开发和讲授人类发展相关课程的历

史。该机构成立于1980年，在成立之初，创始人玛丽莲·阿特金森博士就已经预见到，助人模式会有一个根本性转变，就是从关注过去或当下的不满意，转变到关注客户渴望的未来之上。她积极地塑造了以成果为导向的方法论，将教练和其他学科区分开来。

我们都在说：培训是给员工赋能，激发员工的内在动力和创造力，变"不得不做"为"我要做"。具体怎么做，关键的转换发生在哪里？

教练的思维会聚焦于成果，而培训的成果是参与者将计划付诸行动才能获得的。

用承诺的方式来强化被教练者行动的意愿，会比以往培训师自行布置任务用行政手段去要求达成目标更为有效。

当一个人向自己和另外一个人同时做出承诺时，他通常会为这个承诺采取行动。在这里，教练做的推动并不是给他压力，因为如果由教练施加压力，往往会产生反作用力。

在物理学中有一条定理：作用力等于反作用力。作用力越大，反作用力也越大。

教练所要做的是，让被教练者自己给自己施加压力。最好的方法就是通过独特的语言模式，让当事人做出承诺。

常用的语言模式是以下这四个连续语句：

"你具体会怎么做？"
"我怎么知道你做到了？"
"如果做到了，你会如何奖励自己？"
"如果做不到，你怎么办？"

教练的提问技术往往能帮助被提问的人下沉思考，找到自己一直回避和跳过的关键。所以，在以往的"5-3-1"模型落地实施中，我们在"3项运用"中增加了引导的手法，而最关键的"1份计划"中，融入了教练技术里以结果为导向的提问技巧。

成果一张图

问题：如何设计一个成果汇报？

Mocha 在 2022 年 10 月遇到一个惨痛的教训。学习项目进行到第三期，她在思考：最后两天要呈现什么样的学习成果，才能让领导顺利验收呢？

关键时刻，赶上实施项目的企业进行新旧厂房大迁移，全员上下忙得不可开交，员工上班要两边跑，50% 的学员连续一个月没回过家，可以想象，课堂上学员的缺席率飞速攀升。

针对这种情况，项目小组商议对策时面临两个选择：一是继续打磨课件包；二是抓紧时间训练上台呈现。这个项目第一波交付挺成功的，所以项目组想借此大力推广，于是邀请了好几位意向客户前来观摩。基于这个原因，组员们倾向于让学员上台呈现，还想把过程拍摄下来作为案例存档。有了这个决定，Mocha 接下来就得集中训练技术专家们的呈现技能。

项目组在精心筹备现场布置和颁奖典礼时，领导通知要将通关环节延迟，具体时间待定。Mocha 深知这些辅导好的学员一旦回归工作，根本没有时间再去试讲和升级课件包了，所以一直提醒项目组尽快敲定通关时间。之后项目组成员进入其他项目，已无暇顾及此项目，果然一拖再拖，领导开始对交付成果表示不满意了。听到这个消息，Mocha 心凉了半截，赶紧打电话想和项目负责人商议后续如何补救，看是线上辅导还是线下督促，因为彩排好的讲台呈现被拿掉，只能从优化课件包上做文章了！

在等待领导回复的过程中，她花了整整两天时间，为每个课题组提交了 2500 字的图文点评结果（5 个课题小组足足 12 500 字），而此时项目组成员已深陷新项目中，根本没精力也没意愿继续跟进，Mocha 的万言辅导总结根本没人交给领导。即使反复催促下，班主任在学员群里连个公告都没有发。全组一起实施的项目，最终由培训师独自承担后果，即使给 5 个组提交了 34 个实训课件成果。

唐僧师徒西天取经，师徒共同经历了八十难，还差一难，最终在通天河遭劫。此劫一过，才真正修成正果。

大的学习项目到了交付的节骨眼上遇到问题和挑战后，项目负责人闪身回避，没有找应对方案补救，错过交付最佳时期。可惜了 34 个学员，在时间被压缩的情况下付出那么多努力。Mocha 用自己的经历提醒大家，成果汇报设计，是关键的闭环！

❀ 品味摩卡

2021 年年底，"字节跳动"裁撤了人才发展（TD）团队，培训人震惊之余受到启发：培训不能与绩效脱节。10% 的培训 +20% 的带教，比不上 70% 的在岗实践。企业内部的精品课程常会浓缩在 1～2 小时，怎么才能在收官时段（20～40 分钟内）让大家展现成果，重视与绩效相关的应用计划呢？再短的培训都要汇报成果，"成果一张图"亲测有效。

操作步骤如下：

（1）让学员自己或小组协作，总结和复习重要的知识内容，以一张图的形式展现出来。

现场：制订实施计划（2 天版课程预留 1 小时，半天版课程预留 30 分钟），请学员用一张海报来展现训后实践计划。

指令："为全组设计一个 LOGO，制订训后学以致用的行动计划，成果为 A1 大小的手绘海报。"

（2）要求少文多图，绘制彩色的模型、图标、流程、符号等，一图抵千言，它可以有效地传达知识内容。

现场：每个小组发 2 张大白纸 +1 盒双头彩色马克笔（12 色）。

指令："请用马克笔粗头进行标题书写和线条勾勒，字体端正；图形要有主题性、有记忆点，结构清晰，配色大气。"

（3）成果呈现方式为一张海报图，向全班学员进行展示和解说。

现场：绘制好之后，派一位代表上台分享小组的应用计划。

指令："海报制作时间为15分钟，小组代表在2分钟内分享计划如何落地。"

（4）请全班学员为作品投票，选出最优作品。

现场：给每个小组发放3～5张积分卡，为公平起见，全部小组成果呈现后再进行投票。

指令："不能投本组，尊重绩效投出票数，请选出应用计划最优秀的小组，并总结给你的启发是哪三点？"

❀ 设计要素

（1）纸质海报。下载CS全能扫描王（软件），将大图进行拍摄处理，汇总后作为成果共享给全班，并及时通报给领导，便于训后跟进。

（2）平板绘制。推荐Notability（笔记软件）或Procreate（绘画软件），生成图片版成果，发布在实践群中。

❀ 注意事项

（1）学习标杆：作为成年人，在大白纸上进行手绘，通常会有畏难心理。培训师可让学员先从在便笺上手绘开始，再让大家在A4纸上找感觉，并参照绩优者作品。

（2）三步递进：①鼓励学员长话短说；②梳理关键词的逻辑关系；③网上搜索手绘海报用来匹配逻辑。关于这三步，建议培训师做现场展示和案例分享。

（3）成果一张图：用精炼的文字记录思维过程并提炼重点，图形和色彩精准表达观点，帮助学员"看到既得到"，同时让领导同步看到培训成果并支持应用计划。

（4）五个步骤：①主题的确定；②布局的设计；③图形的转换；④文字的处理；⑤色彩的搭配。让成果有序输出。

❀ 摩卡功效

有细心的"摩卡粉"曾问 Mocha："成果一张图"和"话少画多"的区别是什么呢？操作步骤里有详述，希望你实践后，一起来思考。

Mocha 希望和实践过的小伙伴一起展开探讨："你能够说出二者的相同、不同、效果差异分别是什么吗？"

别低估成年人的潜能，在数百场的线下培训中，不计其数的学员推开视觉化的大门，打破惯性认知，成为有效传递信息的高手。

❀ 秘制配方

视觉化引导的第一步训练，核心是思维逻辑！把点、线变成面、体的视觉化思维训练是最简洁的，大家可从"三四五"开始练习。

（1）三样工具：眼睛+大脑+双手。

有不少视觉引导的爱好者买了书和卡片，从简笔画开始练习，其实这样的顺序是错误的。我们要学习的是如何用简化的图形来表达想法！虽然照着简笔画练习了不少图形，比如生日蛋糕和牛排，但这些在视觉化引导场景中几乎用不上。

（2）四大阶段：视觉化思考的四个步骤。

只有把大脑里那些散乱知识点勾连起来构成完整的体系，这样才能构成知识本身。

（3）五个维度：视觉化引导的五个维度。

SQVID 是一套可视化思考与沟通方法，由名字中的五个元素（见图 6-10）

组成：简单（simple）、定性（qualitative）、愿景（vision）、个别（individual）和变化（delta）。每个元素都有其相对应的另一端，通过不断训练，可以让自己一个项目一个项目地循序思考。

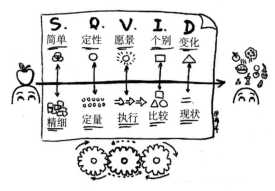

图 6-10　SQVID 示意图

罗宾一个圈

问题：如何设置一个感性收官？

Mocha 的团队曾做过一次调研，收集了上百位"摩卡粉"的意见和疑惑，大多数问题都有现成答案，其中有个问题想和读者分享："企业内部培训，人多、时间短、内容多、无分组，怎么应用摩卡？"这是个综合性的描述，细述为：

（1）"人员多"。这意味着：①企业大，分工细；②近期有大量新人、管培生入职；③党建类、企业文化类、基础管理类课程，通常针对性不强，受众较多。

（2）"时间短"。企业给单个培训的时间越来越短，从年→季度→月→周→日，到 1～3 小时的精品课程，线上直播更是精确到分和秒，对于培训需求的变化，内训师得大幅度压缩"陈述型知识"的比例才行。

（3）"内容多"。如果没经过 TTT 的有效训练，兼职内训师会本能地关注内容的"全面和体系化",课时被压缩的情况下,如果希望通过提高语速和翻动PPT的速度来展示更多内容,只会让自己成为"念PPT"的工具人,满脑子都是"就剩15分钟,还有40多页呢"。

(4)"无分组"。这有两种情况:①企业习惯用"知识讲座""大型演讲"的方式进行宣传,认为人越多越能稀释成本;②场地、设备支持不够,企业有会议室、演播厅、电脑室,却没有适合的培训空间,单看桌椅即可窥见端倪(桌子太沉,椅子固定)。

这个问题的提供者,面临内训上的难题很多,如果是兼职培训师则更难处理,缺乏"以业务为背景"的针对性和"以绩效为导向"的转化率,这类"培训"对于组织者、实施方和参与者都是很大的负担。

互联网时代,唾手可得的信息给了大家一种错觉——"知识储备量暴增"!什么都知道,却解决不了一个具体的问题。现实是,学员最清楚岗位问题是什么,想要应用的场景在哪里。如果忽略了与学员建立信任关系,就意味着无问题不培训,无信任不行动。

❀ 品味摩卡

"行动一张表""成果一张图""罗宾一个圈",从名字上就可以看出系列感来。它们具体操作上有什么区别,有哪些需要注意的地方?

操作步骤如下:

(1)课程接近尾声时,举行一个小型聚会,庆祝同学们取得学习成果。

(2)播放活泼欢快的音乐,提供零食和无酒精饮品。

(3)学员们围成一个罗宾圈,依次分享:三个关键词+一句祝福语(三点收获+一个行动)。

(4)全体分享结束后,为每位学员的努力和成果干杯。

现场:

(1)罗宾圈,是为了让现场建立关系而设定的一种方式,在培训、会议、工作坊的导入○、中场、收官阶段都会出现。

1）入场：在许多小班制的工作坊或公开课上，学员一走进培训课室，就能发现桌椅是摆成圆形的，暗示着参与者要和身边的人建立联结！

2）开场：罗宾圈中间有一块桌布，放着鲜花、各种卡片和文具，这些都是引导技术常用的安排。

3）暖场：在学校训练营的导入环节，新生们坐在垫子上围成圈，从表情和肢体语言不难看出，大家在相互认识。场景不同，目的一样：建立关系，融入团体。

（2）中场：我在认证 NVC 版权课的现场，三位导师让学员围成一个圈，当所有人的注意力都集中起来时，通常是课程最重要的部分登场了！

（3）收官：培训、会议、工作坊的结束，往往意味着接下来参与者要实施落地计划了，"编筐编篓重在收口"，没有后续行动的培训等于无效。如何让大家在拥有成长感和成果感的同时，做出下一步承诺呢？

人性的复杂之处就在于此，一旦行为发生，就会影响思想，因为维持言行一致性是人的本能倾向。

✿ 注意事项

（1）培训的一头一尾都有感性加持，情绪能量可以有效唤起学员的记忆。让大家说出自己的收获感和成果落地的实施计划才是重头戏。

（2）如果桌椅摆放无法挪动，找一个宽敞的空间，大家或蹲或坐，肢体上的放低是很好的隐喻："接地气""要落地"！

（3）根据人数分配好时间，如果有必要，可设置控时员。如果人数实在过多，可拆分为 N 个小罗宾圈，同步进行。

（4）有些参与者不善言辞，培训师可使用视觉卡来帮助他们分享感受和情绪。看图说话是我们从小就接受过的训练，利用工具降低难度，能提高联结的效率。

○ 导入 = 入场 + 开场 + 暖场。

❄ 摩卡功效

在每年上百场的培训中，Mocha 惊喜地发现，无论什么行业、什么类型、什么岗位、什么性格的参与者，大家在面对面就座的氛围中更愿意表达、更善于倾听，实质上每个人都是渴望被看见和被关注的。

❄ 秘制配方

人与人之间建立关系，需要物理价值和情绪价值两大基础。培训更是如此。如果学员只能获得信息和资料，是没有办法拥有信任的。当我们想影响并带动他人情绪时，就要提供给对方价值认同感和需求满足感。

培训中，我们能带来的情绪价值多达 8 种，如图 6-11 所示。

图 6-11　8 种情绪价值

（1）治愈型价值：当参与者因为绩效落后、领导责怪、同事排挤而伤心难过、迷茫心累甚至陷入习得性无助时，为其提供一个安全的氛围，给予他安慰和鼓励。

（2）指导型价值：在参与者不思进取、过度膨胀、认知固化时，开启新视角，启发新思考，参照标杆和成功案例，指导他们用新方式解决新问题，或者面对旧问题找到新解法。

（3）分享型价值：当参与者在组员中找到共识，使用共同语言，获得思想碰撞时，成为彼此志同道合的支持者是非常有力量的。

（4）**陪伴型价值**：当参与者无法融入人群，而感觉无聊空虚时，安排他们分工合作、一起用餐、彼此陪伴。陪伴型价值对时效和空间有要求，如果是异地或者时段不同就会消失。

（5）**猎奇型价值**：成年人的学习动机指数最高的是满足好奇心，新环境、新环节、新设计、新形式都会让参与者获得尝试新事物、新领域的情绪价值。

（6）**自娱型价值**：许多学员在人群中的快乐，往往附带隐性或显性的炫耀，如丰富的经历、嘹亮的歌声、优美的舞姿、缜密的逻辑等，当培训师能够满足他们展现自我的需求时，他们就会给现场带来活跃的气氛。

（7）**怀旧型价值**：曾经共同的经历会让参与者之间回忆往事，相互倾诉，这种稳定长久的低频率接触，甚至能形成终生友谊。

（8）**自我实现型价值**：善于设计课程的培训师，会挑战参与者的"知道感"和"完成度"，难度适中的环节能让学员获得征服后的快感，并显示出自我优越性。需要注意的是，学员在遇到比他们厉害的对手或者自我夸耀时被忽略，都会影响他们在自我实现方面获得的价值感。想要让他们在培训中持续地实现自我，培训师要及时调整并快速回应。

每个人都是受情绪支配的生物，无论优秀或平凡，都需要安慰、指导、分享、陪伴、猎奇……能提供情绪价值的培训，才有可持续性。

不要指望培训能提供所有情绪价值，每一位参与者都有责任提供独特的情绪价值。

黄金圈法则

问题：如何设计一个应用型回顾环节？

对于开年第一个培训，Mocha 和凌玲老师探讨，如何设计一个从"课堂到岗位"的活动。凌玲觉得让学员理解本次项目的价值和意义非常关键，她推荐"黄金圈法则"（见图 6-12），让大家在执行前先启动动机。而 Mocha 犹豫的是，黄金圈法则是不错，但对于这些经验丰富的"老资格们"，会不会过于简单、过于基础了呢？

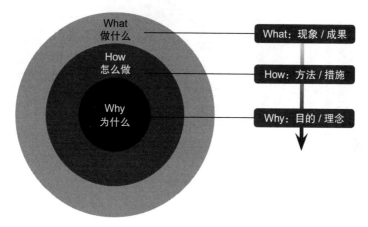

图 6-12　黄金圈法则

资料来源：@ICOP 摩卡冬老师。

凌玲说："你记不记得咱们团队一起去认证的某个课程？它给我最大的启发是，越基础的技巧，越接近一门手艺的底层逻辑，就越值得反复地琢磨、体会。这就好比一个出色的工匠，手边常用的工具就那几样，但他把每一样都用得极其熟练，就好像那些工具是长在他手上的一样。这才是他和一般手艺人拉开差距的地方。培训也是这样，我们越把最基础的技巧内化到学员的思维习惯中，就越能帮助他们解决棘手的问题！"

Mocha 表示认同，但问题就在于，最接近底层逻辑的技巧，往往是最难教的。这些技巧看起来太基础了，比如黄金圈法则，不就是三个关键词吗？两句话就说完了。它的精妙只有在使用时才能体会到，那怎么设计一个活动，让参与者将初阶成果与学以致用加以结合呢？

❀ 品味摩卡

黄金圈法则有哪些值得研究的设计要点，使用中需要注意哪些地方，请一起来关注吧！图 6-13 对比了黄金圈法则的大众模式与非凡模式。

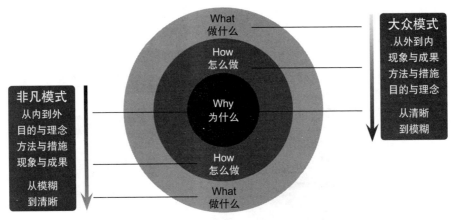

图 6-13　黄金圈法则的大众模式与非凡模式

资料来源：@ ICOP 摩卡冬老师。

（1）大众模式：模仿上司"从外到内"，交代具体事务给负责布置的同事："模仿者提供一份物资清单给执行者，参加的人数为 60 人，排成 5 排，主席台安排 4 个座席……"让参与者给予这种沟通模式相对应的反馈，并记录大家的发言和建议。

（2）非凡模式：模仿上司"从内到外"，强调明天会议的目的是："新冠疫情过后，各区域负责人为了达成目标付出了数倍于往年的努力，这次总部想要让大家相互交流和学习各自的优秀经验，鼓励大家向绩优者学习……"询问大家对于明天现场的布置有什么更好的建议和做法，再询问参与者两种方式有什么不同，并记录大家的发言和建议。

操作步骤如下：

（1）在培训接近尾声的阶段，把学员分成四五个小组，给每个小组发一张任务卡，卡上是学员在工作中的真实场景。

现场：在项目的第一阶段，Mocha 邀请学员把课题涉及的应用场景汇集并贴在引导布上，并请小组代表介绍并描述场景中聚焦的问题。在这个环节，要让学员将前面所学的技能和方法落实到具体的场景中。

（2）每个小组在理解了该场景之后，按照黄金圈法则的思考顺序，轮流分享：

1）Why：为什么要解决这个场景中的问题？

2）How：具体的措施和操作步骤是什么？

3）What：希望得到什么样的成果或效果？

现场：Mocha 在各小组都领取了任务卡之后，从引导布上剩余场景中选择了一个给大家做示范：周五安排下属布置周六的表彰大会。

示范了"大众模式"与"非凡模式"之后，参与者的共识是："非凡模式"更有效果！

（3）每个小组将负责的场景作为标题写在海报上，并采用"非凡模式"将共识写在大海报上；再把小组的场景海报按照顺时针顺序递给下一组，进行新一轮的探讨，然后将输出成果填写在海报上。以此类推，直到各小组拿回自己的海报。

现场：让大家群策群力，共同参与，具体步骤可参照"我要摆摊"与"我爱我的队"。

❀ 注意事项

（1）第一个步骤中任务卡上的真实场景，可提前通过问卷调查进行收集，也可以在学习项目的开启环节，参照学员们所在岗位进行针对性设计。

（2）现场将场景贴在引导布上或白板架上，让大家对接下来要解决的问题和场景一目了然，"看到"能及时引导参与者制订接下来的实施计划。

（3）培训师对黄金圈法则的示范，采用真实的案例将"大众模式"与"非凡模式"的沟通效果进行对比，能帮助参与者做出正确的选择，只是"生讲概念"，会直接在"Why"的层面无法建立信任。

摩卡功效

现场最神奇的地方在于，参加培训的中层们发现，"知道"和"做到"有着巨大差异。茶歇时有位主管感叹："还真是学无止境啊，以前布置个工作得交代好几遍，还要事无巨细地反复叮嘱，原来只是在操控同事们，难怪我越努力他们越敷衍，根本没有激发起人家的信任和信心，因为只有我觉得这件事必须做！"

"从清晰到模糊"：告诉下属做事情，能帮助他们完成任务，但这种操控的方法永远无法达到想要的效果，没办法激励和鼓舞人心。

"从模糊到清晰"：黄金圈法则的"非凡模式"，不仅获得了执行者对为什么要这么做的理解，帮助他们开启了自己的内在动机，还能吸引有相同目的的人一起参与，由执行者来考虑如何制订实施计划，不再是外部条件在影响他们的行为。

秘制配方

经典的模型来源于一本经典的图书《从"为什么"开始》，作者是Sinek Partners营销顾问公司创始人西蒙·斯涅克（Simon Sinek），他因发现"黄金圈法则"而成名。他在TEDx[①]上的演讲"伟大的领袖如何激励行动"，是TED大会被观看最多的视频的第7名。这本书的主要内容为：

首先，为什么要用黄金圈法则去影响别人呢？那是因为传统的方式是通过各种各样的操纵手段，比如通过打折促销、降价、人的恐惧心理等来影响别人，而这些无法从内心真正地去鼓舞和激励他们。但是黄金圈法则可以让你直面自己的信念，并为你感召和影响到那些与你拥有同样信念的人。

其次，怎么样才能正确使用黄金圈法则来提高沟通效率呢？第一步思考为什么（Why），明确你的信念；第二步寻找怎么做（How），梳理为了履行信念而需要做出的举动；第三步才是做什么（What），清楚你具

[①] TED是一个非营利组织，专门邀请各个领域前沿的创新者和实践家做演讲。x代表独立组织的TED活动。

体要得到的结果。只有做到"从内到外"思考，你才有可能成为一个能够影响别人、激励别人的领导者。

最后，如何运用黄金圈法则呢？第一步，要做到黄金圈的均衡，也就是以身作则，言行一致地去建立信任；第二步，吸引和招聘那些真正认可你价值观的人；第三步，创造一个认可和支持团队实现信念的环境。

这就是世界上最有影响力的领导者都在用的思维模式——从"为什么"开始的黄金圈法则。

可乐双响炮

问题：如何用一种有趣的方式促进多次行动？

Mocha 所在集团的培训中心每年接待学员将近 2 万人，2021 年交付了上百个学习项目，最近让 Mocha 伤脑筋的是本月学习项目的"结业礼"该怎么弄。

这几年企业非常重视培训的仪式感，开班典礼不可少：常规动作——领导讲话、优秀内训师发言、学员代表发言；特定动作——全体宣读公约、全员提交承诺书、在班规上签名、在背景板上按下手印。结业仪式更隆重：常规动作——颁发奖项、发放资格证书或聘书、合影留念；特定动作——队形展示、分享收获、成果汇报、文艺演出。

培训中心好不容易整理出一套流程，却发现学员对其颇有微词。

（1）形式固然好，但不能喧宾夺主。

就拿那次 5 天 4 晚的训练营举例，学员开营要发表演讲，每个阶段要提交成果，结业要表演节目，这让有的小组几乎每天都得忙到凌晨。结业时，不少学员表示好累，下次不想来了。加上他们回到各自岗位后的花式吐槽，后续学习项目的招生报名受到很大影响。

（2）仪式太陈旧，实在枯燥乏味。

组织方喜欢标准化，导致培训仪式千篇一律，当学员参加了几个不同项目后发现，来回都是同样的套路，逐渐从认真投入变得应付了事。

（3）前后大变脸，无法落地。

在培训会上，领导慷慨陈词，组织方大张旗鼓，热闹非凡；回到工作岗位后，学员们被淹没在一堆工作中，训后行动的热情迅速冷却。只有流于表面的好看仪式，没有配套的好用制度，前后对比惨烈，培训会上的感动和激动消磨殆尽。

（4）费用大跳水，一切均需从简。

支持仪式感的除了PPT、背景音乐、证书，还有定制的奖杯和价值不菲的礼品与书籍。费用压缩之后，仪式感陷入两难，只能从形式上求新求变。

❀ 品味摩卡

培训中的仪式感，是没事找事做，还是智慧地在凝聚团队精神，增强学员幸福感？

除了具体的行为动作，我们还需要深入了解"仪式感有效果"的底层逻辑。

操作步骤如下：

（1）进入实施计划环节，给每位学员赠送两罐可乐。

现场：如果没有操作过，会不会困惑于买哪个品牌、选择何种包装？

提示1：品牌。所选可乐的外包颜色，要看你所在公司的主色调与学员的平均年龄：①如果公司的视觉识别系统（VI）与终端形象识别系统（SI）偏暖色，选红色，如果偏冷色，那就选蓝色；②学员"70后""80后""90后"居多，选红色，"00后"左右的年轻人居多，选蓝色。

提示2：包装。建议买铝罐可乐，这样运输、布置、分发过程中不容易碎裂造成危险，最重要的是，可以在罐上激光刻字或用油漆笔写字，关乎后续的安排。

（2）邀请每组的GP，互相进行课程回顾：培训前设定的学习目标，培训结束时哪些已经完成，哪些尚未完成？每组 GP 对尚未实现的目标，计划如何完成？

现场：课程回顾的方法，可以叠加摩卡的其他活动，融会贯通后，设计成你专属的收官活动。

提示 1：如果是以小组为单位，分工协作交成果，用"迷你磨课坊"。

提示 2：如果是实施计划可视化，推进"英雄之旅"。

提示 3：如果想行动方案效果好，应用"行动一张表"。

（3）和学员说明两罐可乐的用法。

第一罐：与搭档一起向全班分享接下来的实施计划（海报、表格、绘图择其一），邀请对方成为自己计划实施的监督人；在各自的可乐罐上签字，约定开启第二罐的时间和方式；合影留念、拍摄视频，发朋友圈或学习群作为承诺，并进行碰杯仪式预祝成功！

现场：为学员准备能在铝罐上写字的油漆笔，每组准备一两支即可（上台分享后，回座位签名书写）。

综上所述，第一罐可乐庆祝的目的，是将实施计划广而告之，设法获得组织方和业务主管的关注，让他们参与推动训后计划的落地。

第二罐：计划实施成功后，打开 GP 签字的可乐，公布于众，庆祝成功。

现场：约定开第二罐的方式。①形式：达成承诺后，手持成果与第二罐可乐，选择拍摄照片、短视频、图文海报等形式。②渠道：朋友圈发布、内部平台发布、公众号"蜜蜂打卡"发布、微信"小打卡"发布、微信作业群发布、微信视频号或其他短视频发布。③通报：发布第二罐可乐的开罐仪式时，@GP、培训师、业务主管和相关人员，告诉他们你已兑现承诺，做到了言出必行！

总而言之，第二罐可乐的开罐仪式才是整个活动的精华，以终为始倒逼参与者为达成计划进行多轮行动。组织方大力扶持行动快的学员成为标杆，就能获得项目有实效的良好口碑和更多学员的多轮行动。

❀ 注意事项

（1）为什么要用可乐？因为可乐是庆祝仪式常用的饮料，本身就有隐喻成功的喜悦和快乐。此外，它容易获得，成本低，性价比较高。

（2）该活动具有可延伸性。在经费有限的情况下，能为每位学员定制带有名字和寄语的罐装可乐，经常有学员收藏起来舍不得饮用，并且更愿意在社交媒体上分享。这不仅可以增强仪式感，提高项目口碑，获得更多关注，还能促进学员训后行动。

（3）实施"可乐双响炮"时，需留意天气和温度：夏天避免摇晃和高温，可将可乐提前摆放在有空调的环境中，但要避免罐体温差凝结水珠导致无法书写；冬天要留意冻结与破裂的情况。有言在先，提醒学员开罐与碰杯时不要弄脏衣物与地毯，最好提前做好防护措施，做到有备无患。

❀ 摩卡功效

"想让人们改变，先让他们看见"。搭档们向全班做出承诺，用第一罐可乐预祝成功，并在第二罐的罐体上互签名字和开罐日期。每个人都有保持"言行一致"的天然需求，当他们带着可乐回去，也就意味着要有所行动。第二罐可乐就是提醒大家要采取行动，再次响起的拉环声，也是庆祝的礼炮声。

❀ 秘制配方

《工作需要仪式感》这本书里提到，"仪式是一种独特而有效的策略，帮助我们贯彻价值观和行为准则，并帮助我们实现目标"。仪式感的五种类型如图 6-14 所示。

"可乐双响炮"对应的员工培训结业典礼属于第一类仪式感"辅导过渡与适应变化"，目的是帮助人们适应新变化。

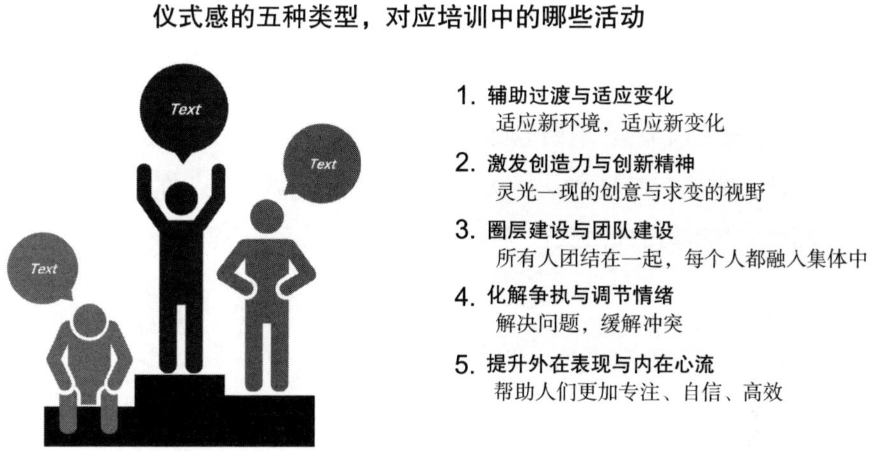
仪式感的五种类型，对应培训中的哪些活动
Text
Text
Text
1. 辅助过渡与适应变化
适应新环境，适应新变化
2. 激发创造力与创新精神
灵光一现的创意与求变的视野
3. 圈层建设与团队建设
所有人团结在一起，每个人都融入集体中
4. 化解争执与调节情绪
解决问题，缓解冲突
5. 提升外在表现与内在心流
帮助人们更加专注、自信、高效

图 6-14　仪式感的五种类型

资料来源：来自《工作需要仪式感》，制图 @ICOP 摩卡冬老师。

仪式有一种特殊的力量，能够把人们联结在一起，并为他们的世界赋予意义。当我们试着将仪式带入工作区帮助个人成长、推动组织变革时会发现，在短短的时间内，仪式为公司带来了生机、活力以及圈层归属感。

组团作战

问题：如何帮助学员在课后仍然发挥团队智慧？

在培训、会议引导、行动学习的场景中，人们通常在每个阶段都要做好决策，这的确是一件不容易的事情。

这不仅需要懂得决策的基本规则，还需要有相关领域长达数年的深耕经验，有感性更有理性，甚至可能会犯很多错误。

所以，和身边资深的同学、前辈或者各类标杆建立合作关系，当然是很好的方法。你可以用一句“哇噻，你是怎么做到的”向身边厉害的人请教。

作为培训项目的引导者与设计者，想把**课堂收官**与**岗位应用**巧妙地衔接起来，就需要在人际联结的基础上再进一步——**组团作战**！

✿ 品味摩卡

本章最后一个活动是"组团作战",Mocha 非常喜欢这杯摩卡。作为终身学习的培训师,"不做老师的时候都在当学生,没有输出的日子都在忙输入",方法和工具都是"从实践中来、往实践中去"的,如何帮学员在课后仍然能够发挥团队智慧呢?

操作步骤如下:

(1)帮学员在培训导入阶段,组成小团队。

现场:(2022 年大多数培训项目都采取了线上线下混合式交付的方式)。

线上导入:开启输入的"线上迎新",在"建圈子—做示范—邀点赞"之后,让学员找到学习搭档(或自建学习小组)。

线下培训:

1)在赋能转化的"全员上阵"中,学员在入场签到和分组入座后,可以通过小道具来进行分组(适用于团队共创这一类的教学活动)。

图 6-15 展示的是 Mocha 在"IAF 视觉引导"广州会场参与的入场小活动:入场时学员选择一张便笺,上面标有待会儿要去的小组和自己的号码。这个小设计材料简单,色彩缤纷,视觉效果很好,让参与者眼前一亮。之后,随着安排各就各位,真是既有趣又有序,至今都难以忘记。

图 6-15 IAF 广州会场现场照片

2）现在有些培训越来越功利，时间短、任务重，要求快速输出成果，比如课题开发、经验萃取、岗位带教、案例编写等培训项目。类似这样的项目，建议培训师从培训开始就邀请学员根据各自的主题成立固定班底（引导学员根据主题相同、技能互补来进行"打组合、做配合"的安排，允许期间有微调，培训中不断投喂任务，增加他们的合力）。

（2）帮学员牵线，让他们培训后就以下几个问题采访3～5位学长：

- 参加培训，对你的成长有什么帮助？
- 近期的应用中，你印象最深的事情是什么？
- 培训中所学到的技能和方法，哪些是你经常使用的？
- 如果邀请你来参加复训，形式上希望有哪些创新？

实践心得：Mocha认证过的国内外版权课，经常会有机构方安排学员们组织课后的探讨和交流，而企业内训比外训更有条件来让组织内的同事跨层级、跨部门紧密联结，还可以安排与本单位的标杆和前辈探讨与交流，让同样的课题在应用层面碰撞出火花，这些可以让负责组织培训的人获得优化提升的灵感。

Mocha指导过集团的培训中心来做这样的事情，让每年同类型课题的学习者之间通过达成课后任务来交流探讨，从反馈来看，口碑是极好的，组织者们说："哇，亲测有效！"

（3）培训结束后，推荐学员们进行联合分享，定期见面交流经验，共享每个人的收获或挑战；也可以在线上打卡，举办"读书分享会"与"拆书帮"活动，让团队成员在接下来的工作中相互支持，养成习惯，形成氛围，从而促进成果转化。

❀ 注意事项

重视企业大型学习项目后的首次"组团作战"，一次就成功所带来的信心，特别鼓舞人心。

（1）每个主题分享都要有负责人。

（2）每个月发起一次的频率，可行性是最高的。

（3）不推荐饮食娱乐的主题，建议以解决难题为主，品茗、喝咖啡、茹素等为辅。

（4）根据自愿原则，一季度制订一次主题分享计划，分工到人，建立彼此支持的体系。

❀ 摩卡功效

Mocha 在培训中非常重视首尾的事务：在项目开始前，通过调研、访谈和现场分析，尽可能地收集信息，将筛选后能通过培训解决的绩效难题融合在教学案例中；与之呼应的是，临近收官，根据学员提交的实践计划，提供反馈给组织方，看能否为学员的训后落地争取到支持和资源。

她将外部培训司空见惯的许多做法，调整后推荐企业进行内化，收到了双方都惊喜的反馈：组织方受困于培训后安排培训落地活动，"迷你磨课坊""英雄之旅""金牌导师""可乐双响炮"都给了他们很好的参照标杆，并且操作步骤特别清楚，过程中的关键动作和工具也都有提供，效果非常好；学员们在培训结束后回岗要处理堆积的工作，课前组建的课题小组，早已在培训过程中彼此熟悉，他们不用再单独面对工作和学习的冲突，遇到各种需做决策和商议的问题，简单的在群里聊聊，复杂的见面请教。他们在朋友圈发图时配文经常是："因为一节课，结识一群人！"

❀ 秘制配方

ICOP 培训有摩卡，是从单个教学活动开始，来帮助"摩卡粉"形成自己的教学策略。这个动态的行进过程中，可以持续借助团队的力量。培训也有圈：大家经常参加同一个比赛，认证同一个课程，阅读同一本书，攻克同一个难题，一个个或长或短或大或小的项目，让人群不断地聚拢—合力—共创—共享—分开。从外部视角看，可不就是一群人一会儿建了一个群，一会儿跨了一个圈吗？

在 Mocha 所处的许多小社群里，大家相互协作长达数年甚至十数年之久。

有人的地方就有社群和圈子，作为学习型企业培育学习型团队，在持续的学习项目中，没办法次次都使用体系庞大的"蜘蛛模式"，就出现了微量级超具活力的"海星模式"。

什么是"海星模式"？简单概述，就是海星无论被分成多少份，只要将其扔到海里，它都能重新长成一只海星。它的特点如图 6-16 所示。

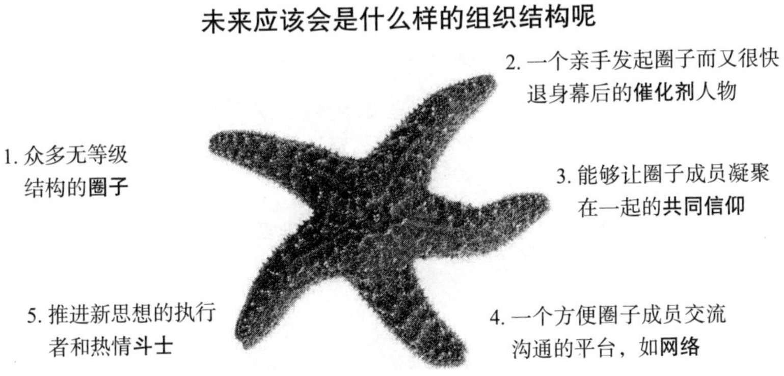

未来应该会是什么样的组织结构呢

1. 众多无等级结构的**圈子**
2. 一个亲手发起圈子而又很快退身幕后的**催化剂人物**
3. 能够让圈子成员凝聚在一起的**共同信仰**
4. 一个方便圈子成员交流沟通的平台，如**网络**
5. 推进新思想的执行者和**热情斗士**

图 6-16 海星模式的五个特点

资料来源：@ICOP 摩卡冬老师。

区别于没有脑袋就不能生存的蜘蛛，海星代表着弹性、反应快，隐喻的正是无限裂变和无限复制。

海星生活在企业的海域里，有了互联网的加持，适应能力更强，并保持了自己的独立性。

在企业内的培训，海星们（即学员们）学习后的实践和落地不会增加组织方的工作量，学员们基于一个需求生发出小团体，因为简单而更有能量，它是去中心化、去中间化、去边界化的。《百万大决定》一书中也说过:"要得到良好的群体决策需具备四个条件:建议的多样性、独立性、分权、汇聚。"海星们在培训课堂中合体后分开,又在培训后各项应用活动中重新合体,解决问题的同时,培育着各自的独立性与专业性。

在培训中,可以将每个班视为一只海星,每个组视为一只海星的脚,让每一只脚都能跨出落地的那一步,同时组织方只承担让海星各自生存的义务。海星可以因为简单的任务而重组,成功与否由自己掌握。

学员们的海星模式正因为具有分权与汇聚的特点,具有强大的修复能力与生命力,与企业培训体系的集权形式互补,从而共生共存。

☞ 本章回顾与应用启示

本章属于第四类落地型需求,为你提供解决了 12 个问题的实践计划教学活动。你最有印象的是哪三个,其中愿意马上去应用的是哪个?

写在最后

☞ 三种感受

一个人生命中最大的幸运,莫过于在他的人生中途,即在他年富力强的时候,发现了自己的使命。

——斯蒂芬·茨威格,《人类群星闪耀时》

饥渴感

Mocha 当初成为行业商学院金牌培训师时,得到了集团全国直营办事处经销商、代理商、客户的善待。走进集团的分公司和各省市终端,屏幕上循环播放着自己讲解新品、接受媒体采访的视频,培训结束学员们抢着合影求签名,各种会议摆放着自己巨大头像的易拉宝,哪怕再自认为品性谦逊,也会逐渐高看自己,忘记这一切都是站在前人的肩膀上。直到离开企业进入职业培训圈,Mocha 才发现遍地是"牛人",到处是"大咖"。

山外有的不是一座山，是峻岭群峰，是海外仙山，是珠穆朗玛峰。刚成为签约的职业培训师时 Mocha 就遇到高人，开了眼界，知道自己的基础还太过薄弱，她求知若渴，看书、听讲、参训、研讨，恨不得将有限的精力全部投入到无限的知识海洋里。这个阶段充满饥渴感！

危机感

Mocha 的一位培训师朋友说，2022 年 9 月有个叫作"羊了个羊"的游戏特别火，他体验了这款卡通背景的闯关游戏。它和游戏"开心消消乐"有些类似，就是利用各种道具和提示来消除每一个关卡处的障碍和陷阱，许多人轻松闯过第一关之后，却发现第二关怎么也过不了。

就好像 Mocha 的培训师成长经历一样。无论主讲什么样的课题，如管理、沟通、销售、服务、技术、产品知识、党建、企业文化等，不管是通识类还是业务类，都充满了竞争，后来者居上的情况屡见不鲜。只要有几年工作经验，表达能力强，再学一些培训技巧，似乎人人都能成为培训师。这个阶段充满了危机感！

Mocha 说，成为一般的培训师容易，成为优秀的培训师的确非常难，因为培训后续的核心词是"整合"：一个组织内部的知识和技能，尤其是关于怎样协调多种生产和整合不同技术的知识和技能，需要创造性地整合并转化为生产力。

在这个过程中，Mocha 觉得危机感不断地鞭策着自己前行，闯过一个又一个关卡，从"不知道自己不知道"到"知道自己不知道"，再从"不知道自己知道"到"知道自己知道"，经历一次又一次蜕变。

使命感

心怀助人之心，身怀助人之能，为了让课程持续为学员带来进步，为业务解决难题，为组织提升绩效，培训师要日复一日、年复一年地精进，为此，Mocha 不知听了多少小时的音频，看了多少名家的书和视频，买了多少工具、道具和教具，认证了多少版权课，这个过程并不容易。

支撑一位培训师一路坚持下来的，不是能力，不是报酬，而是找到了培训的意义——利他！

Mocha 的导师对她说："你知道你有多幸福吗？虽然经常红眼赶行程，半夜做辅导，逗留候机楼，备课无时限，但当你不管付出多少都能甘之如饴，当你的学员进步神速和你说'老师辛苦了'时，你却能笑着回答'唯有热爱可抵岁月漫长'。这些都说明，你是最幸福的人，你找到了培训师这个工作能获得的最大快乐。"

这几年疫情反复，在很大程度上对人们的心理造成了非常不好的影响。曾有段时间，Mocha 走进课堂，她观察到许多参训者脸上没有笑容。下课后，他们告诉 Mocha，优秀的培训师他们见过很多，但今天感觉不一样，因为 Mocha 站在讲台上的笑容和自信，让他们看到了热情的力量。这股力量的源泉正是培训师的使命感。

疯狂汲取的饥渴感、不进则退的危机感、利他助人的使命感，这三种感受支撑着多少培训师成为想成为的自己啊！

☞ 底层逻辑

市面上有关培训技术的书越来越多，但没有一本书适合所有人阅读，也没有一本书获得所有人喜欢。你也许并不关心工具是什么，你只是希望通过这些工具得到更多生活体悟和生命洞见，把培训与生活、培训与成长、培训与生命结合在一起。你想知道鲜活的培训从业者经历过的真实培训场景是什么样，心路历程有哪些变化和起伏，身处困境时怎么破茧而出，获得了哪些贵人的相助和点拨。阅读一本书，和自己待一会儿，尝试深入地去思考一件事：培训对你来说意味着什么，而你打算为此做一些什么呢？

撒哈拉的沙子跟你没什么关系，鞋里的沙子才跟你有最直接的关系。路途遥远只是外界条件，你不可改变，而鞋里的沙子是内部因素，自身可以解决。身为培训师，你要能够回答这个问题：有效的培训是在满足人们的哪些底层需求呢？我们可以从三种关系来帮助理解。

首先是课堂上人与人之间的关系。培训师与学员、学员与学员，彼此间要建立的是平等的关系，我学习你的经验，你借鉴我的创新，所到之处，所遇为师。只要你在培训课堂，就要把这一亩三分地经营好，化解那些各自为政的冷漠和敌对，让学员不断地发现，人人都是因别人的需要而存在，因相互成全而实现更大价值，大家一起共创，就能一起共享，贬低他人获得的存在感毫无意义。

如果课堂上每个人都开始考虑，我有没有理解学员的处境，你有没有学会绩优者的技巧，很快就能在这样的培训课堂中建立一个有温度、有爱、有付出的团队。这种氛围带给人的温暖，这种利他互助的思考方式，会从课堂上迁移到对待客户上。越能感知到客户的痛点、痒点和兴奋点，越能和客户想到一块儿去，学员回到岗位后的价值也能随之变大；越能了解他人的需求，在人群中就越受欢迎。并且，学员不会感觉在领导和客户面前低人一等，因为他已经知道了人与人之间是利他互助的，哪怕现在资历浅、资源少，自己仍然会力所能及地提供帮助，从而建立共创共享的双赢关系。

其次是人与事之间的关系。面对接下来培训要解决的难题也好，回到岗位上应对繁杂的工作也罢，尝试找到工作带来的乐趣，将心注入。让学员在培训课堂上尝到学习的甜头，回到岗位上他们就能进入工作带来的心流体验。重构知识体系是美的，解构技能工具是美的。让大家去学以致用，去解决问题，去提升绩效，去获得弗洛伊德口中的快乐秘诀——工作与爱。正如同我的微信签名：一周一摩卡，培训加点甜。

最后是人与体系之间的关系。当企业组织代表了发展趋势，提供了个体成长通道，个体能提供的便是更专业、更有效的方法论和专业技术。如果个体的规划刚好与组织的发展方向美妙契合，就会是个体和组织彼此成全的过程。个体要学会服从于更大的体系，整体利益最大化，是需要人人无私的，没有人可以凌驾于体系之上。被体系接纳，同时还要反哺体系。就好像培训课堂上，每个参训者为场域营造贡献力量的同时，也会被场域所滋养。他贡献了自己的智慧，也能共享群体智慧的成果。培训师的一次又一次培训，不仅是传递信息，还是带着一群一群的参训者去建立一个支持体系，而这个体系又会为个体提供资源和支持。

个体在培训课堂中找到人与人之间的关系、人与事之间的关系、人与体系之间的关系，这就是有效培训所能满足的最底层的个体的需求，并且适用范围很广，只要你身处人群中、组织中、体系中，就能从主动经营关系中获得能量，以源源不断地满足需求。

☞ 行动方案

当培训是在课堂中帮助学员建立关系时，满足底层需求是可以迁移到其他场景的：比如公司的各种会议中，分配绩效目标可使用"两张便笺"做开场；员工士气低，就用"Yes or No"来振奋人心；相互说服使用"奔驰人生"；展望未来就用让画面呈现出来的"愿景海报"等。本书所有案例都基于真实的培训场景，分享的方法均已经过多次实践，用过的都说有效。

给你看"三个行动"和"四种方案"的案例。

三个行动

（1）从技术员成长为头部内训师。

在云南省某大型企业，小美老师作为技术岗位的成员参加了我的系列训练。他原本就有扎实的功底，加上企业的培训总部研发出来的课题和内容，在来之前有过几次内部培训经历。但是，一小时有关 5G 的课程，就有足足有 74 页 PPT，页面上全是结构图和密密麻麻的文字，他在讲授的过程中非常吃力。因为时间太短，涵盖的领域和模块又太多，每一页都需要讲 3～5 分钟才能够说清楚，这样一来，他自己越讲越慌，学员越听越懵。如何在培训中管理学员的注意力，让自己所教的内容能和学员的应用相结合呢？

我在询问了小美老师的学员对象的基本情况后给出建议："既然大家都是有工作经验的技术人员，对于这个课题是有自己的经历和观点的，不如你把有关 5G 的资料提前发给大家看，然后你再设计一个教学活动去检验大家的自学效果。"小美老师听了并没有如释重负，反而更加迷茫了，因为他不知道怎么设计。我推荐了本书中的"提问连连看"，让他成为现场的导演，而学员需要在培训中设计问题，并通过抢答的方式解答问题，获得积分和奖励。这个活动中也介绍了教学活动的设计原理和注意事项。

后来小美老师给我发过三次消息：第一次是他拿到的培训课酬比其他培训师高几十倍之多，我猜，他应该挺满意那个数字吧；第二次是他被省里聘请去为高校做主题培训；第三次是他成了团队的头部培训师。他说，这一切都是在让培训为业务赋能，为内容匹配上教学活动设计之后发生的。

（2）**让优秀者更加卓越。**

软装行业的一位商学院院长蓝老师，哪怕是在新冠疫情时期，因为其专业性和业务水准超高，还上过央视的访谈节目，使得商学院招生情况也一直非常好，她以黑马之姿迅猛地超过了同行。如此优秀的行业培训领先者，在参与了以教学活动设计为专题的培训后，经常在学习群里发来学员反馈的截图：三天的课程，学员居然不知道洗手间在什么位置，因为课程太精彩，导致根本舍不得离开课室，茶歇时间都在和自己的小组热烈探讨。蓝院长和助教团深刻体会到，哪怕内容再精彩，也需要好的教学策略去启发和调动现场的上百位学员"动口、动手、动脑"甚至"动身、动心、动情"。蓝院长使用的正是本书介绍的"答记者问""Me-We-Us"和"击掌同步"等系列教学活动。当形式成为内容的通道和载体时，学员的参与和收获是成正比的。培训主导者与助教团成员也惊喜于后期口碑的连续爆发，短短3个月时间，逆风冲击，成为行业的标杆！

（3）从培训迁移到管理。

麦当劳在中国区52位特许经营人之一、背靠"汉堡大学"这么强大的培训体系，还自费出来学习"教学活动设计"的廖总，每天都把当天所见、所学、所体验的教学策略，快速分享给团队的管理层。在工作坊第一阶段结束后，她通过微信工作群，连续两周使用"苹果与洋葱"里的BIA和BID模型，让原来习惯于被动汇报的经理们启发思考，主动计划，积极汇报每天的工作进度。这个原本用于培训现场的教学活动设计被用到管理场景之后，不到1个月的时间，工作坊第二阶段开课时，廖总就很自豪地向大家分享，在疫情严重影响实体连锁业的情况，她们区域的业绩提升百分比高达两位数。

她说："当了十几年总经理，太习惯于从上往下去下指令、做回应，没想到这次直接来了个大颠覆，让大家不只是数据的回应，还要主动思考建设性建议和方案；更没想到团队之间的相互鼓励有这么大的能量，难怪老师说，成年人最缺乏也最需要的是赋能和激励。"

以上场景中所使用的教学活动都已在本书中呈现，它们将为你接下来在职场乘风破浪、披荆斩棘、追光而行提供帮助。

四种方案

接下来，再提供给你在其他工作场景中的应用方案。当企业需要更

好的方式去突破传统时,要"不拘一格降人才",本书适用于培训课堂的技法,同样可以用来挑选人才。这里为你提供四种方案:

(1)无领导小组讨论。

(2)公文处理。

(3)演讲。

(4)角色扮演。

这四种方案脱胎于培训课堂,却在新的应用场景绽放光彩,效果极佳。

(1)无领导小组讨论。

无领导小组讨论,指由一组求职者(5~7人)组成一个临时工作小组,讨论给定的问题,并做出决策。

1)测试内容:

- 团队工作能力:包括个人沟通能力、人际交往能力、合作精神以及组织协调能力等。
- 问题解决能力:包括理解能力、逻辑推理能力、想象创新能力以及信息收集和提炼能力等。
- 求职者的个人风格:包括个人主动性、自信心、决断性和独立性等个人特质。

2)优点:

- 能检测出笔试和单一面试所不能检测出的隐性的能力或素质。
- 能观察到应试者之间的互动。
- 能依据应试者的行为特征来对其进行更加全面、合理的评价。
- 能使应试者在相对无意识的情况下展示自己多方面的特点。
- 能在同一时间对竞争同一岗位的应试者的表现进行同时比较(横向对比)。

- 应用范围广泛。

本书中提到的不少培训课堂中的摩卡活动，如"我要摆摊""鸿雁传书""组团作战"，都是属于让参训者作为主导者的设计。

（2）公文处理。

公文处理又叫"公文筐测验"，是评价技术中最常用、最具特色的工具之一（使用频率为95%），它是对实际工作中管理人员掌握和分析资料、处理各种信息以及做出决策的工作活动的一种抽象和集中。

1）测试内容：测验在假定的环境下实施，该情景模拟组织所发生的实际业务、管理环境，提供给受测人员的信息包括财务报表、人事备忘录、市场信息、行政法令、客户关系等。测验要求受测人员以管理者的身份，在规定的条件下，对各类公文进行处理，形成公文处理报告。通过应试者在规定条件下处理过程的行为表现和书面报告，评估其计划、组织、预测、决策和沟通的能力。

2）优点：

- 具有灵活性，可针对不同的工作特征和所要评估的能力设计题目。
- 可以对个体行为进行直接观察。
- 将个体置于模拟的工作情境中去完成一系列工作，为每个应试者提供了条件和机会相等的情境。
- 能预测使人在管理上获得成功的潜能。
- 多维度评价个体。

比如国家电力集团，就会在内训师技术大比武的决赛中添加这个环节，提供素材包给各个参赛小组，要求在40分钟内输出一个精品课程。在培训课堂中这种让学员现场重构的做法，本书介绍的"通关 Up 主""学习驿站"都有具体的应用步骤可供参考。例如，电力系统课程开发素材提炼步骤如图1所示。

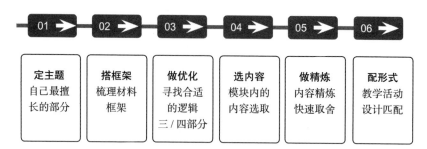

图 1 电力系统课程开发素材提炼步骤

（3）演讲。

现在很多企业在竞聘中都会增设演讲的环节，应试者按照给定的材料组织并表达自己的观点和理由。

1）优点：演讲能迅速比较应试者的语言表达能力、逻辑思维能力、反应能力和承压能力等，具有操作简单、成本较低等优点。

2）不足：由于仅仅通过演讲反映个人特质具有一定局限性，因此演讲往往和其他形式结合使用，比如在无领导小组讨论结束后，可选派代表进行总结陈述等。

在培训课堂中这种让学员现场重构的做法，本书介绍的"学长有话说""听我主讲""头脑特工队"都是针对演讲呈现这方面设计的。

（4）角色扮演。

这是一种比较复杂的测评方法，它要求多个应试者共同参加一个管理性质的活动，每个人扮演一定的角色，模拟实际工作中的一系列活动。角色扮演能够有效地考察应试者的实际工作能力、团队合作能力、创造能力、组织协调能力等，这种测评方法效度较高。本书介绍的"我演你猜""演绎世家"等针对的就是这类应用场景。

推荐阅读

[1] STOLOVITCH，KEEPS. 交互式培训：让学习过程变得积极愉悦的成人培训新方法 [M]. 派力，译. 北京：企业管理出版社，2012.

[2] 派克. 重构学习体验：以学员为中心的创新性培训技术 [M]. 孙波，庞涛，胡智丰，译. 南京：江苏人民出版社，2015.

[3] 金才兵，陈敬. 好课程是设计出来的 [M]. 北京：机械工业出版社，2015.

[4] 金才兵. TTT 5.0 培训师的大脑：基于脑科学的培训新技术 [M]. 北京：机械工业出版社，2020.

[5] 波曼. 4C 法颠覆培训课堂：65 种反转培训策略 [M]. 杨帝，译. 北京：电子工业出版社，2015.

[6] 孙波，庞涛. "动"见学习体验：图解五类学习活动设计 [M]. 北京：电子工业出版社，2015.

[7] 斯托洛维奇，吉普斯. 从培训专家到绩效顾问 [M]. 杨震，颜磊，谷明樾，译. 南京：江苏人民出版社，2014.

[8] 加涅，韦杰，戈勒斯，等. 教学设计原理 [M]. 王小明，庞维国，陈保华，等译. 上海：华东师范大学出版社，2007.

[9] CAMPBELL L，CAMPBELL B，DICKINSON. 多元智能教与学的策略：发现每一个孩子的天赋 第 3 版 [M]. 霍力岩，沙莉，孙蔷蔷，等译. 北京：中国轻工业出版社，2004.

[10] 契克森米哈赖. 心流：最优体验心理学 [M]. 张定绮，译. 北京：中信出版集团股份有限公司，2017.

[11] 贝洛克. 具身认知：身体如何影响思维和行为 [M]. 李盼，译. 北京：机械工业出版社，2016.

- [12] 梅迪纳. 让大脑自由：释放天赋的 12 条定律 [M]. 杨光，冯立岩，译. 北京：中国人民大学出版社，2009.
- [13] 德克森. 认知设计：提升学习体验的艺术 [M]. 简驾，译. 北京：机械工业出版社，2013.
- [14] 威克，波洛克，杰斐逊，威克. 将培训转化为商业结果：学习发展项目的 6D 法则 第 2 版 [M]. 周涛，宋亚南，译. 北京：电子工业出版社，2013.
- [15] 耐度，赖美云. SPOT 团队引导：点燃群体管理的智慧 [M]. 唐长军，郝君帅，张庆文，译. 南京：江苏人民出版社，2014.
- [16] 卡迪. 高能量姿势 [M]. 陈小红，译. 北京：中信出版集团股份有限公司，2019.
- [17] 大岛祥誉. 学会提问：麦肯锡工作法 [M]. 金磊，译. 北京：中国友谊出版公司，2018.
- [18] 卡普. 游戏，让学习成瘾 [M]. 陈阵，译. 北京：机械工业出版社，2015.
- [19] 德西，弗拉斯特. 内在动机：自主掌控人生的力量 [M]. 王正林，译. 北京：机械工业出版社，2020.
- [20] 斯涅克. 从"为什么"开始：乔布斯让 Apple 红遍世界的黄金圈法则 [M]. 苏西，译. 深圳：海天出版社，2011.

最新版
"日本经营之圣"稻盛和夫经营学系列
任正非、张瑞敏、孙正义、俞敏洪、陈春花、杨国安　联袂推荐

序号	书号	书名	作者
1	978-7-111-63557-4	干法	[日]稻盛和夫
2	978-7-111-59009-5	干法（口袋版）	[日]稻盛和夫
3	978-7-111-59953-1	干法（图解版）	[日]稻盛和夫
4	978-7-111-49824-7	干法（精装）	[日]稻盛和夫
5	978-7-111-47025-0	领导者的资质	[日]稻盛和夫
6	978-7-111-63438-6	领导者的资质（口袋版）	[日]稻盛和夫
7	978-7-111-50219-7	阿米巴经营（实战篇）	[日]森田直行
8	978-7-111-48914-6	调动员工积极性的七个关键	[日]稻盛和夫
9	978-7-111-54638-2	敬天爱人：从零开始的挑战	[日]稻盛和夫
10	978-7-111-54296-4	匠人匠心：愚直的坚持	[日]稻盛和夫 山中伸弥
11	978-7-111-57212-1	稻盛和夫谈经营：创造高收益与商业拓展	[日]稻盛和夫
12	978-7-111-57213-8	稻盛和夫谈经营：人才培养与企业传承	[日]稻盛和夫
13	978-7-111-59093-4	稻盛和夫经营学	[日]稻盛和夫
14	978-7-111-63157-6	稻盛和夫经营学（口袋版）	[日]稻盛和夫
15	978-7-111-59636-3	稻盛和夫哲学精要	[日]稻盛和夫
16	978-7-111-59303-4	稻盛哲学为什么激励人：擅用脑科学，带出好团队	[日]岩崎一郎
17	978-7-111-51021-5	拯救人类的哲学	[日]稻盛和夫 梅原猛
18	978-7-111-64261-9	六项精进实践	[日]村田忠嗣
19	978-7-111-61685-6	经营十二条实践	[日]村田忠嗣
20	978-7-111-67962-2	会计七原则实践	[日]村田忠嗣
21	978-7-111-66654-7	信任员工：用爱经营，构筑信赖的伙伴关系	[日]宫田博文
22	978-7-111-63999-2	与万物共生：低碳社会的发展观	[日]稻盛和夫
23	978-7-111-66076-7	与自然和谐：低碳社会的环境观	[日]稻盛和夫
24	978-7-111-70571-0	稻盛和夫如是说	[日]稻盛和夫
25	978-7-111-71820-8	哲学之刀：稻盛和夫笔下的"新日本 新经营"	[日]稻盛和夫

"日本经营之圣"稻盛和夫经营实录（共6卷）

跨越世纪的演讲实录，见证经营之圣的成功之路

书号	书名	作者
978-7-111-57079-0	赌在技术开发上	[日]稻盛和夫
978-7-111-57016-5	利他的经营哲学	[日]稻盛和夫
978-7-111-57081-3	企业成长战略	[日]稻盛和夫
978-7-111-59325-6	卓越企业的经营手法	[日]稻盛和夫
978-7-111-59184-9	企业家精神	[日]稻盛和夫
978-7-111-59238-9	企业经营的真谛	[日]稻盛和夫